LE RÊVE

OUVRAGES DU MÊME AUTEUR

DANS LA BIBLIOTHÈQUE CHARPENTIER

à 3 fr. 50 chaque volume.

LES ROUGON-MACQUART

HISTOIRE NATURELLE ET SOCIALE D'UNE FAMILLE SOUS LE SECOND EMPIRE

LA FORTUNE DES ROUGON. 22e mille . . . . 1 vol
LA CURÉE. 33e mille . . . . 1 vol.
LE VENTRE DE PARIS. 30e mille . . . . 1 vol.
LA CONQUÊTE DE PLASSANS. 22e mille . . . . 1 vol.
LA FAUTE DE L'ABBÉ MOURET. 40e mille . . . . 1 vol.
SON EXCELLENCE EUGÈNE ROUGON. 21e mille . . . . 1 vol.
L'ASSOMMOIR. 117e mille . . . . 1 vol.
UNE PAGE D'AMOUR. 58e mille . . . . 1 vol.
NANA. 155e mille . . . . 1 vol.
POT-BOUILLE. 75e mille . . . . 1 vol.
AU BONHEUR DES DAMES. 55e mille . . . . 1 vol.
LA JOIE DE VIVRE. 44e mille . . . . 1 vol.
GERMINAL. 77e mille . . . . 1 vol.
L'ŒUVRE. 50e mille . . . . 1 vol.
LA TERRE. 77e mille . . . . 1 vol.

ROMANS ET NOUVELLES

THÉRÈSE RAQUIN. Nouvelle édition . . . . 1 vol.
MADELEINE FÉRAT. Nouvelle édition . . . . 1 vol.
LA CONFESSION DE CLAUDE. Nouvelle édition . . . . 1 vol.
CONTES A NINON. Nouvelle édition . . . . 1 vol.
NOUVEAUX CONTES A NINON. Nouvelle édition . . . . 1 vol.
LE CAPITAINE BURLE. Nouvelle édition . . . . 1 vol.
NAÏS MICOULIN. Nouvelle édition . . . . 1 vol.
LES MYSTÈRES DE MARSEILLE. Nouvelle édition . . . . . . 1 vol.

ŒUVRES CRITIQUES

MES HAINES . . . . 1 vol.
LE ROMAN EXPÉRIMENTAL . . . . 1 vol.
LES ROMANCIERS NATURALISTES . . . . 1 vol.
LE NATURALISME AU THÉATRE . . . . 1 vol.
NOS AUTEURS DRAMATIQUES . . . . 1 vol.
DOCUMENTS LITTÉRAIRES . . . . 1 vol.
UNE CAMPAGNE, 1880-1881 . . . . 1 vol.

THÉATRE

THÉRÈSE RAQUIN. — LES HÉRITIERS RABOURDIN. — LE BOUTON DE ROSE . . . . 1 vol.

13901. — Imprimeries réunies, A, rue Mignon, 2, Paris.

LES ROUGON-MACQUART

HISTOIRE NATURELLE ET SOCIALE D'UNE FAMILLE SOUS LE SECOND EMPIRE

LE RÊVE

PAR

ÉMILE ZOLA

PARIS

G. CHARPENTIER ET Cie, ÉDITEURS

11, RUE DE GRENELLE, 11

—

1888

LE RÊVE

I

Pendant le rude hiver de 1860, l'Oise gela, de grandes neiges couvrirent les plaines de la basse Picardie; et il en vint surtout une bourrasque du nord-est, qui ensevelit presque Beaumont, le jour de la Noël. La neige, s'étant mise à tomber dès le matin, redoubla vers le soir, s'amassa durant toute la nuit. Dans la ville haute, rue des Orfèvres, au bout de laquelle se trouve comme enclavée la façade nord du transept de la cathédrale, elle s'engouffrait, poussée par le vent, et allait battre la porte Sainte-Agnès, l'antique porte romane, presque déjà gothique, très ornée de sculptures sous la nudité du pignon. Le lendemain, à l'aube, il y en eut là près de trois pieds.

La rue dormait encore, emparessée par la fête de la veille. Six heures sonnèrent. Dans les ténèbres, que bleuissait la chute lente et entêtée des flocons, seule une forme indécise vivait, une fillette de neuf ans, qui, réfugiée sous les voussures de la porte, y avait passé la nuit à grelotter, en s'abritant de son mieux. Elle était vêtue de loques, la tête enveloppée d'un lambeau de foulard, les pieds nus dans de gros souliers d'homme. Sans doute elle n'avait échoué là qu'après avoir longtemps battu la ville, car elle y était tombée de lassitude. Pour elle, c'était le bout de la terre, plus personne ni plus rien, l'abandon dernier, la faim qui ronge, le froid qui tue; et, dans sa faiblesse, étouffée par le poids lourd de son cœur, elle cessait de lutter, il ne lui restait que le recul physique, l'instinct de changer de place, de s'enfoncer dans ces vieilles pierres, lorsqu'une rafale faisait tourbillonner la neige.

Les heures, les heures coulaient. Longtemps, entre le double vantail des deux baies jumelles, elle s'était adossée au trumeau, dont le pilier porte une statue de sainte Agnès, la martyre de treize ans, une petite fille comme elle, avec la palme et un agneau à ses pieds. Et, dans le tympan, au-dessus du linteau, toute la légende de la vierge enfant, fiancée à Jésus, se déroule, en haut relief, d'une foi naïve : ses cheveux qui s'allongèrent et la vêtirent, lorsque le gouverneur, dont elle refusait le fils, l'envoya nue aux mauvais lieux; les flammes du bûcher qui, s'écartant de ses membres, brûlèrent les bourreaux, dès qu'ils eurent allumé le bois; les miracles de ses ossements, Constance, fille de l'empereur, guérie de la lèpre, et les miracles d'une de ses figures peintes, le prêtre Paulin, tourmenté du besoin de prendre femme, présentant, sur le conseil du pape, l'anneau orné d'une émeraude à l'image, qui tendit le doigt, puis le rentra, gardant l'anneau qu'on y voit encore, ce qui délivra Paulin. Au sommet du tympan, dans une gloire, Agnès est enfin reçue au ciel, où son fiancé Jésus l'épouse, toute petite et si jeune, en lui donnant le baiser des éternelles délices.

Mais, lorsque le vent enfilait la rue, la neige fouettait de face, des paquets blancs menaçaient de barrer le seuil; et l'enfant, alors, se garait sur les côtés, contre les vierges posées au-dessus du stylobate de l'ébrasement. Ce sont les compagnes d'Agnès, les saintes qui lui servent d'escorte : trois à sa droite, Dorothée, nourrie en prison de pain miraculeux, Barbe, qui vécut dans une tour, Geneviève, dont la virginité sauva Paris ; et trois à sa gauche, Agathe, les mamelles tordues et arrachées, Christine, torturée par son père, et qui lui jeta de sa chair au visage, Cécile, qui fut aimée d'un ange. Au-dessus d'elles, des vierges encore, trois rangs serrés de vierges montent avec les arcs des claveaux, garnissent les trois voussures d'une floraison de chairs triomphantes et chastes, en bas martyrisées, broyées dans les tourments, en haut accueillies par un vol de chérubins, ravies d'extase au milieu de la cour céleste.

Et rien ne la protégeait plus, depuis longtemps, lorsque huit heures sonnèrent et que le jour grandit. La neige, si elle ne l'eût foulée, lui serait allée aux épaules. L'antique porte, derrière elle, s'en trouvait tapissée, comme tendue d'hermine, toute blanche ainsi qu'un reposoir, au bas de la façade grise, si nue et si lisse, que pas un flocon ne s'y accrochait. Les grandes saintes de l'ébrasement surtout en étaient vêtues, de leurs pieds blancs à leurs cheveux blancs, éclatantes de candeur. Plus haut, les scènes du tympan, les petites saintes des voussures s'enlevaient en arêtes vives, dessinées d'un trait de clarté sur le fond sombre; et cela jusqu'au ravissement final, au mariage d'Agnès, que les archanges semblaient célébrer sous une pluie de roses blanches. Debout sur son pilier, avec sa palme blanche, son agneau blanc, la statue de la vierge enfant avait la pureté blanche, le corps de neige immaculé, dans cette raideur immobile du froid, qui glaçait autour d'elle le mystique élancement de la virginité victorieuse. Et, à ses pieds, l'autre, l'enfant misérable, blanche de neige, elle aussi, raidie et blanche à croire qu'elle devenait de pierre, ne se distinguait plus des grandes vierges.

Cependant, le long des façades endormies, une persienne qui se rabattit en claquant, lui fit lever les yeux. C'était, à sa droite, au premier étage de la maison qui touchait à la cathédrale. Une femme, très belle, une brune forte, d'environ quarante ans, venait de se pencher là; et, malgré la gelée terrible, elle laissa une minute son bras nu dehors, ayant vu remuer l'enfant. Une surprise apitoyée attrista son calme visage. Puis, dans un frisson, elle referma la fenêtre. Elle emportait la vision rapide, sous le lambeau de foulard, d'une gamine blonde, avec des yeux couleur de violette; la face allongée, le col surtout très long, d'une élégance de lis, sur des épaules tombantes; mais bleuie de froid, ses petites mains et ses petits pieds à moitié morts, n'ayant plus de vivant que la buée légère de son haleine.

L'enfant, machinale, était restée les yeux en l'air, regardant la maison, une étroite maison à un seul étage, très ancienne, bâtie vers la fin du quinzième siècle. Elle se trouvait scellée au flanc même de la cathédrale, entre deux contreforts, comme une verrue qui aurait poussé entre les deux doigts de pied d'un colosse. Et, accotée ainsi, elle s'était admirablement conservée, avec son soubassement de pierre, son étage en pans de bois, garnis de briques apparentes, son comble dont la charpente avançait d'un mètre sur le pignon, sa tourelle d'escalier saillante, à l'angle de gauche, et où la mince fenêtre gardait encore la mise en plomb du temps. L'âge toutefois avait nécessité des réparations. La couverture de tuiles devait dater de Louis XIV. On reconnaissait aisément les travaux faits vers cette époque : une lucarne percée dans l'acrotère de la tourelle, des châssis à petits bois remplaçant partout ceux des vitraux primitifs, les trois baies accolées du premier étage réduites à deux, celle du milieu bouchée avec des briques, ce qui donnait à la façade la symétrie des autres constructions de la rue, plus récentes. Au rez-de-chaussée, les modifications étaient tout aussi visibles, une porte de chêne moulurée à la place de la vieille porte à ferrures, sous l'escalier, et la grande arcature centrale dont on avait maçonné le bas, les côtés et la pointe, de façon à n'avoir plus qu'une ouverture rectangulaire, une sorte de large fenêtre, au lieu de la baie en ogive qui jadis débouchait sur le pavé.

Sans pensées, l'enfant regardait toujours ce logis vénérable de maître artisan, proprement tenu, et elle lisait, clouée à gauche de la porte, une enseigne jaune, portant ces mots : *Hubert chasublier*, en vieilles lettres noires, lorsque, de nouveau, le bruit d'un volet rabattu l'occupa. Cette fois, c'était le volet de la fenêtre carrée du rez-de-chaussée : un homme à son tour se penchait, le visage tourmenté, au nez en bec d'aigle, au front bossu, couronné de cheveux épais et blancs déjà, malgré ses quarante-cinq ans à peine; et lui aussi s'oublia une minute à l'examiner, avec un pli douloureux de sa grande bouche tendre. Ensuite, elle le vit qui demeurait debout, derrière les petites vitres verdâtres. Il se tourna, il eut un geste, sa femme reparut, très belle. Tous les deux, côte à côte, ne bougeaient plus, ne la quittaient plus du regard, l'air profondément triste.

Il y avait quatre cents ans que la lignée des Hubert, brodeurs de père en fils, habitait cette maison. Un maître chasublier l'avait fait construire sous Louis XI, un autre, réparer sous Louis XIV ; et l'Hubert actuel y brodait des chasubles, comme tous ceux de sa race. A vingt ans, il avait aimé une jeune fille de seize ans, Hubertine, d'une telle passion, que, sur le refus de la mère, veuve d'un magistrat, il l'avait enlevée, puis épousée. Elle était d'une beauté merveilleuse, ce fut tout leur roman, leur joie et leur malheur. Lorsque, huit mois plus tard, enceinte, elle vint au lit de mort de sa mère, celle-ci la déshérita et la maudit, si bien que l'enfant, né le même soir, mourut. Et, depuis, au cimetière, dans son cercueil, l'entêtée bourgeoise ne pardonnait toujours pas, car le ménage n'avait plus eu d'enfant, malgré son ardent désir. Après vingt-quatre années, ils pleuraient encore celui qu'ils avaient perdu, ils désespéraient maintenant de jamais fléchir la morte.

Troublée de leurs regards, la petite s'était renfoncée derrière le pilier de sainte Agnès. Elle s'inquiétait aussi du réveil de la rue : les boutiques s'ouvraient, du monde commençait à sortir. Cette rue des Orfèvres, dont le bout vient buter contre la façade latérale de l'église, serait une vraie impasse, bouchée du côté de l'abside par la maison des Hubert, si la rue Soleil, un étroit couloir, ne la dégageait de l'autre côté, en filant le long du collatéral, jusqu'à la grande façade, place du Cloître ; et il passa deux dévotes, qui eurent un coup d'œil étonné sur cette petite mendiante, qu'elles ne connaissaient pas, à Beaumont. La tombée lente et obstinée de la neige continuait, le froid semblait augmenter avec le jour blafard, on n'entendait qu'un lointain bruit de voix, dans la sourde épaisseur du grand linceul blanc qui couvrait la ville.

Mais, sauvage, honteuse de son abandon comme d'une faute, l'enfant se recula encore, lorsque, tout d'un coup, elle reconnut devant elle Hubertine, qui, n'ayant pas de bonne, était sortie chercher son pain.

— Petite, que fais-tu là ? qui es-tu ?

Et elle ne répondit point, elle se cachait le visage. Cependant elle ne sentait plus ses membres, son être s'évanouissait, comme si son cœur, devenu de glace, se fût arrêté. Quand la bonne dame eut tourné le dos, avec un geste de pitié discrète, elle s'affaissa sur les genoux, à bout de forces, glissa ainsi qu'une chiffe dans la neige, dont les flocons, silencieusement, l'ensevelirent. Et la dame, qui revenait avec son pain tout chaud, l'apercevant ainsi par terre, de nouveau s'approcha.

— Voyons, petite, tu ne peux rester sous cette porte.

Alors, Hubert, qui était sorti à son tour, debout au seuil de la maison, la débarrassa du pain, en disant :

— Prends-la donc, apporte-la !

Hubertine, sans ajouter rien, la prit dans ses bras solides. Et l'enfant ne se reculait plus, emportée comme une chose, les dents serrées, les yeux fermés, toute froide, d'une légèreté de petit oiseau tombé de son nid.

On rentra, Hubert referma la porte, tandis qu'Hubertine, chargée de son fardeau, traversait la pièce sur la rue, qui servait de salon et où quelques pans de broderie étaient en montre, devant la grande fenêtre carrée. Puis, elle passa dans la cuisine, l'ancienne salle commune, conservée presque intacte, avec ses poutres apparentes, son dallage raccommodé en vingt endroits, sa vaste cheminée au manteau de pierre. Sur les planches, les ustensiles, pots, bouilloires, bassines, dataient d'un ou deux siècles, de vieilles faïences, de vieux grès, de vieux étains. Mais, occupant l'âtre de la cheminée, il y avait un fourneau moderne, un large fourneau de fonte, dont les garnitures de cuivre luisaient. Il était rouge, on entendait bouillir l'eau du coquemar. Une casserole, pleine de café au lait, se tenait chaude, à l'un des bouts.

— Fichtre ! il fait meilleur ici que dehors, dit

Hubert, en posant le pain sur une lourde table Louis XIII qui occupait le milieu de la pièce. Mets cette pauvre mignonne près du fourneau, elle va se dégeler.

Déjà Hubertine asseyait l'enfant ; et tous les deux la regardèrent revenir à elle. La neige de ses vêtements fondait, tombait en gouttes pesantes. Par les trous des gros souliers d'homme, on voyait ses petits pieds meurtris, tandis que la mince robe dessinait la rigidité de ses membres, ce pitoyable corps de misère et de douleur. Elle eut un long frisson, ouvrit des yeux éperdus, avec le sursaut d'un animal qui se réveille pris au piège. Son visage sembla se renfoncer sous la guenille nouée à son menton. Ils la crurent infirme du bras droit, tellement elle le serrait, immobile, sur sa poitrine.

— Rassure-toi, nous ne voulons pas te faire du mal... D'où viens-tu? qui es-tu?

A mesure qu'on lui parlait, elle s'effarait davantage, tournant la tête, comme si quelqu'un était derrière elle, pour la battre. Elle examina la cuisine d'un coup d'œil furtif, les dalles, les poutres, les ustensiles brillants; puis, son regard, par les deux fenêtres irrégulières, laissées dans l'ancienne baie, alla au dehors, fouilla le jardin jusqu'aux arbres de l'Évêché, dont les silhouettes blanches dominaient le mur du fond, parut s'étonner de retrouver là, à gauche, le long d'une allée, la cathédrale, avec les fenêtres romanes des chapelles de son abside. Et elle eut de nouveau un grand frisson, sous la chaleur du fourneau qui commençait à la pénétrer ; et elle ramena son regard par terre, ne bougeant plus.

— Est-ce que tu es de Beaumont?... Qui est ton père?

Devant son silence, Hubert s'imagina qu'elle avait peut-être la gorge trop serrée pour répondre.

— Au lieu de la questionner, dit-il, nous ferions mieux de lui servir une bonne tasse de café au lait bien chaud.

C'était si raisonnable, que, tout de suite, Hubertine donna sa propre tasse. Pendant qu'elle lui coupait deux grosses tartines, l'enfant se défiait, reculait toujours ; mais le tourment de la faim fut le plus fort, elle mangea et but goulûment. Pour ne pas la gêner, le ménage se taisait, ému de voir sa petite main trembler, au point de manquer sa bouche. Et elle ne se servait que de sa main gauche, son bras droit demeurait obstinément collé à son corps. Quand elle eut fini, elle faillit casser la tasse, qu'elle rattrapa du coude, maladroite, avec un geste d'estropiée.

— Tu es donc blessée au bras? lui demanda Hubertine. N'aie pas peur, montre un peu, ma mignonne.

Mais, comme elle la touchait, l'enfant, violente, se leva, se débattit; et, dans la lutte, elle écarta le bras. Un livret cartonné, qu'elle cachait sur sa peau même, glissa par une déchirure de son corsage. Elle voulut le reprendre, resta les deux poings tordus de colère, en voyant que ces inconnus l'ouvraient et le lisaient.

C'était un livret d'élève, délivré par l'Administration des Enfants assistés du département de la Seine. A la première page, au-dessous d'un médaillon de saint Vincent de Paul, il y avait, imprimées, les formules : nom de l'élève, et un simple trait à l'encre remplissait le blanc; puis, aux prénoms, ceux d'Angélique, Marie; aux dates, née le 22 janvier 1851, admise le 23 du même mois, sous le numéro matricule 1634. Ainsi, père et mère inconnus, aucun papier, pas même un extrait de naissance, rien que ce livret d'une froideur administrative, avec sa couverture de toile rose pâle. Personne au monde et un écrou, l'abandon numéroté et classé.

— Oh! une enfant trouvée! s'écria Hubertine.

Angélique, alors, parla, dans une crise folle d'emportement.

— Je vaux mieux que tous les autres, oui! je suis meilleure, meilleure, meilleure... Jamais je n'ai rien volé aux autres, et ils me volent tout... Rendez-moi ce que vous m'avez volé.

Un tel orgueil impuissant, une telle passion d'être la plus forte soulevaient son corps de petite femme, que les Hubert en demeurèrent saisis. Ils ne reconnaissaient plus la gamine blonde, aux yeux couleur de violette, au long col d'une grâce de lis. Les yeux étaient devenus noirs dans la face méchante, le cou sensuel s'était gonflé d'un flot de sang. Maintenant qu'elle avait chaud, elle se dressait et sifflait, ainsi qu'une couleuvre ramassée sur la neige.

— Tu es donc mauvaise? dit doucement le brodeur. C'est pour ton bien, si nous voulons savoir qui tu es.

Et, par-dessus l'épaule de sa femme, il parcourait le livret, que feuilletait celle-ci. A la page 2, se trouvait le nom de la nourrice. « L'enfant Angélique, Marie, a été confiée le 25 janvier 1851 à la nourrice Françoise, femme du sieur Hamelin, profession de cultivateur, demeurant commune de Soulanges, arrondissement de Nevers ; laquelle nourrice a reçu, au moment du départ, le premier mois de nourriture, plus un trousseau. » Suivait un certificat de baptême, signé par l'aumônier de l'hospice des Enfants assistés ; puis, des certificats de médecin, au départ et à l'arrivée de l'enfant. Les paiements des mois, tous les trimestres, emplissaient plus loin les colonnes de quatre pages, où revenait chaque fois la signature illisible du percepteur.

— Comment, Nevers ! demanda Hubertine, c'est près de Nevers que tu as été élevée?

Angélique, rouge de ne pouvoir les empêcher de lire, était retombée dans son silence farouche. Mais la colère lui desserra les lèvres, elle parla de sa nourrice.

— Ah! bien sûr que maman Nini vous aurait battus. Elle me défendait, elle, quoique tout de même elle m'allongeât des claques... Ah! bien sûr que je n'étais pas si malheureuse, là-bas, avec les bêtes...

Sa voix s'étranglait, elle continuait, en phrases coupées, incohérentes, à parler des prés où elle conduisait la Rousse, du grand chemin où l'on jouait, des galettes qu'on faisait cuire, d'un gros chien qui l'avait mordue.

Hubert l'interrompit, lisant tout haut :

— « En cas de maladie grave ou de mauvais traitements, le sous-inspecteur est autorisé à changer les enfants de nourrice. »

Au-dessous, il y avait que l'enfant Angélique, Marie, avait été confiée, le 20 juin 1860, à Thérèse, femme de Louis Franchomme, tous les deux fleuristes, demeurant à Paris.

— Bon! je comprends, dit Hubertine. Tu as été malade, on t'a ramenée à Paris.

Mais ce n'était pas encore ça, les Hubert ne surent toute l'histoire que lorsqu'ils l'eurent tirée d'Angélique, morceau à morceau. Louis Franchomme, qui était le cousin de maman Nini, avait dû retourner vivre un mois dans son village, afin de se remettre d'une fièvre ; et c'était alors que sa femme Thérèse, se prenant d'une grande tendresse pour l'enfant, avait obtenu de l'emmener à Paris, où elle s'engageait à lui apprendre l'état de fleuriste. Trois mois plus tard, son mari mourait, elle se trouvait obligée, très souffrante elle-même, de se retirer chez son frère, le tanneur Rabier, établi à Beaumont. Elle y était morte dans les premiers jours de décembre, en confiant à sa belle-sœur la petite, qui, depuis ce temps, injuriée, battue, souffrait le martyre.

— Les Rabier, murmura Hubert, les Rabier, oui, oui! des tanneurs, au bord du Ligneul, dans la ville basse... Le mari boit, la femme a une mauvaise conduite.

— Ils me traitaient d'enfant de la borne, poursuivit Angélique révoltée, enragée de fierté souffrante. Ils disaient que le ruisseau était assez bon pour une bâtarde. Quand elle m'avait rouée de coups, la femme me mettait de la pâtée par terre, comme à son chat; et encore je me couchais sans manger souvent... Ah! je me serais tuée à la fin!

Elle eut un geste de furieux désespoir.

— Le matin de la Noël, hier, ils ont bu, ils se sont jetés sur moi, en menaçant de me faire sauter les yeux avec le pouce, histoire de rire. Et puis, ça n'a pas marché, ils ont fini par se battre, à si grands coups de poing, que je les ai crus morts, tombés tous les deux en travers de la chambre... Depuis longtemps, j'avais résolu de me sauver. Mais je voulais mon livre. Maman Nini me le montrait des fois, en disant : « Tu vois, c'est tout ce que tu possèdes, car, si tu n'avais pas ça, tu n'aurais rien. » Et je savais où ils le cachaient, depuis la mort de maman Thérèse, dans le tiroir du haut de la commode... Alors, je les ai enjambés, j'ai pris le livre, j'ai couru en le serrant sous mon bras, contre ma peau. Il était trop grand, je m'imaginais que tout le monde le voyait, qu'on allait me le voler. Oh ! j'ai couru, j'ai couru ! et, quand la nuit a été noire, j'ai eu froid sous cette porte, oh ! j'ai eu froid, à croire que je n'étais plus en vie. Mais ça ne fait rien, je ne l'ai pas lâché, le voilà !

Et, d'un brusque élan, comme les Hubert le refermaient pour le lui rendre, elle le leur arracha. Puis, assise, elle s'abandonna sur la table, le tenant entre ses bras et sanglotant, la joue contre la couverture de toile rose. Une humilité affreuse abattait son orgueil, tout son être semblait se fondre, dans l'amertume de ces quelques pages aux coins usés, de cette pauvre chose, qui était son trésor, l'unique lien qui la rattachât à la vie du monde. Elle ne pouvait vider son cœur d'un si grand désespoir, ses larmes coulaient, coulaient sans fin ; et, sous cet écrasement, elle avait retrouvé sa jolie figure de gamine blonde, à l'ovale un peu allongé, très pur, ses yeux de violette que la tendresse pâlissait, l'élancement délicat de son col qui la faisait ressembler à une petite vierge de vitrail. Tout d'un coup, elle saisit la main d'Hubertine, elle y colla ses lèvres avides de caresses, elle la baisa passionnément.

Les Hubert en eurent l'âme retournée, bégayant, près de pleurer eux-mêmes.

— Chère, chère enfant !

Elle n'était donc pas encore tout à fait mauvaise ? Peut-être pourrait-on la corriger de cette violence qui les avait effrayés.

— Oh ! je vous en prie, ne me reconduisez pas chez les autres, balbutia-t-elle, ne me reconduisez pas chez les autres !

Le mari et la femme s'étaient regardés. Justement, depuis l'automne, ils faisaient le projet de prendre une apprentie à demeure, quelque fillette qui égaierait la maison, si attristée de leurs regrets d'époux stériles. Et ce fut décidé tout de suite.

— Veux-tu ? demanda Hubert.

Hubertine répondit sans hâte, de sa voix calme :

— Je veux bien.

Immédiatement, ils s'occupèrent des formalités. Le brodeur alla conter l'aventure au juge de paix du canton nord de Beaumont, M. Grandsire, un cousin de sa femme, le seul parent qu'elle eût revu ; et celui-ci se chargea de tout, écrivit à l'Assistance publique, où Angélique fut aisément reconnue, grâce au numéro matricule, obtint qu'elle resterait comme apprentie chez les Hubert, qui avaient un grand renom d'honnêteté. Le sous-inspecteur de l'arrondissement, en venant régulariser le livret, passa avec le nouveau patron le contrat, par lequel ce dernier devait traiter l'enfant doucement, la tenir propre, lui faire fréquenter l'école et la paroisse, avoir un lit pour la coucher seule. De son côté, l'Administration s'engageait à lui payer les indemnités et délivrer les vêtures, conformément à la règle.

En dix jours, ce fut fait. Angélique couchait en haut, près du grenier, dans la chambre du comble, sur le jardin ; et elle avait déjà reçu ses premières leçons de brodeuse. Le dimanche matin, avant de la conduire à la messe, Hubertine ouvrit devant elle le vieux bahut de l'atelier, où elle serrait l'or fin. Elle tenait le livret, elle le mit au fond d'un tiroir, en disant :

— Regarde où je le place, pour que tu puisses le prendre, si tu en as l'envie, et que tu te souviennes.

Ce matin-là, en entrant à l'église, Angélique se trouva de nouveau sous la porte Sainte-Agnès. Un faux dégel s'était produit dans la semaine, puis le froid avait recommencé, si rude, que la neige des sculptures, à demi fondue, venait de se figer en une floraison de grappes et d'aiguilles. C'était maintenant toute une glace, des robes transparentes, aux dentelles de verre, qui habillaient les vierges. Dorothée tenait un flambeau dont la coulure limpide lui tombait des mains ; Cécile portait une couronne d'argent d'où ruisselaient des perles vives; Agathe, sur sa gorge mordue par les tenailles, était cuirassée d'une armure de cristal. Et les scènes du tympan, les petites vierges des voussures semblaient être ainsi, depuis des siècles, derrière les vitres et les gemmes d'une châsse géante. Agnès, elle, laissait traîner un manteau de cour, filé de lumière, brodé d'étoiles. Son agneau avait une toison de diamants, sa palme était devenue couleur de ciel. Toute la porte resplendissait, dans la pureté du grand froid.

Angélique se souvint de la nuit qu'elle avait passée là, sous la protection des vierges. Elle leva la tête et leur sourit.

II

Beaumont est fait de deux villes complètement séparées et distinctes : Beaumont-l'Église, sur la hauteur, avec sa vieille cathédrale du douzième siècle, son évêché qui date seulement du dix-septième, ses mille âmes à peine, serrées, étouffées au fond de ses rues étroites ; et Beaumont-la-Ville, en bas du coteau, sur le bord du Ligneul, un ancien faubourg que la prospérité de ses fabriques de dentelles et de batistes a enrichi, élargi, au point qu'il compte près de dix mille habitants, des places spacieuses, une jolie sous-préfecture, de goût moderne. Les deux cantons, le canton nord et le canton sud, n'ont guère ainsi, entre eux, que des rapports administratifs. Bien qu'à une trentaine de lieues de Paris, où l'on va en deux heures, Beaumont-l'Église semble muré encore dans ses anciens remparts, dont il ne reste pourtant que trois portes. Une population stationnaire, spéciale, y vit de l'existence que les aïeux y ont menée de père en fils, depuis cinq cents ans.

La cathédrale explique tout, a tout enfanté et conserve tout. Elle est la mère, la reine, énorme au milieu du petit tas des maisons basses, pareilles à une couvée abritée frileusement sous ses ailes de pierre. On n'y habite que pour elle et par elle ; les industries ne travaillent, les boutiques ne vendent que pour la nourrir, la vêtir, l'entretenir, elle et son clergé ; et, si l'on rencontre quelques bourgeois, c'est qu'ils y sont les derniers fidèles des foules disparues. Elle bat au centre, chaque rue est une de ses veines, la ville n'a d'autre souffle que le sien. De là, cette âme d'un autre âge, cet engourdissement religieux dans le passé, cette cité cloîtrée qui l'entoure, odorante d'un vieux parfum de paix et de foi.

Et, de toute la cité mystique, la maison des Hubert, où désormais Angélique allait vivre, était la plus voisine de la cathédrale, celle qui tenait à sa chair même. L'autorisation de bâtir là, entre deux contreforts, avait dû être accordée par quelque curé de jadis, désireux de s'attacher l'ancêtre de cette lignée de brodeurs, comme maître chasublier, fournisseur de la sacristie. Du côté du midi, la masse colossale de l'église barrait l'étroit jardin : d'abord le pourtour des chapelles latérales dont les fenêtres donnaient sur les plates-bandes, puis le corps élancé de la nef que les arcs-boutants épaulaient, puis le vaste comble couvert de feuilles de plomb. Jamais le soleil ne pénétrait au fond de ce jardin, les lierres et les buis seuls y poussaient vigoureusement ; et l'ombre éternelle y était pourtant très douce, tombée de la croupe géante de l'abside, une ombre religieuse, sépulcrale et pure, qui sentait bon. Dans le demi-jour verdâtre, d'une calme fraîcheur, les deux tours ne laissaient descendre que les sonneries de leurs cloches. Mais la maison entière en gardait le frisson, scellée à ces vieilles pierres, fondue en elles, vivant de leur sang. Elle tressaillait aux moindres cérémonies ; les grand'messes, le grondement des orgues, la voix des chantres, jusqu'au soupir oppressé des fidèles, bourdonnaient dans chacune de ses pièces, la berçaient d'un souffle sacré, venu de l'invisible ; et, à travers le mur attiédi, parfois même semblaient fumer des vapeurs d'encens.

Angélique, pendant cinq années, grandit là, comme dans un cloître, loin du monde. Elle ne sortait que le dimanche, pour aller entendre la messe de sept heures, Hubertine ayant obtenu de ne pas l'envoyer à l'école, où elle craignait les mauvaises fréquentations. Cette demeure antique et si resserrée, au jardin d'une paix morte, fut son univers. Elle occupait, sous le toit, une chambre passée à la chaux ; elle descendait, le matin, déjeuner à la cuisine ; elle remontait à l'atelier du premier étage, pour travailler ; et c'étaient, avec l'escalier de pierre tournant dans sa tourelle, les seuls coins où elle vécût, justement les coins vénérables, conservés d'âge en âge, car elle n'entrait jamais dans la chambre des Hubert, et ne faisait guère que traverser le salon du bas, les deux pièces rajeunies au goût de l'époque. Dans le salon, on avait plâtré les solives; une corniche à palmettes, accompagnée d'une rosace centrale, ornait le plafond; le papier à grandes fleurs jaunes datait du premier empire, de même que la cheminée de marbre blanc et que le meuble d'acajou, un guéridon, un canapé, quatre fauteuils, recouverts de velours d'Utrecht. Les rares fois qu'elle y venait renouveler l'étalage, quelques bandes de broderies pendues devant la fenêtre, si elle jetait un coup d'œil dehors, elle voyait la même échappée immuable, la rue butant contre la porte Sainte-Agnès: une dévote poussait le vantail qui se refermait sans bruit, les boutiques de l'orfèvre et du cirier, en face, alignant leurs saints ciboires et leurs gros cierges, semblaient toujours vides. Et la paix claustrale de tout Beaumont-l'Église, de la rue Magloire, derrière l'Évêché, de la Grand'Rue où aboutit la rue des Orfèvres, de la place du Cloître où se dressent les deux tours, se sentait dans l'air assoupi, tombait lentement avec le jour pâle sur le pavé désert.

Hubertine s'était chargée de compléter l'instruction d'Angélique. D'ailleurs, elle pratiquait cette opinion ancienne qu'une femme en sait assez long, quand elle met l'orthographe et qu'elle connaît les quatre règles. Mais elle eut à lutter contre le mauvais vouloir de l'enfant, qui se dissipait à regarder par les fenêtres, quoique la récréation fût médiocre, celles-ci ouvrant sur le jardin. Angélique ne se passionna guère que pour la lecture ; malgré les dictées, tirées d'un choix classique, elle n'arriva jamais à orthographier correctement une page ; et elle avait pourtant une jolie écriture, élancée et ferme, une de ces écritures irrégulières des grandes dames d'autrefois. Pour le reste, la géographie, l'histoire, le calcul, son ignorance demeura complète. A quoi bon la science ? C'était bien inutile. Plus tard, au moment de la première communion, elle apprit le mot à mot de son catéchisme, dans une telle ardeur de foi, qu'elle émerveilla le monde par la sûreté de sa mémoire.

La première année, malgré leur douceur, les Hubert avaient désespéré souvent. Angélique, qui promettait d'être une brodeuse très adroite, les déconcertait par des sautes brusques, d'inexplicables paresses, après des journées d'application exemplaire. Elle devenait tout d'un coup molle, sournoise, volant le sucre, les yeux battus dans son visage rouge ; et, si on la grondait, elle éclatait en mauvaises réponses. Certains jours, quand ils voulaient la dompter, elle en arrivait à des crises de folie orgueilleuse, raidie, tapant des pieds et des mains, prête à déchirer et à mordre. Une peur, alors, les faisait reculer devant ce petit monstre, ils s'épouvantaient du diable qui s'agitait en elle. Qui était-elle donc? d'où venait-elle? Ces enfants trouvés, presque toujours, viennent du vice et du crime. A deux reprises, ils avaient résolu de s'en débarrasser, de la rendre à l'Administration, désolés, regrettant de l'avoir recueillie. Mais, chaque fois, ces affreuses scènes, dont la maison restait frémissante, se terminaient par le même déluge de larmes, la même exaltation de repentir, qui jetait l'enfant sur le carreau, dans une telle soif du châtiment, qu'il fallait bien lui pardonner.

Peu à peu, Hubertine prit sur elle de l'autorité. Elle était faite pour cette éducation, avec la bonhomie de son âme, son grand air fort et doux, sa raison droite, d'un parfait équilibre. Elle lui enseignait le renoncement et l'obéissance, qu'elle opposait à la passion et à l'orgueil. Obéir, c'était vivre. Il fallait obéir à Dieu, aux parents, aux supérieurs, toute une hiérarchie de respect, en dehors de laquelle l'existence déréglée se gâtait. Aussi, à chaque révolte, pour lui apprendre l'humilité, lui imposait-elle, comme pénitence, quelque basse besogne, essuyer la vaisselle, laver la cuisine; et elle demeurait là jusqu'au bout, la tenant courbée sur les dalles, enragée d'abord, vaincue enfin. La passion surtout l'inquiétait, chez cette enfant, l'élan et la violence de ses caresses. Plusieurs fois, elle l'avait surprise à se baiser les mains. Elle la vit s'enfiévrer pour des images, des petites gravures de sainteté, des Jésus qu'elle collectionnait ; puis, un soir, elle la trouva en pleurs, évanouie, la tête tombée sur la table, la bouche collée aux images. Ce fut encore une terrible scène, lorsqu'elle les confisqua, des cris, des larmes, comme si on lui arrachait la peau. Et, dès lors, elle la tint sévèrement, ne toléra plus ses abandons, l'accablant de travail, faisant le silence et le froid autour d'elle, dès qu'elle la sentait s'énerver, les yeux fous, les joues brûlantes.

D'ailleurs, Hubertine s'était découvert un aide dans le livret de l'Assistance publique. Chaque trimestre, lorsque le percepteur le signait, Angélique en demeurait assombrie jusqu'au soir. Un élancement la poignait au cœur, si, par hasard, en prenant une bobine d'or dans le bahut, elle l'apercevait. Et, un jour de méchanceté furieuse, comme rien n'avait pu la vaincre et qu'elle bouleversait tout au fond du tiroir, elle était restée brusquement anéantie, devant le petit livre. Des sanglots l'étouffaient, elle s'était jetée aux pieds des Hubert, en s'humiliant, en bégayant qu'ils avaient bien eu tort de la ramasser et qu'elle ne méritait pas de manger leur pain. Depuis ce jour, l'idée du livret, souvent, la retenait dans ses colères.

Ce fut ainsi qu'Angélique atteignit ses douze ans, l'âge de la première communion. Le milieu si calme, cette petite maison endormie à l'ombre de la cathédrale, embaumée d'encens, frissonnante de cantiques, favorisait l'amélioration lente de ce rejet sauvage, arraché on ne savait d'où, replanté dans le sol mystique de l'étroit jardin ; et il y avait aussi la vie régulière qu'on menait là, le travail quotidien, l'ignorance où l'on y était du monde, sans que même un écho du quartier somnolent y pénétrât. Mais surtout la douceur venait du grand amour des Hubert, qui semblait comme élargi par un incurable remords. Lui, passait les jours à tâcher d'effacer de sa mémoire, à elle, l'injure qu'il lui avait faite, en l'épousant malgré sa mère. Il avait bien senti, à la mort de leur enfant, qu'elle l'accusait de cette punition, et il s'efforçait d'être pardonné. Depuis longtemps, c'était fait, elle l'adorait. Il en doutait parfois, ce doute désolait sa vie. Pour être certain que la morte, la mère obstinée, s'était laissé fléchir sous la terre, il aurait voulu un enfant encore. Leur désir unique était cet enfant du pardon, il vivait aux pieds de sa femme, dans un culte, une de ces passions conjugales, ardentes et chastes comme de continuelles fiançailles. Si, devant l'apprentie, il ne la baisait pas même sur les cheveux, il n'entrait dans leur chambre, après vingt années de ménage, que troublé d'une émotion de jeune mari, au soir des noces. Elle était discrète, cette chambre, avec sa peinture blanche et grise, son papier à bouquets bleus, son meuble de noyer, recouvert de cretonne. Jamais il n'en sortait un bruit, mais elle sentait bon la tendresse, elle attiédissait la maison entière. Et c'était pour Angélique un bain d'affection, où elle grandissait très passionnée et très pure.

Un livre acheva l'œuvre. Comme elle furetait un matin, fouillant sur une planche de l'atelier, couverte de poussière, elle découvrit, parmi des outils de brodeur hors d'usage, un exemplaire très ancien de *la Légende dorée*, de Jacques de Voragine. Cette traduction française, datée de 1549, avait dû être achetée jadis par quelque maître chasublier, pour les images, pleines de renseignements utiles sur les saints. Longtemps elle-même ne s'intéressa guère qu'à ces images, ces vieux bois d'une foi naïve, qui la ravissaient. Dès qu'on lui permettait de jouer, elle prenait l'in-quarto, relié en veau jaune, elle le feuilletait lentement : d'abord, le faux titre, rouge et noir, avec l'adresse du libraire, « à Paris, en la rue Neufve Nostre-Dame, à l'enseigne Saint Jehan Baptiste » ; puis, le titre, flanqué des médaillons des quatre évangélistes, encadré en bas par l'adoration des trois Mages, en haut par le triomphe de Jésus-Christ foulant des ossements. Et ensuite les images se succédaient, lettres ornées, grandes et moyennes gravures dans le texte, au courant des pages : l'Annonciation, un Ange immense inondant de rayons une Marie toute frêle; le Massacre des Innocents, le cruel Hérode au milieu d'un entassement de petits cadavres; la Crèche, Jésus entre la Vierge et saint Joseph, qui tient un cierge; saint Jean l'Aumônier donnant aux pauvres; saint Mathias brisant une idole; saint Nicolas, en évêque, ayant à sa droite des enfants dans un baquet; et toutes les saintes, Agnès, le col troué d'un glaive, Christine, les mamelles arrachées avec des tenailles, Geneviève, suivie de ses agneaux, Julienne flagellée, Anastasie brûlée, Marie l'Égyptienne faisant pénitence au désert, Madeleine portant le vase de parfum. D'autres, d'autres encore défilaient, une terreur et une piétié grandissaient à chacune d'elles, c'était comme une de ces histoires terribles et douces, qui serrent le cœur et mouillent les yeux de larmes.

Mais Angélique, peu à peu, fut curieuse de savoir au juste ce que représentaient les gravures. Les deux colonnes serrées du texte, dont l'impression était restée très noire sur le papier jauni, l'effrayaient, par l'aspect barbare des caractères gothiques. Pourtant, elle s'y accoutuma, déchiffra ces caractères, comprit les abréviations et les contractions, sut deviner les tournures et les mots vieillis; et elle finit par lire couramment, enchantée comme si elle pénétrait un mystère, triomphante à chaque nouvelle difficulté vaincue. Sous ces laborieuses ténèbres, tout un monde rayonnant se révélait. Elle entrait dans une splendeur céleste. Ses quelques livres classiques, si secs et si froids, n'existaient plus. Seule, la Légende la passionnait, la tenait penchée, le front entre les mains, prise toute, au point de ne plus vivre de la vie quotidienne, sans conscience du temps, regardant monter, du fond de l'inconnu, le grand épanouissement du rêve.

Dieu est débonnaire, et ce sont d'abord les saints et les saintes. Ils naissent prédestinés, des voix les annoncent, leurs mères ont des songes éclatants. Tous sont beaux, forts, victorieux. De grandes lueurs les environnent, leur visage resplendit. Dominique a une étoile au front. Ils lisent dans l'intelligence des hommes, répètent à voix haute ce qu'on pense. Ils ont le don de prophétie, et leurs prédictions toujours se réalisent. Leur nombre est infini, il y a des évêques et des moines, des vierges et des prostituées, des mendiants et des seigneurs de race royale, des ermites nus mangeant des racines, des vieillards avec des biches dans des cavernes. Leur histoire à tous est la même, ils grandissent pour le Christ, croient en lui, refusent de sacrifier aux faux dieux, sont torturés et meurent pleins de gloire. Les persécutions lassent les empereurs. André, mis en croix, prêche pendant deux jours à vingt mille personnes. Des conversions en masse se produisent, quarante mille hommes sont baptisés d'un coup. Quand les foules ne se convertissent pas devant les miracles, elles s'enfuient épouvantées. On accuse les saints de magie, on leur pose des énigmes qu'ils débrouillent, on les met aux prises avec les docteurs qui restent muets. Dès qu'on les amène dans les temples pour sacrifier, les idoles sont renversées d'un souffle et se brisent. Une vierge noue sa ceinture au cou de Vénus, qui tombe en poudre. La terre tremble, le temple de Diane s'effondre, frappé du tonnerre; et les peuples se révoltent, des guerres civiles éclatent. Alors, souvent, les bourreaux demandent le baptême, les rois s'agenouillent aux pieds des saints en haillons, qui ont épousé la pauvreté. Sabine s'enfuit de la maison paternelle. Paule abandonne ses cinq enfants et se prive de bains. Des mortifications, des jeûnes les purifient. Ni froment, ni huile. Germain répand de la cendre sur ses aliments. Bernard ne distingue plus les mets, ne reconnaît que le goût de l'eau pure. Agathon garde trois ans une pierre dans sa bouche. Augustin se désespère d'avoir péché, en prenant de la distraction à regarder un chien courir. La prospérité, la santé sont en mépris, la joie commence aux privations qui tuent le corps. Et c'est ainsi que, triomphants, ils vivent dans des jardins où les fleurs sont des astres, où les feuilles des arbres chantent. Ils exterminent des dragons, ils soulèvent des tempêtes et les apaisent, ils sont ravis en extase à deux coudées du sol. Des dames veuves pourvoient à leurs besoins pendant leur vie, reçoivent en rêve l'avis d'aller les ensevelir, quand ils sont morts. Des histoires extraordinaires leur arrivent, des aventures merveilleuses, aussi belles que des romans. Et, après des centaines d'années, lorsqu'on ouvre leurs tombeaux, il s'en échappe des odeurs suaves.

Puis, en face des saints, voici les diables, les diables innombrables. « Ilz vollent souvent environ nous comme mousches et remplissent lair sans nombre. Lair est aussi plein de dyables et de mauvais esperitz, comme le ray du soleil est plein de athomes. Cest pouldre même. » Et la bataille s'engage, éternelle. Toujours les saints sont victorieux, et toujours ils doivent recommencer la victoire. Plus on chasse de diables, plus il en revient. On en compte six mille six cent soixante-six dans le corps d'une seule femme, que Fortunat délivre. Ils s'agitent, ils parlent et crient par la voix des possédés, dont ils secouent les flancs d'une tempête. Ils entrent en eux par le nez, par les oreilles, par la bouche, et ils en sortent avec des rugissements, après des jours d'effroyables luttes. A chaque détour des routes, un possédé se vautre, un saint qui passe livre bataille. Basile, pour sauver un jeune homme, se bat corps à corps. Pendant toute une nuit, Macaire, couché parmi des tombeaux, est assailli et se défend. Les anges eux-mêmes, au chevet des morts, en sont réduits, pour avoir les âmes, à rouer les démons de coups. D'autres fois, ce ne sont que des assauts d'intelligence et d'esprit.

On plaisante, on joue au plus fin, l'apôtre Pierre et Simon le Magicien luttent de miracles. Satan, qui rôde, revêt toutes les formes, se déguise en femme, va jusqu'à prendre la ressemblance des saints. Mais, dès qu'il est vaincu, il apparaît dans sa laideur : « Ung chat noir plus grant que ung chien, les yeulx gros et flamboyants, la langue longue jusques au nombril, large et sanglante, la queue torse et levée en hault, demonstrant son derrière, duquel il yssoit horrible punaisie. » Il est l'unique préoccupation, la grande haine. On en a peur et on le raille. On n'est pas même honnête avec lui. Au fond, malgré l'appareil féroce de ses chaudières, il reste l'éternelle dupe. Tous les pactes qu'il passe, lui sont arrachés par la violence ou la ruse. Des femmes débiles le terrassent, Marguerite lui écrase la tête de son pied, Julienne lui crève les flancs à coups de chaîne. Une sérénité s'en dégage, un dédain du mal puisqu'il est impuissant, une certitude du bien puisque la vertu est souveraine. Il suffit de se signer, le diable ne peut rien, hurle et disparaît. Quand une vierge fait le signe de la croix, tout l'enfer croule.

Alors, dans ce combat des saints et des saintes contre Satan, se déroulent les effroyables supplices des persécutions. Les bourreaux exposent aux mouches les martyrs enduits de miel; les font marcher pieds nus sur du verre cassé et sur des charbons ardents; les descendent dans des fosses avec des reptiles; les flagellent à coups de fouets munis de boules de plomb; les clouent vivants dans des cercueils, qu'ils jettent à la mer; les pendent par les cheveux, puis les allument; arrosent leurs plaies de chaux vive, de poix bouillante, de plomb fondu; les assoient sur des sièges de bronze chauffés à blanc; leur enfoncent autour du crâne des casques rougis; leur brûlent les flancs avec des torches, rompent les cuisses sur des enclumes, arrachent les yeux, coupent la langue, cassent les doigts l'un après l'autre. Et la souffrance ne compte pas, les saints restent pleins de mépris, ont une hâte, une allégresse à souffrir davantage. Un continuel miracle d'ailleurs les protège, ils fatiguent les bourreaux. Jean boit du poison et n'en est pas incommodé. Sébastien sourit, hérissé de flèches. D'autres fois, les flèches restent suspendues en l'air, à droite et à gauche du martyr; ou, lancées par l'archer, elles reviennent sur elles-mêmes et lui crèvent les yeux. Ils boivent le plomb fondu comme de l'eau glacée. Des lions se prosternent et lèchent leurs mains, ainsi que des agneaux. Le gril de saint Laurent lui est d'une fraîcheur agréable. Il crie : « Malheureux, tu as rosty une partie, retourne lautre et puis mange, car elle est assez rostie. » Cécile, mise en un bain tout bouillant, « estoit la tout ainsi comme en un froit lieu et ne sentit onc ung peu de sueur ». Christine déconcerte les supplices : son père la fait battre par douze hommes qui succombent de fatigue; un autre bourreau lui succède, l'attache sur une roue, allume du feu dessous, et la flamme s'étend, dévore quinze cents personnes; il la jette à la mer, une pierre au col, mais les anges la soutiennent, Jésus vient la baptiser en personne, puis la confie à saint Michel pour qu'il la ramène à terre; un autre bourreau enfin l'enferme avec des vipères qui s'enroulent d'une caresse à sa gorge, la laisse cinq jours dans un four, où elle chante, sans éprouver aucun mal. Vincent, qui en subit plus encore, ne parvient pas à souffrir: on lui rompt les membres; on lui déchire les côtes avec des peignes de fer jusqu'à ce que les entrailles sortent; on le larde d'aiguilles; on le jette sur un brasier que ses plaies inondent de sang; on le remet en prison, les pieds cloués contre un poteau; et, dépecé, rôti, le ventre ouvert, il vit toujours; et ses tortures sont changées en suavité de fleurs, une grande lumière emplit le cachot, des anges chantent avec lui, sur une couche de roses. « Le doulx son du chant et la souefve odeur des fleurs se estendirent par dehors, et quant les gardes eurent veu, ils se convertirent à la foi, et quant Dacien ouyt ceste chose, il fut tout forcene et dist : Que luy ferons nous plus, nous sommes vaincus. » Tel est le cri des tourmenteurs, cela ne peut finir que par leur conversion ou par leur mort. Leurs mains sont frappées de paralysie. Ils périssent violemment, des arêtes de poisson les étranglent, des coups de foudre les écrasent, leurs chars se brisent. Et les cachots des saints resplendissent tous, Marie et les apôtres y pénètrent à l'aise, au travers des murs. Des secours continuels, des apparitions descendent du ciel ouvert, où Dieu se montre, tenant une couronne de pierreries. Aussi la mort est-elle joyeuse, ils la défient, les parents se réjouissent, lorsqu'un des leurs succombe. Sur le mont Ararat, dix mille crucifiés expirent. Près de Cologne, les onze mille vierges se font massacrer par les Huns. Dans les cirques, les os craquent sous la dent des bêtes. A trois ans, Quirique, que le Saint-Esprit fait parler comme un homme, souffre le martyre. Des enfants à la mamelle injurient les bourreaux. Un dédain, un dégoût de la chair, de la loque humaine, aiguise la douleur d'une volupté céleste. Qu'on la déchire, qu'on la broie, qu'on la brûle, cela est bon; encore et encore, jamais elle n'agonisera assez; et ils appellent tous le fer, l'épée dans la gorge, qui seule les tue. Eulalie, sur son bûcher, au milieu d'une populace aveugle qui l'outrage, aspire la flamme pour mourir plus vite. Dieu l'exauce, une colombe blanche sort de sa bouche et monte au ciel.

A ces lectures, Angélique s'émerveillait. Tant d'abominations et cette joie triomphale la ravissaient d'aise, au-dessus du réel. Mais d'autres coins de la Légende, plus doux, l'amusaient aussi, les bêtes par exemple, toute l'arche qui s'y agite. Elle s'intéressait aux corbeaux et aux aigles chargés de nourrir les ermites. Puis, que de belles histoires sur les lions! le lion serviable qui creuse la fosse de Marie l'Égyptienne; le lion flamboyant qui garde la porte des vilaines maisons, lorsque les proconsuls y font conduire les vierges; et encore le lion de Jérôme, à qui l'on a confié un âne, qui le laisse voler, puis qui le ramène. Il y avait aussi le loup, frappé de contrition, rapportant un pourceau dérobé. Bernard excommunie les mouches, lesquelles tombent mortes. Remi et Blaise nourrissent les oiseaux à leur table, les bénissent et leur rendent la santé. François, « plein de tres grande simplesse columbine », les prêche, les exhorte à aimer Dieu. « Ung oyseau qui se nomme cigale estoit en un figuier, et François tendit sa main et appella celluy oyseau, et tantost il obeyt et vint sur sa main. Et il luy deist: Chante, ma seur, et loue nostre Seigneur. Et adoncques chanta incontinent, et ne sen alla devant quelle eust congé. » C'était là, pour Angélique, un continuel sujet de récréation, qui lui donnait l'idée d'appeler les hirondelles, curieuse de voir si elles viendraient. Ensuite, il y avait des histoires qu'elle ne pouvait relire sans être malade, tant elle riait. Christophe, le bon géant, qui porta Jésus, l'égayait aux larmes. Elle étouffait, à la mésaventure du gouverneur avec les trois chambrières d'Anastasie, quand il va les trouver dans la cuisine et qu'il baise les poêles et les chaudrons, en croyant les embrasser. « Il yssit dehors tresnoir et treslaid et les vestemens destrompus. Et quand les serviteurs qui lattendoient dehors le veirent ainsi attourné, si se penserent quil estoit tourné en dyable. Lors le battirent de verges et senfuyrent et le laisserent tout seul. » Mais où le fou rire la prenait, c'était lorsqu'on tapait sur le diable, Julienne surtout, qui, tentée par lui dans son cachot, lui administra une si extraordinaire raclée avec sa chaîne. « Lors commanda le prevost que Julienne fust amenée, et quant elle yssit elle trainoit le dyable après elle, et il cria disant : Ma dame Julienne, ne me faictes plus de mal. Si le traina ainsi par tout le marché, et après le jecta en une tres orde fosse. » Ou encore elle répétait aux Hubert, en brodant, des légendes plus intéressantes que des contes de fées. Elle les avait lues tant de fois, qu'elle les savait par cœur : la légende des Sept Dormants, qui, fuyant la persécution, murés dans une caverne, y dormirent trois cent soixante-dix-sept ans, et dont le réveil étonna si fort l'empereur Théodose ; la légende de saint Clément, des aventures sans fin, imprévues et attendrissantes, toute une famille, le père, la mère, les trois fils, séparés par de grands malheurs et finalement réunis, à travers les plus beaux miracles. Ses pleurs coulaient, elle en rêvait la nuit, elle ne vivait plus que dans ce monde tragique et triomphant du prodige, au pays surnaturel de toutes les vertus, récompensées de toutes les joies.

Lorsque Angélique fit sa première communion, il lui sembla qu'elle marchait comme les saintes, à deux coudées de terre. Elle était une jeune chrétienne de la primitive Église, elle se remettait aux mains de Dieu, ayant appris dans le livre qu'elle ne pouvait être sauvée sans la grâce. Les Hubert pratiquaient, simplement : la messe le dimanche, la communion aux grandes fêtes ; et cela avec la foi tranquille des humbles, un peu aussi par tradition et pour leur clientèle, les chasubliers ayant de père en fils fait leurs pâques. Hubert, lui, s'interrompait parfois de tendre un métier, pour écouter l'enfant lire ses légendes, dont il frémissait avec elle, les cheveux envolés au léger souffle de l'invisible. Il avait de sa passion, il pleura, lorsqu'il la vit en robe blanche. Cette journée fut comme un songe, tous les deux revinrent de l'église, étonnés et las. Il fallut qu'Hubertine les grondât, le soir, elle raisonnable qui condamnait l'exagération, même dans les bonnes choses. Dès lors, elle dut combattre le zèle d'Angélique, surtout l'emportement de charité dont celle-ci était prise. François avait la pauvreté pour maîtresse, Julien l'Aumônier appelait les pauvres ses seigneurs, Gervais et Protais leur lavaient les pieds, Martin partageait avec eux son manteau. Et l'enfant, à l'exemple de Luce, voulait tout vendre pour tout donner. Elle s'était dépouillée d'abord de ses menues affaires, ensuite elle avait commencé à piller la maison. Mais le comble devint qu'elle donnait à des indignes, sans discernement, les mains ouvertes. Un soir, le surlendemain de la première communion, réprimandée pour avoir jeté par la fenêtre du linge à une ivrognesse, elle retomba dans ses anciennes violences, elle eut un accès terrible. Puis, écrasée de honte, malade, elle garda le lit trois jours.

Cependant, les semaines, les mois coulaient. Deux années s'étaient passées, Angélique avait quatorze ans et devenait femme. Quand elle lisait la Légende, ses oreilles bourdonnaient, le sang battait dans les petites veines bleues de ses tempes; et, maintenant, elle se prenait d'une tendresse fraternelle pour les vierges.

Virginité est sœur des anges, possession de tout bien, défaite du diable, seigneurie de foi. Elle donne la grâce, elle est l'invincible perfection. Le Saint-Esprit rend Luce si pesante, que mille hommes et cinq paires de bœufs, sur l'ordre du proconsul, ne peuvent la traîner à un mauvais lieu. Un gouverneur, qui veut embrasser Anastasie, devient aveugle. Dans les supplices, la candeur des vierges éclate, leurs chairs très blanches, labourées par les peignes de fer, laissent ruisseler des fleuves de lait, au lieu de sang. A dix reprises, revient l'histoire de la jeune chrétienne, fuyant sa famille, cachée sous une robe de moine, qu'on accuse d'avoir mis à mal une fille du voisinage, qui souffre la calomnie sans se disculper, puis qui triomphe, dans la brusque révélation de son sexe innocent. Eugénie est ainsi amenée devant un juge, reconnaît son père, déchire sa robe et se montre. Éternellement, le combat de la chasteté recommence, toujours les aiguillons renaissent. Aussi la peur de la femme est-elle la sagesse des saints. Ce monde est semé de pièges, les ermites vont au désert, où il n'y a pas de femmes. Ils luttent effroyablement, se flagellent, se jettent nus dans les ronces et sur la neige. Un solitaire, aidant sa mère à traverser un gué, se couvre les doigts de son manteau. Un martyr, attaché, tenté par une fille, coupe avec les dents sa langue, qu'il lui crache au visage. François déclare qu'il n'a pas de plus grand ennemi que son corps. Bernard crie au voleur! au voleur! pour se défendre contre une dame, son hôtesse. Une femme, à qui le pape Léon donne l'hostie, le baise à la main; et il se tranche le poignet, et la vierge Marie remet la main en place. Tous glorifient la séparation des époux. Alexis, très riche, marié, instruit sa femme dans la chasteté, puis s'en va. On ne s'épouse que pour mourir. Justine, tourmentée à la vue de Cyprien, résiste, le convertit, et marche avec lui au supplice. Cécile, aimée d'un ange, révèle ce secret, le soir des noces, à Valérien, son mari, qui veut bien ne pas la toucher et recevoir le baptême, afin de voir l'ange. « Il trouva en sa chambre Cécile parlant à lange, et lange tenoit en sa main deux couronnes de roses, et les bailla lune à Cécile et lautre à Valerien, et dist : Gardez ces couronnes de cueur et de corps sans macule. » La mort est plus forte que l'amour, c'est un défi à l'existence. Hilaire prie Dieu d'appeler au ciel sa fille Apia, pour qu'elle ne se marie point ; elle meurt, et la mère demande au père de la faire appeler également ; ce qui est fait. La Vierge Marie elle-même enlève aux femmes leurs fiancés. Un noble, parent du roi de Hongrie, renonce à une jeune fille d'une beauté merveilleuse, dès que Marie entre en lutte. « Soudainement apparut notre Dame à luy disant : Se je suis si belle comme tu dis, pourquoy me laisses-tu pour une autre ? » Et il se fiance à elle.

Parmi toutes ces saintes, Angélique eut ses préférées, celles dont les leçons allaient jusqu'à son cœur, qui la touchaient au point de la corriger. Ainsi, la sage Catherine, née dans la pourpre, l'enchantait par la science universelle de ses dix-huit ans, lorsqu'elle dispute avec les cinquante rhéteurs et grammairiens, que lui oppose l'empereur Maxime. Elle les confond, les réduit au silence. « Ilz furent esbahys et ne sceurent que dire, mais se teurent tous. Et lempereur les blasma pour ce quilz se estoient laissez vaincre si laidement d'une pucelle. » Les cinquante alors vont lui déclarer qu'ils se convertissent. « Et adonc quant le tyran ouyt ce, il fut tout esprins de grande forcenerie et commanda quilz fussent tous ardz au meillieu de la cité. » A ses yeux, Catherine était la savante invincible, aussi fière et éclatante de sagesse que de beauté, celle qu'elle aurait voulu être, pour convertir les hommes et se faire nourrir en prison par une colombe, avant d'avoir la tête tranchée. Mais surtout Élisabeth, la fille du roi de Hongrie, lui devenait un continuel enseignement. A chacune des révoltes de son orgueil, lorsque la violence l'emportait, elle songeait à ce modèle de douceur et de simplicité, pieuse à cinq ans, refusant de jouer, se couchant par terre pour rendre hommage à Dieu, plus tard épouse obéissante et mortifiée du landgrave de Thuringe, montrant à son époux un visage gai que des larmes inondaient toutes les nuits, enfin veuve continente, chassée de ses États, heureuse de mener la vie d'une pauvresse. « Sa vesture estoit si vile quelle portoit ung manteau gris alonge de autre couleur de drap. Les manches de sa cotte estoient rompues et ramendées d'autre couleur. » Le roi, son père, l'envoie chercher par un comte. « Et quant le conte la veit en tel habit et fillant, il se escria de douleur et de merveilles, et dist : Oncques fille de roy ne apparut en tel habit, ne ne fut veue filler laine. » Elle est la parfaite humilité chrétienne qui vit de pain noir avec les mendiants, panse leurs plaies sans dégoût, porte leurs vêtements grossiers, dort sur la terre dure, suit les processions pieds nus. « Elle lavoit aucunes fois les escueles et les vaisseaulx de la cuysine, et se mussoit et se cachoit que les chambrieres ne len détournassent, et disoit : Si je eusse trouve une autre vie plus despite, je leusse prinse. » De sorte qu'Angélique, raidie de colère autrefois, lorsqu'on lui faisait laver la cuisine, s'ingéniait maintenant à des besognes basses, quand elle se sentait tourmentée du besoin de domination. Enfin, plus que Catherine, plus qu'Élisabeth, plus que toutes, une sainte lui était chère, Agnès, l'enfant martyre. Son cœur tressaillait, en la retrouvant dans la Légende, cette vierge, vêtue de sa chevelure, qui l'avait protégée sous la porte de la cathédrale. Quelle flamme de pur amour ! comme elle repousse le fils du gouverneur qui l'accoste au sortir de l'école ! « Da ! hors de moy, pasteur de mort, commencement de peche et nourrissement de felonie. » Comme elle célèbre l'amant ! « Jayme celluy duquel la mere est Vierge et le pere ne congneut oncque femme, de la beaute duquel le soleil et la lune sesmerveillent, par lodeur duquel les morts revivent. » Et, quand Aspasien commande qu'on lui mette « ung glayve parmy la gorge », elle monte au paradis s'unir à « son espoux blanc et vermeil ». Depuis quelques mois surtout, à des heures troubles, lorsque des chaleurs de sang lui battaient les tempes, Angélique l'évoquait, l'implorait; et, tout de suite, il lui semblait être rafraîchie. Elle la voyait continuellement à son entour, elle se désespérait de faire souvent, de penser des choses, dont elle la sentait fâchée. Un soir qu'elle se baisait les mains, ainsi qu'elle en prenait parfois encore le plaisir, elle devint brusquement très rouge et se tourna, confuse, bien qu'elle fût seule, ayant compris que la sainte l'avait vue. Agnès était la gardienne de son corps.

A quinze ans, Angélique fut ainsi une adorable fille. Certes, ni la vie cloîtrée et travailleuse, ni l'ombre douce de la cathédrale, ni la Légende aux belles saintes, n'avaient fait d'elle un ange, une créature d'absolue perfection. Toujours des fougues l'emportaient, des fautes se déclaraient, par des échappées imprévues, dans des coins d'âme qu'on avait négligé de murer. Mais elle se montrait si honteuse alors, elle aurait tant voulu être parfaite! et elle était si humaine, si vivante, si ignorante et pure au fond! En revenant d'une des grandes courses que les Hubert se permettaient deux fois l'an, le lundi de la Pentecôte et le jour de l'Assomption, elle avait arraché un églantier, puis s'était amusée à le replanter dans l'étroit jardin. Elle le taillait, l'arrosait; il y repoussait plus droit, il y donnait des églantines plus larges, d'une odeur fine; ce qu'elle guettait, avec sa passion habituelle, répugnant à le greffer pourtant, voulant voir si un miracle ne lui ferait pas porter des roses. Elle dansait à l'entour, elle répétait d'un air ravi : « C'est moi ! c'est moi ! » Et, si on la plaisantait sur son rosier de grand chemin, elle en riait elle-même, un peu pâle, des larmes au bord des paupières. Ses yeux couleur de violette s'étaient encore adoucis, sa bouche s'entr'ouvrait, découvrait les petites dents blanches, dans l'ovale allongé du visage, que les cheveux blonds, d'une légèreté de lumière, nimbaient d'or. Elle avait grandi, sans devenir fluette, le cou et les épaules toujours d'une grâce fière, la gorge ronde, la taille souple ; et gaie, et saine, une beauté rare, d'un charme infini, où fleurissaient la chair innocente et l'âme chaste.

Les Hubert, chaque jour, se prenaient pour elle d'une affection plus vive. L'idée leur était venue à tous deux de l'adopter. Seulement, ils n'en disaient rien, de peur d'éveiller leur éternel regret. Aussi, le matin où le mari se décida, dans leur chambre, la femme, tombée sur une chaise, fondit-elle en sanglots. Adopter cette enfant, n'était-ce pas renoncer à en avoir jamais un ? Certes, il n'y fallait plus guère compter, à leur âge ; et elle consentit, vaincue par la bonne pensée d'en faire sa fille. Angélique, quand ils lui en parlèrent, leur sauta au cou, étrangla de larmes. C'était chose entendue, elle resterait avec eux, dans cette maison toute pleine d'elle maintenant, rajeunie de sa jeunesse, rieuse de son rire. Mais, dès la première démarche, un obstacle les consterna. Le juge de paix, M. Grandsire, consulté, leur expliqua la radicale impossibilité de l'adoption, la loi exigeant que l'adopté soit majeur. Puis, comme il voyait leur chagrin, il leur suggéra l'expédient de la tutelle officieuse : tout individu, âgé de plus de cinquante ans, peut s'attacher un mineur de moins de quinze ans, par un titre légal, en devenant son tuteur officieux. Les âges y étaient, ils acceptèrent, enchantés ; et même il fut convenu qu'ils confléreraient ensuite l'adoption à leur pupille, par voie testamentaire, ainsi que le code le permet. M. Grandsire se chargea de la demande du mari et de l'autorisation de la femme, puis se mit en rapport avec le Directeur de l'Assistance publique, tuteur de tous les enfants assistés, dont il fallait obtenir le consentement. Il y eut enquête, enfin les pièces furent déposées à Paris, chez le juge de paix désigné. Et l'on n'attendait plus que le procès-verbal, qui constitue l'acte de la tutelle officieuse, lorsque les Hubert furent pris d'un scrupule tardif.

Avant d'adopter ainsi Angélique, est-ce qu'ils n'auraient pas dû faire un effort pour retrouver sa famille? Si la mère existait, où prenaient-ils le droit de disposer de la fille, sans être absolument certains de son abandon? Puis, au fond, il y avait cet inconnu, cette souche gâtée d'où sortait l'enfant peut-être, qui les inquiétait autrefois, dont le souci leur revenait à cette heure. Ils s'en tourmentaient tellement, qu'ils n'en dormaient plus.

Brusquement, Hubert fit le voyage de Paris. C'était une catastrophe, dans son existence calme. Il mentit à Angélique, il parla de la nécessité de sa présence, pour la tutelle. En vingt-quatre heures, il espérait tout savoir. Mais, à Paris, les jours coulèrent, des obstacles se dressaient à chaque pas, il y passa une semaine, rejeté des uns aux autres, battant le pavé, éperdu, pleurant presque. D'abord, à l'Assistance publique, on le reçut fort sèchement. La règle de l'Administration est que les enfants ne soient pas renseignés sur leur origine, jusqu'à leur majorité. Trois matins de suite, on le renvoya. Il dut s'obstiner, s'expliquer dans quatre bureaux, s'enrouer à se présenter comme tuteur officieux, avant qu'un sous-chef, un grand sec, voulût bien lui apprendre l'absence absolue de documents précis. L'Administration ne savait rien, une sage-femme avait déposé l'enfant Angélique, Marie, sans nommer la mère. Désespéré, il allait reprendre la route de Beaumont, quand une idée le ramena une quatrième fois, pour demander communication de l'extrait de naissance, qui devait porter le nom de la sage-femme. Ce fut toute une affaire encore. Enfin, il connut le nom, madame Foucart, et il apprit même que cette femme demeurait rue des Deux-Écus, en 1850.

Alors, les courses recommencèrent. Le bout de la rue des Deux-Écus était démoli, aucun boutiquier des rues voisines ne se rappelait madame Foucart. Il consulta un annuaire : le nom ne s'y trouvait plus. Les yeux levés, guettant les enseignes, il se résigna à monter chez les sages-femmes ; et ce fut ce moyen qui réussit, il eut la chance de tomber sur une vieille dame, laquelle se récria. Comment ! si elle connaissait madame Foucart ! une personne d'un si grand mérite, qui avait eu bien des malheurs ! Elle demeurait rue Censier, à l'autre bout de Paris. Il y courut.

Là, instruit par l'expérience, il s'était promis d'agir diplomatiquement. Mais madame Foucart, une femme énorme, tassée sur des jambes courtes, ne le laissa pas déployer en bel ordre les questions qu'il avait préparées à l'avance. Dès qu'il lâcha les prénoms de l'enfant et la date du dépôt, elle partit d'elle-même, elle conta toute l'histoire, dans un flot de rancune. Ah ! la petite vivait ! eh bien, elle pouvait se flatter d'avoir pour mère une fameuse coquine ! Oui, madame Sidonie, comme on la nommait depuis son veuvage, une femme très bien apparentée, ayant un frère ministre, disait-on, ce qui ne l'empêchait pas de faire les plus vilains commerces ! Et elle expliqua de quelle façon elle l'avait connue, quand la gueuse tenait, rue Saint-Honoré, un commerce de fruits et d'huile de Provence, à son arrivée de Plassans, d'où ils débarquaient, elle et son mari, pour tenter fortune. Le mari mort et enterré, elle avait eu une fille quinze mois après, sans savoir au juste où elle l'avait prise, car elle était sèche comme une facture, froide comme un protêt, indifférente et brutale comme un recors. On pardonne une faute, mais l'ingratitude! Est-ce que, le magasin mangé, elle, madame Foucart, ne l'avait pas nourrie pendant ses couches, ne s'était pas dévouée jusqu'à la débarrasser, en portant la petite là-bas? Et, pour récompense, lorsqu'elle était, à son tour, tombée dans la peine, elle n'avait pas réussi à en tirer le mois de la pension, ni même quinze francs prêtés de la main à la main. Aujourd'hui, madame Sidonie occupait, rue du Faubourg-Poissonnière, une petite boutique et trois pièces, à l'entresol, où, sous le prétexte de vendre des dentelles, elle vendait de tout. Ah ! oui, ah ! oui, une mère de cette espèce, il valait mieux ne pas la connaître !

Une heure plus tard, Hubert était à rôder autour de la boutique de madame Sidonie. Il y entrevit une femme maigre, blafarde, sans âge et sans sexe, vêtue d'une robe noire élimée, tachée de toutes sortes de trafics louches. Jamais le ressouvenir de sa fille, née d'un hasard, n'avait dû échauffer ce cœur de courtière. Discrètement, il se renseigna, apprit des choses qu'il ne répéta à personne, pas même à sa femme. Pourtant, il hésitait encore, il revint une dernière fois passer devant l'étroit magasin mystérieux. Ne devait-il point se faire connaître, obtenir un consentement? C'était à lui, honnête homme, de juger s'il avait le droit de trancher ainsi le lien, pour toujours. Brusquement, il tourna le dos, il rentra le soir à Beaumont.

Hubertine venait justement de savoir, chez M. Grandsire, que le procès-verbal, pour la tutelle officieuse, était signé. Et, lorsque Angélique se jeta dans les bras d'Hubert, il vit bien, à l'interrogation suppliante de ses yeux, qu'elle avait compris le vrai motif de son voyage. Alors, simplement, il lui dit :

— Mon enfant, ta mère est morte.

Angélique, pleurante, les embrassa avec passion. Jamais il n'en fut reparlé. Elle était leur fille.

III

Cette année-là, le lundi de la Pentecôte, les Hubert avaient mené Angélique déjeuner aux ruines du château d'Hautecœur, qui domine le Ligneul, à deux lieues en aval de Beaumont; et, le lendemain, après toute cette journée de plein air, de courses et de rires, lorsque la vieille horloge de l'atelier sonna sept heures, la jeune fille dormait encore.

Hubertine dut monter frapper à la porte.

— Eh bien ! paresseuse !... Nous avons déjà déjeuné, nous autres.

Vivement Angélique s'habilla, descendit déjeuner seule. Puis, quand elle entra dans l'atelier, où Hubert et sa femme venaient de se mettre au travail :

— Ah ! ce que je dormais ! Et cette chasuble qu'on a promise pour dimanche !

L'atelier dont les fenêtres donnaient sur le jardin, était une vaste pièce, conservée presque intacte dans son état primitif. Au plafond, les deux maîtresses poutres, les trois travées de solives apparentes n'avaient pas même reçu de badigeon, très enfumées, mangées des vers, laissant voir les lattes des entrevous sous les éclats du plâtre. Un des corbeaux de pierre qui soutenaient les poutres, portait une date, 1463, sans doute la date de la construction. La cheminée, également en pierre, émiettée et disjointe, gardait son élégance simple, avec ses montants élancés, ses consoles, sa hotte terminée par un couronnement; même, sur la frise, on pouvait distinguer encore, comme fondue par l'âge, une sculpture naïve, un Saint Clair, patron des brodeurs. Mais la cheminée ne servait plus, on avait fait de l'âtre une armoire ouverte, en y posant des planches, où s'empilaient des dessins ; et c'était maintenant un poêle qui chauffait la pièce, une grosse cloche de fonte, dont le tuyau, après avoir longé le plafond, allait crever la hotte. Les portes, déjà branlantes, dataient de Louis XIV. Des lames de l'ancien parquet achevaient de se pourrir, parmi les feuillets plus récents, remis un à un, à chaque trou. Il y avait près de cent ans que la peinture jaune des murs tenait, déteinte en haut, éraillée dans le bas, tachée de salpêtre. Toutes les années, on parlait de faire repeindre, sans pouvoir s'y décider, par haine du changement.

Hubertine, assise devant le métier où était tendue la chasuble, leva la tête en disant :

— Tu sais que, si nous la livrons dimanche, je

t'ai promis une bourriche de pensées pour ton jardin.

Gaiement, Angélique s'exclama.

— C'est vrai... Oh! je vais m'y mettre!... Mais où donc est mon doigtier? Les outils s'envolent, quand on ne travaille plus.

Elle glissa le vieux doigtier d'ivoire à la seconde phalange de son petit doigt, et elle s'assit de l'autre côté du métier, en face de la fenêtre.

Depuis le milieu du dernier siècle, pas une modification ne s'était produite dans l'aménagement de l'atelier. Les modes changeaient, l'art du brodeur se transformait, mais on retrouvait encore là, scellée au mur, la chanlatte, la pièce de bois, où s'appuie le métier, qu'un tréteau mobile porte, à l'autre bout. Dans les coins, dormaient des outils antiques : un diligent, avec son engrenage et ses brochettes, pour mettre en broche l'or des bobines, sans y toucher ; un rouet à main, une sorte de poulie, tordant les fils, qu'on fixait au mur ; des tambours de toutes grandeurs, garnis de leur taffetas et de leur éclisse, servant à broder au crochet. Sur une planche, était rangée une vieille collection d'emporte-pièce pour les paillettes ; et l'on y voyait aussi une épave, un tatignon de cuivre, le large chandelier classique des anciens brodeurs. Aux boucles d'un râtelier, fait d'une courroie clouée, s'accrochaient des poinçons, des maillets, des marteaux, des fers à découper le vélin, des menne-lourd, ébauchoirs de buis pour modeler les fils, à mesure qu'on les emploie. Sous la table de tilleul où l'on découpait, il y avait un grand dévidoir, dont les deux tourettes d'osier, mobiles, tendaient un écheveau de laine rouge. Des colliers de bobines aux soies vives, enfilés dans une corde, pendaient près du bahut. Par terre, une corbeille était pleine de bobines vides. Une pelote de ficelle venait de tomber d'une chaise, déroulée.

— Ah ! le beau temps, le beau temps ! reprit Angélique. Cela fait plaisir de vivre.

Et, avant de se pencher sur son travail, elle s'oubliait encore un instant, devant la fenêtre ouverte, par laquelle entrait la radieuse matinée de mai. Un coin de soleil glissait du comble de la cathédrale, une odeur fraîche de lilas montait du jardin de l'Évêché. Elle souriait, éblouie, baignée de printemps. Puis, dans un sursaut, comme si elle se fût rendormie :

— Père, je n'ai pas d'or à passer.

Hubert, qui achevait de piquer le décalque d'un dessin de chape, alla chercher au fond du bahut un écheveau, le coupa, effila les deux bouts en égratignant l'or qui recouvrait la soie ; et il apporta l'écheveau, enfermé dans une torche de parchemin.

— C'est bien tout ?

— Oui, oui.

D'un coup d'œil, elle s'était assurée que rien ne manquait plus : les broches chargées des ors différents, le rouge, le vert, le bleu; les bobines de soies de tous les tons; les paillettes, les cannetilles, bouillon ou frisure, dans le pâté, un fond de chapeau servant de boîte; les longues aiguilles fines, les pinces d'acier, les dés, les ciseaux, la pelote de cire. Tout cela trottait sur le métier même, sur l'étoffe tendue que protégeait un fort papier gris.

Elle avait enfilé une aiguillée d'or à passer. Mais, dès le premier point, il cassa, et elle dut effiler de nouveau, en égratignant un peu de l'or, qu'elle jeta dans le bourriquet, le carton aux déchets, qui traînait également sur le métier.

— Ah! enfin! dit-elle, quand elle eut piqué son aiguille.

Un grand silence régna. Hubert s'était mis à tendre un métier. Il avait posé les deux ensubles sur la chanlatte et sur le tréteau, bien en face, de façon à placer de droit fil la soie cramoisie de la chape, qu'Hubertine venait de coudre aux coutisses. Et il introduisait les lattes dans les mortaises des ensubles, où il les fixait, à l'aide de quatre clous. Puis, après avoir trélissé à droite et à gauche, il acheva de tendre en reculant les clous. On l'entendit taper du bout des doigts sur l'étoffe, qui résonnait comme un tambour.

Angélique était devenue une brodeuse rare, d'une adresse et d'un goût dont s'émerveillaient les Hubert. En dehors de ce qu'ils lui avaient appris, elle apportait sa passion, qui donnait de la vie aux fleurs, de la foi aux symboles. Sous ses mains, la soie et l'or s'animaient, une envolée mystique élançait les moindres ornements, elle s'y livrait toute, avec son imagination en continuel éveil, sa croyance au monde de l'invisible. Certaines de ses broderies avaient tellement remué le diocèse de Beaumont, qu'un prêtre, archéologue, et un autre, amateur de tableaux, étaient venus la voir, en s'extasiant devant ses Vierges, qu'ils comparaient aux naïves figures des Primitifs. C'était la même sincérité, le même sentiment de l'au-delà, comme cerclé dans une perfection minutieuse des détails. Elle avait le don du dessin, un vrai miracle qui, sans professeur, rien qu'avec ses études du soir, à la lampe, lui permettait souvent de corriger ses modèles, de s'en écarter, d'aller à sa fantaisie, créant de la pointe de son aiguille. Aussi les Hubert, qui déclaraient la science du dessin nécessaire à une bonne brodeuse, s'effaçaient-ils devant elle, malgré leur ancienneté dans la partie. Et ils en arrivaient modestement à n'être plus que ses aides, à la charger de tous les travaux de grand luxe, dont ils lui préparaient les dessous.

D'un bout de l'année à l'autre, que de merveilles, éclatantes et saintes, lui passaient par les mains! Elle n'était que dans la soie, le satin, le velours, les draps d'or et d'argent. Elle brodait des chasubles, des étoles, des manipules, des chapes, des dalmatiques, des mitres, des bannières, des voiles de calice et de ciboire. Mais, surtout, les chasubles revenaient, continuelles, avec leurs cinq couleurs : le blanc pour les confesseurs et les vierges, le rouge pour les apôtres et les martyrs, le noir pour les morts et les jours de jeûne, le violet pour les Innocents, le vert pour toutes les fêtes ; et l'or aussi, d'un fréquent usage, pouvant remplacer le blanc, le rouge et le vert. Au centre de la croix, c'étaient toujours les mêmes symboles, les chiffres de Jésus et de Marie, le triangle entouré de rayons, l'agneau, le pélican, la colombe, un calice, un ostensoir, un cœur saignant sous les épines ; tandis que, dans le montant et dans les bras, couraient des ornements ou des fleurs, toute l'ornementation des vieux styles, toute la flore des fleurs larges, les anémones, les tulipes, les pivoines, les grenades, les hortensias. Il ne s'écoulait pas de saison qu'elle ne refît les épis et les raisins symboliques, en argent sur le noir, en or sur le rouge. Pour les chasubles très riches, elle nuançait des tableaux, des têtes de saints, un cadre central, l'Annonciation, la Crèche, le Calvaire. Tantôt les orfrois étaient brodés sur le fond même, tantôt elle rapportait les bandes, soie ou satin, sur du brocard d'or ou du velours. Et cette floraison de splendeurs sacrées, une à une, naissait de ses doigts minces.

En ce moment, la chasuble à laquelle travaillait Angélique, était une chasuble de satin blanc, dont la croix se trouvait faite d'une gerbe de lis d'or, entrelacée de roses vives, en soie nuancée. Au centre, dans une couronne de petites roses d'or mat, le chiffre de Marie rayonnait, en or rouge et vert, d'une grande richesse d'ornements.

Depuis une heure qu'elle achevait, au passé, les feuilles des petites roses d'or, pas une parole n'avait troublé le silence. Mais l'aiguillée cassa de nouveau, elle la renfila à tâtons, sous le métier, en ouvrière adroite. Puis, comme elle avait levé la tête, elle parut boire dans une longue aspiration tout le printemps qui entrait.

— Ah ! murmura-t-elle, faisait-il beau, hier !... Que c'est bon, le soleil !

Hubertine, en train de cirer son fil, hocha la tête.

— Moi, je suis moulue, je ne sens plus mes bras. C'est que je n'ai pas tes seize ans, et lorsqu'on sort si peu !

Tout de suite, pourtant, elle se remit au travail. Elle préparait les lis, en cousant des coupons de vélin, aux repères indiqués, pour donner du relief.

— Et puis, ces premiers soleils vous cassent la tête, ajouta Hubert, qui, son métier tendu, s'apprêtait à poncer sur la soie la bande de la chape.

Angélique était restée les yeux vagues, perdus dans le rayon qui tombait d'un arc-boutant de l'église. Et, doucement :

— Non, non, moi, ça m'a rafraîchie, ça m'a délassée, toute cette journée de grand air.

Elle avait terminé le petit feuillage d'or, elle se mit à une des larges roses, tenant prêtes autant d'aiguilles enfilées que de nuances de soie, brodant à points fendus et rentrants, dans le sens même du mouvement des pétales. Et, malgré la délicatesse de ce travail, les souvenirs de la veille qu'elle revivait tout à l'heure, dans le silence, débordaient maintenant de ses lèvres, s'échappaient si nombreux, qu'elle ne tarissait plus. Elle disait le départ, la vaste campagne, le déjeuner là-bas, dans les ruines d'Hautecœur, sur le dallage d'une salle dont les murs écrouiés dominaient le Ligneul, coulant en dessous parmi les saules, à cinquante mètres. Elle en était pleine, de ces ruines, de ces ossements épars sous les ronces, qui attestaient l'énormité du colosse, lorsque, debout, il commandait les deux vallées. Le donjon restait, haut de soixante mètres, découronné, fendu, solide malgré tout sur ses fondations de quinze pieds d'épaisseur. Deux tours avaient également résisté, la tour de Charlemagne et la tour de David, reliées par une courtine presque intacte. A l'intérieur, on retrouvait une partie des bâtiments, la chapelle, la salle de justice, des chambres ; et cela semblait avoir été bâti par des géants, les marches des escaliers, les allèges des fenêtres, les bancs des terrasses, à une échelle démesurée pour les générations d'aujourd'hui. C'était toute une ville forte, cinq cents hommes de guerre pouvaient y soutenir un siège de trente mois, sans manquer de munitions ni de vivres. Depuis deux siècles, les églantiers disjoignaient les briques des pièces basses, les lilas et les cytises fleurissaient les décombres des plafonds effondrés, un platane avait grandi dans la cheminée de la salle des gardes. Mais, quand, au soleil couchant, la carcasse du donjon allongeait son ombre sur trois lieues de cultures, et que le château entier semblait se reconstruire, colossal dans les brumes du soir, on en sentait encore l'ancienne souveraineté, la force rude qui en avait fait l'imprenable forteresse dont tremblaient jusqu'aux rois de France.

— Et, j'en suis sûre, continua Angélique, c'est habité par des âmes qui reviennent, la nuit. On entend toutes sortes de voix, il y a des bêtes partout qui vous regardent, et j'ai bien vu, en me retournant, lorsque nous sommes partis, de grandes figures blanches flotter au-dessus des murs... N'est-ce pas, mère, vous qui savez l'histoire du château?

Hubertine eut un sourire placide.

— Oh! des revenants, je n'en ai jamais vu, moi.

Mais, en effet, elle savait l'histoire, lue dans un livre, et elle dut la raconter de nouveau, sur les questions pressantes de la jeune fille.

Le territoire appartenait au siège de Reims, depuis saint Remi, qui le tenait de Clovis. Un archevêque, Séverin, dans les premières années du dixième siècle, fit élever à Hautecœur une forteresse, pour défendre le pays contre les Normands, qui remontaient l'Oise, où se déverse le Ligneul. Au siècle suivant, un successeur de Séverin le donna en fief à Norbert, cadet de la maison de Normandie, moyennant un cens annuel de soixante sous, et à la condition que la ville de Beaumont et son église resteraient franches. Ce fut ainsi que Norbert Ier devint le chef des marquis d'Hautecœur, dont la fameuse lignée, dès lors, emplit l'histoire. Hervé IV, excommunié deux fois pour ses vols de biens ecclésiastiques, bandit de grandes routes qui égorgea de sa main trente bourgeois d'un coup, eut sa tour rasée par Louis le Gros, auquel il avait osé faire la guerre. Raoul Ier, qui s'était croisé avec Philippe-Auguste, périt devant Saint-Jean-d'Acre, d'un coup de lance au cœur. Mais le plus illustre fut Jean V le Grand, qui, en 1225, rebâtit la forteresse, éleva en moins de cinq années ce redoutable château d'Hautecœur, à l'abri duquel il rêva un moment le trône de France ; et, après avoir échappé aux massacres de vingt batailles, il mourut dans son lit, beau-frère du roi d'Écosse. Puis, ce furent Félicien III, qui alla pieds nus à Jérusalem, Hervé VII qui revendiqua ses droits au trône d'Écosse, d'autres encore, puissants et nobles au travers des siècles, jusqu'à Jean IX, qui, sous Mazarin, eut la douleur d'assister au démantèlement du château. Après un dernier siège, on fit sauter à la mine les voûtes des tours et du donjon, on incendia les bâtiments, où Charles VI était venu distraire sa folie, et que, près de deux cents ans plus tard, Henri IV avait habité huit jours avec Gabrielle d'Estrées. Tous ces royaux souvenirs, maintenant, dormaient dans l'herbe.

Angélique, sans arrêter son aiguille, écoutait passionnément, comme si la vision de ces grandeurs mortes s'était levée de son métier, à mesure que la rose y naissait, dans la vie tendre des couleurs. Son ignorance de l'histoire élargissait les faits, les reculait au fond d'une prodigieuse légende. Elle en tremblait de foi ravie, le château se reconstruisait, montait jusqu'aux portes du ciel, les Hautecœur étaient les cousins de la Vierge.

— Et, demanda-t-elle, notre nouvel évêque, Monseigneur d'Hautecœur, est alors un descendant de cette famille ?

Hubertine répondit que Monseigneur devait être d'une branche cadette, la branche aînée se trouvant depuis longtemps éteinte. C'était même un singulier retour, car pendant des siècles les marquis d'Hautecœur et le clergé de Beaumont avaient vécu en guerre. Vers 1150, un abbé entreprit la construction de l'église, avec les seules ressources de son ordre ; aussi l'argent manqua-t-il bientôt, l'édifice n'était qu'à la hauteur des voûtes des chapelles latérales, et l'on dut se contenter de couvrir la nef d'une toiture en bois. Quatre-vingts ans s'écoulèrent, Jean V venait de rebâtir le château, lorsqu'il donna trois cent mille livres, qui, jointes à d'autres sommes, permirent de continuer l'église. On acheva d'élever la nef. Les deux tours et la grande façade ne furent terminées que beaucoup plus tard, vers 1430, en plein quinzième siècle. Pour récompenser Jean V de sa largesse, le clergé lui avait accordé le droit de sépulture, à lui et à ses descendants, dans une chapelle de l'abside, consacrée à saint Georges, et qui, depuis lors, se nommait la chapelle Hautecœur. Mais les bons rapports ne pouvaient guère durer, le château mettait en continuel péril les franchises de Beaumont, sans cesse des hostilités éclataient sur des questions de tribut et de préséance. Une surtout, le droit de péage dont les seigneurs prétendaient frapper la navigation du Ligneul, éternisa les querelles, lorsque se déclara la grande prospérité de la ville basse, avec ses fabriques de toiles fines. Dès cette époque, la fortune de Beaumont s'accrut de jour en jour, tandis que celle d'Hautecœur baissait, jusqu'au moment où, le château démantelé, l'église triompha. Louis XIV en fit une cathédrale, un Évêché fut bâti dans l'ancien clos des moines; et le hasard voulait, aujourd'hui, que justement un Hautecœur revînt, comme évêque, commander à ce clergé, toujours debout, qui avait vaincu ses ancêtres, après quatre cents ans de lutte.

— Mais, dit Angélique, Monseigneur a été marié. Il a un grand fils de vingt ans, n'est-ce pas?

Hubertine avait pris les ciseaux, pour corriger un des coupons de vélin.

— Oui, c'est l'abbé Cornille qui m'a conté ça. Oh! une histoire bien triste... Monseigneur a été capitaine à vingt-un ans, sous Charles X. A vingt-quatre ans, en 1830, il donna sa démission, et l'on prétend que, jusqu'à la quarantaine, il mena une vie dissipée, des voyages, des aventures, des duels. Puis, un soir, chez des amis, à la campagne, il rencontra la fille du comte de Valençay, Paule, très riche, miraculeusement belle, qui avait à peine dix-neuf ans, vingt-deux de moins que lui. Il l'aima à en être fou, et elle l'adora, on dut hâter le mariage. Ce fut alors qu'il racheta les ruines d'Hautecœur pour une misère, dix mille francs je crois, dans l'intention de réparer le château, où il rêvait de s'installer avec sa femme. Pendant neuf mois, ils avaient vécu cachés au fond d'une vieille propriété de l'Anjou, refusant de voir personne, trouvant les heures trop courtes... Paule eut un fils et mourut.

Hubert, en train de tamponner le dessin avec une poncette chargée de blanc, avait levé la tête, très pâle.

— Ah! le malheureux, murmura-t-il.

— On raconte qu'il faillit en mourir, continua

Hubertine. Une semaine plus tard, il entrait dans les ordres. Il y a vingt ans de cela, et il est évêque aujourd'hui... Mais ce qu'on ajoute, c'est que, pendant vingt ans, il a refusé de voir son fils, cet enfant qui avait coûté la vie à sa mère. Il s'en était débarrassé, en le plaçant chez un oncle de celle-ci, un vieil abbé, ne voulant pas même en recevoir des nouvelles, tâchant d'oublier son existence. Un jour qu'on lui envoyait un portrait du petit, il crut revoir sa chère morte, on le trouva sur le plancher, raidi, comme abattu d'un coup de marteau... Et puis, l'âge, la prière, ont dû apaiser ce grand chagrin, car le bon curé Cornille me disait hier que Monseigneur venait enfin d'appeler son fils près de lui.

Angélique, ayant terminé la rose, si fraîche que l'odeur semblait s'en exhaler du satin, regardait de nouveau par la fenêtre ensoleillée, les yeux noyés d'une rêverie. Elle répéta à voix basse :

— Le fils de Monseigneur...

Hubertine achevait son histoire.

— Un jeune homme beau comme un dieu, paraît-il. Son père désirait en faire un prêtre. Mais le vieil abbé n'a pas voulu, le petit manquant tout à fait de vocation... Et des millions ! cinquante à ce qu'on raconte ! Oui, sa mère lui aurait laissé cinq millions, qui, placés en achat de terrains, à Paris, en représenteraient plus de cinquante maintenant. Enfin, riche comme un roi !

— Riche comme un roi, beau comme un dieu, répéta inconsciemment Angélique, de sa voix de songe.

Et, d'une main machinale, elle prit sur le métier une broche chargée de fil d'or, pour se mettre à la broderie en guipure d'un grand lis. Après avoir dépassé le fil du bec de la broche, elle en fixa le bout avec un point de soie, au bord même du vélin, qui faisait épaisseur. Puis, travaillant, elle dit encore, sans achever sa pensée, perdue dans le vague de son désir :

— Oh! moi, ce que je voudrais, ce que je voudrais...

Le silence retomba, profond, troublé seulement par un chant affaibli qui venait de l'église. Hubert ordonnait son dessin, en repassant, avec un pinceau, toutes les lignes pointillées de la ponçure ; et les ornements de la chape apparaissaient ainsi, en blanc, sur la soie rouge. Ce fut lui qui, de nouveau, parla.

— Ces temps anciens, c'était si magnifique! Les seigneurs portaient des vêtements tout raides de broderies. A Lyon, on en vendait l'étoffe jusqu'à six cents livres l'aune. Il faut lire les statuts et ordonnances des maîtres brodeurs, où il est dit que les brodeurs du roi ont le droit de réquisitionner par la force armée les ouvrières des autres maîtres... Et nous avions des armoiries : d'azur, à la fasce diaprée d'or, accompagnée de trois fleurs de lys de même, deux en chef, une en pointe... Ah! c'était beau, il y a longtemps!

Il se tut, tapa de l'ongle sur le métier, pour en détacher les poussières. Puis, il reprit :

— A Beaumont, on raconte encore sur les Hautecœur une légende que ma mère me répétait souvent, quand j'étais petit... Une peste affreuse ravageait la ville, la moitié des habitants avait déjà succombé, lorsque Jean V, celui qui a rebâti la forteresse, s'aperçut que Dieu lui envoyait le pouvoir de combattre le fléau. Alors, il se rendit nu-pieds chez les malades, s'agenouilla, les baisa sur la bouche ; et, dès que ses lèvres les avaient touchés, en disant : « Si Dieu veut, je veux », les malades étaient guéris. Voilà pourquoi ces mots sont restés la devise des Hautecœur, qui, tous, depuis ce temps, guérissent la peste... Ah ! de fiers hommes ! une dynastie! Monseigneur, lui, avant d'entrer dans les ordres, se nommait Jean XII, et le prénom de son fils doit être également suivi d'un chiffre, comme celui d'un prince.

Chacune de ses paroles berçait et prolongeait la rêverie d'Angélique. Elle répéta, de la même voix chantante :

— Oh ! ce que je voudrais, moi, ce que je voudrais...

Tenant la broche, sans toucher au fil, elle guipait l'or, en le conduisant de droite à gauche, sur le vélin, alternativement, et en le fixant, à chaque retour, avec un point de soie. Le grand lis d'or, peu à peu, fleurissait.

— Oh ! ce que je voudrais, ce que je voudrais, ce serait d'épouser un prince... Un prince que je n'aurais jamais vu, qui viendrait un soir, au jour tombant, me prendre par la main et m'emmener dans un palais... Et ce que je voudrais, ce serait qu'il fût très beau, très riche, oh ! le plus beau le plus riche que la terre eût jamais porté ! Des chevaux que j'entendrais hennir sous mes fenêtres, des pierreries dont le flot ruissellerait sur mes genoux, de l'or, une pluie, un déluge d'or, qui tomberait de mes deux mains, dès que je les ouvrirais... Et ce que je voudrais encore, ce serait que mon prince m'aimât à la folie, afin moi-même de l'aimer comme une folle. Nous serions très jeunes, très purs et très nobles, toujours, toujours !

Hubert, abandonnant son métier, s'était approché en souriant ; tandis qu'Hubertine, amicale, menaçait la jeune fille du doigt.

— Ah ! vaniteuse, ah ! gourmande, tu es donc incorrigible ? Te voilà partie avec ton besoin d'être reine. Ce rêve-là, c'est moins vilain que de voler le sucre et de répondre des insolences. Mais, au fond, va ! le diable est dessous, c'est la passion, c'est l'orgueil qui parlent.

Gaiement, Angélique la regardait.

— Mère, mère, qu'est-ce que vous dites ?... Est-ce donc une faute, d'aimer ce qui est beau et riche ?

Je l'aime, parce que c'est beau, parce que c'est riche, et que ça me tient chaud, il me semble, là, dans le cœur... Vous savez bien que je ne suis pas intéressée. L'argent, ah ! vous verriez ce que j'en ferais, de l'argent, si j'en avais beaucoup. Il en pleuvrait sur la ville, il en coulerait chez les misérables. Une vraie bénédiction, plus de misère ! D'abord, vous et père, je vous enrichirais, je voudrais vous voir avec des robes et des habits de brocard, comme une dame et un seigneur de l'ancien temps.

Hubertine haussa les épaules.

— Folle !... Mais, mon enfant, tu es pauvre, toi, tu n'auras pas un sou en mariage. Comment peux-tu rêver un prince ? Tu épouserais donc un homme plus riche que toi ?

— Comment si je l'épouserais !

Et elle avait un air de stupéfaction profonde.

— Ah ! oui, je l'épouserais !... Puisqu'il aurait de l'argent, lui, à quoi bon en avoir, moi ? Je lui devrais tout, je l'aimerais bien plus.

Ce raisonnement victorieux enchanta Hubert. Il partait volontiers avec l'enfant, sur l'aile d'un nuage. Il cria :

— Elle a raison.

Mais sa femme lui jeta un coup d'œil mécontent. Elle devenait sévère.

— Ma fille, tu verras plus tard, tu connaîtras la vie.

— La vie, je la connais.

— Où aurais-tu pu la connaître?... Tu es trop jeune, tu ignores le mal. Va, le mal existe, et tout-puissant.

— Le mal, le mal...

Angélique articulait lentement ce mot, pour en pénétrer le sens. Et, dans ses yeux purs, c'était la même surprise innocente. Le mal, elle le connaissait bien, la Légende le lui avait assez montré. N'était-ce pas le diable, le mal? et n'avait-elle pas vu le diable toujours renaissant, mais toujours vaincu? A chaque bataille, il restait par terre, roué de coups, pitoyable.

— Le mal, ah ! mère, si vous saviez comme je m'en moque !... On n'a qu'à se vaincre, et l'on vit heureux.

Hubertine eut un geste d'inquiétude chagrine.

— Tu me ferais repentir de t'avoir élevée dans cette maison, seule avec nous, à l'écart de tous ignorante à ce point de l'existence... Quel paradis rêves-tu donc? comment t'imagines-tu le monde ?

La face de la jeune fille s'éclairait d'un vaste espoir, tandis que, penchée, elle menait la broche, du même mouvement continu.

— Vous me croyez donc bien sotte, mère?... Le monde est plein de braves gens. Quand on est honnête et qu'on travaille, on en est récompensé, toujours... Oh! je sais, il y a des méchants aussi, quelques-uns. Mais est-ce qu'ils comptent? On ne les fréquente pas, ils sont vite punis... Et puis, voyez-vous, le monde, ça me produit de loin l'effet d'un grand jardin, oui ! d'un parc immense, tout plein de fleurs et de soleil. C'est si bon de vivre, la vie est si douce, qu'elle ne peut pas être mauvaise.

Elle s'animait, comme grisée par l'éclat des soies et de l'or.

— Le bonheur, c'est très simple. Nous sommes heureux, nous autres. Et pourquoi ? parce que nous nous aimons. Voilà ! ce n'est pas plus difficile... Aussi, vous verrez, quand viendra celui que j'attends. Nous nous reconnaîtrons tout de suite. Je ne l'ai jamais vu, mais je sais comment il doit être. Il entrera, il dira : Je viens te prendre. Alors, je dirai : Je t'attendais, prends-moi. Il me prendra, et ce sera fait, pour toujours. Nous irons dans un palais dormir sur un lit d'or, incrusté de diamants. Oh ! c'est très simple !

— Tu es folle, tais-toi ! interrompit sévèrement Hubertine.

Et, la voyant excitée, près de monter encore dans le rêve :

— Tais-toi ! tu me fais trembler... Malheureuse, quand nous te marierons à quelque pauvre diable, tu te briseras les os, en retombant sur la terre. Le bonheur, pour nous misérables, n'est que dans l'humilité et l'obéissance.

Angélique continuait de sourire, avec une obstination tranquille.

— Je l'attends, et il viendra.

— Mais elle a raison ! s'écria Hubert, soulevé lui aussi, emporté dans sa fièvre. Pourquoi la grondes-tu ?... Elle est assez belle pour qu'un roi nous la demande. Tout arrive.

Tristement, Hubertine leva sur lui ses beaux yeux de sagesse.

— Ne l'encourage donc pas à mal faire. Mieux que personne tu sais ce qu'il en coûte de céder à son cœur.

Il devint très pâle, de grosses larmes parurent au bord de ses paupières. Tout de suite, elle avait eu regret de la leçon, elle s'était levée pour lui prendre les mains. Mais lui, se dégagea, répéta d'une voix bégayante :

— Non, non, j'ai eu tort... Tu entends, Angélique, il faut écouter ta mère. Nous sommes deux fous, elle seule est raisonnable... J'ai eu tort, j'ai eu tort...

Trop agité pour s'asseoir, laissant la chape qu'il venait de tendre, il s'occupa à coller une bannière, terminée et restée sur le métier. Après avoir pris le pot de colle de Flandre, dans le bahut, il enduisit au pinceau l'envers de l'étoffe, ce qui consolidait la broderie. Ses lèvres avaient gardé un petit frisson, il ne parla plus.

Mais, si Angélique, obéissante, se taisait également, elle continuait tout bas, elle montait plus haut, plus haut encore, dans l'au delà du désir ;

et tout le disait en elle, sa bouche que l'extase entr'ouvrait, ses yeux où se reflétait l'infini bleu de sa vision. Maintenant, ce rêve de fille pauvre, elle le brodait de son fil d'or ; c'était de lui que naissaient, sur le satin blanc, et les grands lis, et les roses, et le chiffre de Marie. La tige du lis, en couchure chevronnée, avait l'élancement d'un jet de lumière, tandis que les feuilles longues et minces, faites de paillettes cousues chacune avec un brin de cannetille, retombaient en une pluie d'étoiles. Au centre, le chiffre de Marie était l'éblouissement, d'un relief d'or massif, ouvragé de guipure et de gaufrure, brûlant comme une gloire de tabernacle, dans l'incendie mystique de ses rayons. Et les roses de soies tendres vivaient, et la chasuble entière resplendissait, toute blanche, miraculeusement fleurie d'or.

Au bout d'un long silence, Angélique leva la tête. Elle regarda Hubertine d'un air de malice, elle hocha le menton, en répétant :

— Je l'attends, et il viendra.

C'était fou, cette imagination. Mais elle s'entêtait. Cela se passerait ainsi, elle en était sûre. Rien n'ébranlait sa conviction souriante.

— Quand je te dis, mère, que ces choses arriveront.

Hubertine prit le parti de plaisanter. Et elle la taquina.

— Mais je croyais que tu ne voulais pas te

marier. Tes saintes, qui t'ont tourné la tête, ne se mariaient pas, elles. Plutôt que de s'y soumettre, elles convertissaient leurs fiancés, elles se sauvaient de chez leurs parents et se laissaient couper le cou.

La jeune fille écoutait, ébahie. Puis, elle éclata d'un grand rire. Toute sa santé, tout son amour de vivre, chantait dans cette gaieté sonore. Ça datait de si loin, les histoires des saintes! Les temps avaient bien changé, Dieu triomphant ne demandait plus à personne de mourir pour lui. Dans la Légende, le merveilleux l'avait prise, plus que le mépris du monde et le goût de la mort. Ah ! oui, certes, elle voulait se marier, et aimer, et être aimée, et être heureuse!

— Méfie-toi ! poursuivit Hubertine, tu feras pleurer Agnès, ta gardienne. Ne sais-tu pas qu'elle refusa le fils du gouverneur et qu'elle préféra mourir, pour épouser Jésus?

La grosse cloche de la tour se mit à sonner, un vol de moineaux s'envola d'un lierre énorme, qui encadrait une des fenêtres de l'abside. Dans l'atelier, Hubert, toujours muet, venait de pendre la bannière tendue, encore humide de colle, pour qu'elle séchât, à un des grands clous de fer scellés au mur. Le soleil, en tournant, se déplaçait, égayait les vieux outils, le diligent, les tourettes d'osier, le tatignon de cuivre; et, comme il gagnait les deux ouvrières, le métier où elles travaillaient flamba, avec ses ensubles et ses lattes vernies par l'usage, avec tout ce qui trottait sur l'étoffe, les cannetilles et les paillettes du pâté, les bobines de soie, les broches chargées d'or fin.

Alors, dans ce rayonnement tiède de printemps, Angélique regarda le grand lis symbolique qu'elle avait terminé. Puis, elle répondit de son air d'allégresse confiante :

— Mais c'est Jésus que je veux !

IV

Malgré sa gaieté vivace, Angélique aimait la solitude ; et c'était avec la joie d'une véritable récréation qu'elle se retrouvait seule dans sa chambre, le matin et le soir : elle s'y abandonnait, elle y goûtait l'escapade de ses songeries. Parfois même, au cours de la journée, lorsqu'elle pouvait y courir un instant, elle en était heureuse comme d'une fuite, en pleine liberté.

La chambre, très vaste, tenait toute une moitié du comble, dont le grenier occupait le reste. Elle était entièrement blanchie à la chaux, les murs, les solives, jusqu'aux chevrons apparents des parties mansardées ; et, dans cette nudité blanche, les vieux meubles de chêne semblaient noirs. Lors des embellissements du salon et de la chambre à coucher, en bas, on avait monté là l'antique mobilier, datant de toutes les époques : un coffre de la Renaissance, une table et des chaises Louis XIII, un énorme lit Louis XIV, une très belle armoire Louis XV. Seuls, le poêle, en faïence blanche, et la table de toilette, une petite table recouverte de toile cirée, juraient, au milieu de ces vieilleries vénérables. Drapé dans une ancienne perse rose, à bouquets de bruyères, si pâlie qu'elle était devenue d'un rose éteint, soupçonné à peine, l'énorme lit surtout gardait la majesté de son grand âge.

Mais ce qui plaisait à Angélique, c'était le balcon. Des deux portes-fenêtres d'autrefois, l'une, celle de gauche, avait été condamnée, simplement à l'aide de clous ; et le balcon, qui jadis régnait sur la largeur de l'étage, n'existait plus que devant la fenêtre de droite. Comme les solives, dessous, étaient encore bonnes, on avait remis un parquet et vissé dessus une rampe en fer, à la place de l'ancienne balustrade pourrie. C'était là un coin charmant, une sorte de niche, sous la pointe du pignon, que fermaient des voliges, remplacées au commencement de ce siècle. Lorsqu'on se penchait, on voyait toute la façade sur le jardin, très caduque celle-ci, avec son soubassement de petites pierres taillées, ses pans de bois garnis de briques apparentes, ses larges baies, aujourd'hui réduites. En bas, la porte de la cuisine était surmontée d'un auvent, recouvert de zinc. Et, en haut, les dernières sablières, qui avançaient d'un mètre, ainsi que le faîtage du comble, se trouvaient consolidées par de grandes consoles, dont le pied s'appuyait au bandeau du rez-de-chaussée. Cela mettait le balcon dans toute une végétation de charpentes, au fond d'une forêt de vieux bois, que verdissaient des giroflées et des mousses.

Depuis qu'elle occupait la chambre, Angélique avait passé là bien des heures, accoudée à la rampe, regardant. D'abord, sous elle, s'enfonçait le jardin, que de grands buis assombrissaient de leur éternelle verdure; dans un angle, contre l'église, un bouquet de maigres lilas entourait un vieux banc de granit; tandis que, dans l'autre angle, à moitié cachée par un lierre dont le manteau couvrait tout le mur du fond, se trouvait une petite porte débouchant sur le Clos-Marie, vaste terrain laissé inculte. Ce Clos-Marie était l'ancien verger des moines. Un ruisseau d'eau vive le traversait, la Chevrotte, où les ménagères des maisons voisines avaient l'autorisation de laver leur linge; des familles de pauvres se terraient dans les ruines d'un ancien moulin écroulé; et personne autre n'habitait le champ, que la ruelle des Guerdaches reliait seule à la rue Magloire, entre les hautes murailles de l'Évêché et celles de l'hôtel Voincourt. En été, les ormes centenaires des deux parcs barraient de leurs cimes de feuillage l'horizon étroit, qui était fermé au midi par la croupe géante de l'église. Ainsi enclavé de toutes parts, le Clos-Marie dormait dans la paix de son abandon, envahi d'herbes folles, planté de peupliers et de saules que le vent avait semés. Parmi les cailloux, la Chevrotte bondissait, chantante, d'une musique continue de cristal.

Jamais Angélique ne se lassait, en face de ce coin perdu. Et, pendant sept années pourtant, elle n'y avait retrouvé chaque matin que le spectacle déjà regardé la veille. Les arbres de l'hôtel Voincourt, dont la façade donnait sur la Grand'Rue, étaient si touffus, que, l'hiver seulement, elle distinguait la fille de la comtesse, Claire, une enfant de son âge. Dans le jardin de l'Évêché, c'était une épaisseur de branches plus profonde encore, elle avait tenté en vain de reconnaître la soutane de Monseigneur; et la vieille grille garnie de volets, qui s'ouvrait sur le clos, devait être condamnée depuis longtemps, car elle ne se souvenait pas de l'avoir vue entre-bâillée une seule fois, même pour livrer passage à un jardinier. En dehors des ménagères battant leur linge, elle n'apercevait toujours là que les mêmes petits pauvres en guenilles, couchés dans les herbes.

Le printemps, cette année, fut d'une douceur exquise. Elle avait seize ans, et jusqu'à ce jour, ses regards seuls s'étaient plu à voir reverdir le Clos-Marie, sous les soleils d'avril. La poussée des feuilles tendres, la transparence des soirées chaudes, tout le renouveau odorant de la terre, simplement, l'amusait. Mais, cette année, au premier bourgeon, son cœur venait de battre. Il y avait, en elle, un émoi grandissant, depuis que montaient les herbes, et que le vent lui apportait l'odeur plus forte des verdures. Des angoisses brusques, sans cause, la serraient à la gorge. Un soir, elle se jeta dans les bras d'Hubertine, pleurant, n'ayant aucun sujet de chagrin, bien heureuse au contraire. La nuit, surtout, elle faisait des rêves délicieux, elle voyait passer des ombres, elle défaillait en des ravissements, qu'elle n'osait se rappeler au réveil, confuse de ce bonheur que lui donnaient les anges. Parfois, au fond de son grand lit, elle s'éveillait en sursaut, les deux mains jointes, serrées contre sa poitrine; et il lui fallait sauter pieds nus sur le carreau de sa chambre, tant elle étouffait; et elle courait ouvrir la fenêtre, elle restait là, frissonnante, éperdue, dans ce bain d'air frais qui la calmait. C'était un émerveillement continuel, une surprise de ne pas se reconnaître, de se sentir comme agrandie de joies et de douleurs qu'elle ignorait, toute la floraison enchantée de la femme.

Eh! quoi, vraiment, les lilas et les cytises invisibles de l'Évêché avaient une odeur si douce, qu'elle ne la respirait plus, sans qu'un flot rose lui montât aux joues? Jamais encore elle ne s'était aperçu de cette tiédeur des parfums, qui, maintenant, l'effleuraient d'une haleine vivante. Et, aussi, comment n'avait-elle pas remarqué, les années précédentes, un grand paulownia en fleur, dont l'énorme bouquet violâtre apparaissait entre deux ormes du jardin des Voincourt? Cette année, dès qu'elle le regardait, une émotion troublait ses yeux, tellement ce violet pâle lui allait au cœur. De même, elle ne se souvenait point d'avoir entendu la Chevrotte causer si haut sur les cailloux, parmi les joncs de ses rives. Le ruisseau parlait sûrement, elle l'écoutait dire des mots vagues, toujours répétés, qui l'emplissaient de trouble. N'était-ce donc plus le champ d'autrefois, que tout l'y étonnait et y prenait de la sorte des sens nouveaux? ou bien était-ce elle, plutôt, qui changeait, pour y sentir, y voir et y entendre germer la vie?

Mais la cathédrale, à sa droite, la masse énorme qui bouchait le ciel, la surprenait plus encore. Chaque matin, elle s'imaginait la voir pour la première fois, émue de sa découverte, comprenant que ces vieilles pierres aimaient et pensaient comme elle. Cela n'était point raisonné, elle n'avait aucune science, elle s'abandonnait à l'envolée mystique de la géante, dont l'enfantement avait duré trois siècles et où se superposaient les croyances des générations. En bas, elle était agenouillée, écrasée par la prière, avec les chapelles romanes du pourtour, aux fenêtres à plein cintre, nues, ornées seulement de minces colonnettes, sous les archivoltes. Puis, elle se sentait soulevée, la face et les mains au ciel, avec les fenêtres ogivales de la nef, construites quatre-vingts ans plus tard, de hautes fenêtres légères, divisées par des meneaux qui portaient des arcs brisés et des roses. Puis, elle quittait le sol, ravie, toute droite, avec les contreforts et les arcs-boutants du chœur, repris et ornementés deux siècles après, en plein flamboiement du gothique, chargés de clochetons, d'aiguilles et de pinacles. Des gargouilles, au pied des arcs-boutants, déversaient les eaux des toitures. On avait ajouté une balustrade garnie de trèfles, bordant la terrasse, sur les chapelles absidales. Le comble, également, était orné de fleurons. Et tout l'édifice fleurissait, à mesure qu'il se rapprochait du ciel, dans un élancement continu, délivré de l'antique terreur sacerdotale, allant se perdre au sein d'un Dieu de pardon et d'amour. Elle en avait la sensation physique, elle en était allégée et heureuse, comme d'un cantique qu'elle aurait chanté, très pur, très fin, se perdant très haut.

D'ailleurs, la cathédrale vivait. Des hirondelles, par centaines, avaient maçonné leurs nids sous les ceintures de trèfles, jusque dans les creux des clochetons et des pinacles ; et, continuellement, leurs vols effleuraient les arcs-boutants et les contreforts, qu'ils peuplaient. C'étaient aussi les ramiers des ormes de l'Évêché, qui se rengorgaient au bord des terrasses, allant à petits pas, ainsi que des promeneurs. Parfois, perdu dans le bleu, à peine gros comme une mouche, un corbeau se lissait les plumes, à la pointe d'une aiguille. Des plantes, toute une flore, les lichens, les graminées qui poussent aux fentes des murailles, animaient les vieilles pierres du sourd travail de leurs racines.

Les jours de grandes pluies, l'abside entière s'éveillait et grondait, dans le ronflement de l'averse battant les feuilles de plomb du comble se déversant par les rigoles des galeries, roulant d'étage en étage avec la clameur d'un torrent débordé. Même les coups de vent terribles d'octobre et de mars lui donnaient une âme, une voix de colère et de plainte, quand ils soufflaient au travers de sa forêt de pignons et d'arcatures, de colonnettes et de roses. Le soleil enfin la faisait vivre, du jeu mouvant de la lumière, depuis le matin, qui la rajeunissait d'une gaieté blonde, jusqu'au soir, qui, sous les ombres lentement allongées, la noyait d'inconnu. Et elle avait son existence intérieure, comme le battement de ses veines, les cérémonies dont elle vibrait toute, avec le branle des cloches, la musique des orgues, le chant des prêtres. Toujours la vie frémissait en elle : des bruits perdus, le murmure d'une messe basse, l'agenouillement léger d'une femme, un frisson à peine deviné, rien que l'ardeur dévote d'une prière, dite sans paroles, bouche close.

Maintenant que les jours croissaient, Angélique, le matin et le soir, restait longuement accoudée au balcon, côte à côte avec sa grande amie la cathédrale. Elle l'aimait plus encore le soir, quand elle n'en voyait que la masse énorme se détacher d'un bloc sur le ciel étoilé. Les plans se perdaient, à peine distinguait-elle les arcs-boutants jetés comme des ponts dans le vide. Elle la sentait éveillée sous les ténèbres, pleine d'une songerie de sept siècles, grande des foules qui avaient espéré et désespéré devant ses autels. C'était une veille continue, venant de l'infini du passé, allant à l'éternité de l'avenir, la veille mystérieuse et terrifiante d'une maison où Dieu ne pouvait dormir. Et, dans la masse noire, immobile et vivante, ses regards retournaient toujours à la fenêtre d'une chapelle du chœur, au ras des arbustes du Clos-Marie, la seule qui s'allumât, ainsi qu'un œil vague ouvert sur la nuit. Derrière, à l'angle d'un pilier, brûlait une lampe de sanctuaire. Justement, cette chapelle était celle que les abbés d'autrefois avaient donnée à Jean V d'Hautecœur et à ses descendants, avec le droit d'y être ensevelis, en récompense de leur largesse. Consacrée à saint Georges, elle avait un vitrail du douzième siècle, où l'on voyait peinte la légende du saint. Dès le crépuscule, la légende renaissait de l'ombre, lumineuse, comme une apparition ; et c'était pourquoi Angélique, les yeux rêveurs et charmés, aimait la fenêtre.

Le fond du vitrail était bleu, la bordure, rouge. Sur ce fond d'une sombre richesse, les personnages, dont les draperies volantes indiquaient le nu, s'enlevaient en teintes vives, chaque partie faite de verres colorés, ombrés de noir, pris dans les plombs. Trois scènes de la légende, superposées, occupaient la fenêtre, jusqu'à l'archivolte. Dans le bas, la fille du roi, sortie de la ville en habits royaux, pour être mangée, rencontrait saint Georges, près de l'étang, d'où émergeait déjà la tête du monstre; et une banderole portait ces mots : « Bon chevalier, ne te peris pas pour moy, car tu ne me pourrois ayder ne delivrer, mais periroys avec moy. » Puis, au milieu, c'était le combat, le saint à cheval traversant le monstre de part en part, ce qu'expliquait cette phrase : « George brandit tellement sa lance qu'il navra le dragon et le gecta à terre. » Enfin, au-dessus, la fille du roi emmenait à la ville le monstre vaincu : « George dist : gecte luy ta ceinture entour le col, et ne te doubte en rien, belle fille. Et quant elle eut ce faict, le dragon la suyvit comme un tres debonnaire chien. » Lors de son exécution, le vitrail devait être surmonté, dans le plein cintre, d'un motif d'ornement. Mais, plus tard, quand la chapelle appartint aux Hautecœur, ils remplacèrent ce motif par leurs armes. Et c'était ainsi que, durant les nuits obscures, flambait, au-dessus de la légende, des armoiries de travail plus récent, éclatantes. Écartelé, un et quatre, deux et trois, de Jérusalem et d'Hautecœur; de Jérusalem, qui est d'argent à la croix potencée d'or, cantonnée de quatre croisettes de même; d'Hautecœur, qui est d'azur à la forteresse d'or, avec un écusson de sable au cœur d'argent en abîme, le tout accompagné de trois fleurs de lys d'or, deux en chef, une en pointe. L'écu était soutenu, de dextre et de senestre, par deux chimères d'or, et timbré, au milieu d'un plumail d'azur, du casque d'argent, damasquiné d'or, taré de front et fermé d'onze grilles, qui est le casque des ducs, maréchaux de France, seigneurs titrés et chefs de compagnies souveraines. Et, pour devise : « Si Dieu volt ie vueil ».

Peu à peu, à force de le voir perçant le monstre de sa lance, tandis que la fille du roi levait ses mains jointes, Angélique s'était passionnée pour saint Georges. A cette distance, elle distinguait mal les figures, elle les apercevait dans un agrandissement de songe, la fille mince, blonde, avec son propre visage, le saint candide et superbe, d'une beauté d'archange. C'était elle qu'il venait délivrer, elle lui aurait baisé les mains de gratitude. Et, à cette aventure qu'elle rêvait confusément, une rencontre au bord d'un lac, un grand péril dont la sauvait un jeune homme plus beau que le jour, se mêlait le souvenir de sa promenade au château d'Hautecœur, toute une évocation du donjon féodal, debout sur le ciel, peuplé des hauts seigneurs de jadis. Les armoiries luisaient comme un astre des nuits d'été, elle les connaissait bien, les lisait couramment, avec leurs mots sonores, elle qui brodait souvent des blasons. Jean V s'arrêtait de porte en porte, dans la ville ravagée par la peste, montait baiser les mourants sur la bouche et les guérissait, en disant : « Si Dieu veut, je veux ». Félicien III, prévenu qu'une maladie empêchait Philippe le Bel de se rendre en Palestine, y allait pour lui, pieds nus, un cierge au poing, ce qui lui avait fait octroyer un quartier des armes de Jérusalem. D'autres, d'autres histoires s'évoquaient, surtout celles des dames d'Hautecœur, les Mortes heureuses, ainsi que les nommait la légende. Dans la famille, les femmes mouraient jeunes, en plein bonheur. Parfois, deux, trois générations étaient épargnées, puis la mort reparaissait, souriante, avec des mains douces, et emportait la fille ou la femme d'un Hautecœur, les plus vieilles à vingt ans, au moment de quelque grande félicité d'amour. Laurette, fille de Raoul Ier, le soir de ses fiançailles avec son cousin Richard, qui habitait le château, s'étant mise à sa fenêtre, l'aperçut à la sienne, de la tour de David à la tour de Charlemagne ; et elle crut qu'il l'appelait, et comme un rayon de lune jetait entre eux un pont de clarté, elle marcha vers lui ; mais, au milieu, dans sa hâte, un faux pas la fit sortir du rayon, elle tomba et se brisa au pied des tours ; si bien que, depuis ce temps, chaque nuit, lorsque la lune est pure, elle marche dans l'air, autour du château, que baigne de blancheur le muet frôlement de sa robe immense. Balbine, femme d'Hervé VII, crut pendant six mois son mari tué à la guerre ; puis, un matin qu'elle l'attendait toujours, au sommet du donjon, elle le reconnut sur la route qui rentrait, elle descendit en courant, si éperdue de joie, qu'elle en mourut à la dernière marche de l'escalier ; et, aujourd'hui, au travers des ruines, dès que tombait le crépuscule, elle descendait encore, on la voyait courir d'étage en étage, filer par les couloirs et les pièces, passer comme une ombre derrière les fenêtres béantes, ouvertes sur le vide. Toutes revenaient, Ysabeau, Gudule, Yvonne, Austreberthe, toutes les Mortes heureuses, aimées de la mort qui leur avait épargné la vie, en les enlevant d'un coup d'aile, très jeunes, dans le ravissement de leur premier bonheur. Certaines nuits, leur vol blanc emplissait le château, ainsi qu'un vol de colombes. Et jusqu'à la dernière d'elles, la mère du fils de Monseigneur, qu'on avait trouvée étendue sans vie devant le berceau de son enfant, où, malade, elle s'était traînée pour mourir, foudroyée par la joie de l'embrasser. Ces histoires hantaient l'imagination d'Angélique : elle en parlait comme de faits certains, arrivés la veille ; elle avait lu les noms de Laurette et de Balbine sur de vieilles pierres tombales, encastrées dans les murs de la chapelle. Alors, pourquoi donc ne mourrait-elle pas toute jeune, heureuse elle aussi ? Les armoiries rayonnaient, le saint descendait de son vitrail, et elle était ravie au ciel, dans le petit souffle d'un baiser.

La Légende le lui avait enseigné : n'est-ce pas le

miracle qui est la règle commune, le train ordinaire des choses? Il existe à l'état aigu, continu, s'opère avec une facilité extrême, à tous propos, se multiplie, s'étale, déborde, même inutilement, pour le plaisir de nier les lois de la nature. On vit de plain-pied avec Dieu. Abagar, roi d'Édesse, écrit à Jésus qui lui répond. Ignace reçoit des lettres de la Vierge. En tous lieux, la Mère et le Fils apparaissent, prennent des déguisements, causent d'un air de bonhomie souriante. Lorsqu'il les rencontre, Étienne est plein de familiarité. Toutes les vierges épousent Jésus, les martyrs montent au ciel s'unir à Marie. Et, quant aux anges et aux saints, ils sont les ordinaires compagnons des hommes, vont, viennent, passent au travers des murs, se montrent en rêve, parlent du haut des nuages, assistent à la naissance et à la mort, soutiennent dans les supplices, délivrent des cachots, apportent des réponses, font des commissions. Sur leurs pas, c'est une floraison inépuisable de prodiges. Silvestre attache la gueule d'un dragon avec un fil. La terre se hausse, pour servir de siège à Hilaire, que ses compagnons voulaient humilier. Une pierre précieuse tombe dans le calice de saint Loup. Un arbre écrase les ennemis de saint Martin, un chien lâche un lièvre, un incendie cesse de brûler, quand il l'ordonne. Marie l'Égyptienne marche sur la mer, des mouches à miel s'échappent de la bouche d'Ambroise, à sa naissance. Continuellement, les saints guérissent les yeux malades, les membres paralysés ou desséchés, la lèpre, la peste surtout. Pas une maladie ne résiste au signe de la croix. Dans une foule, les souffrants et les faibles sont mis à part, pour être guéris en masse, d'un coup de foudre. La mort est vaincue, les résurrections sont si fréquentes, qu'elles rentrent dans les petits événements de chaque jour. Et, lorsque les saints eux-mêmes ont rendu l'âme, les prodiges ne s'arrêtent pas, ils redoublent, ils sont comme les fleurs vivaces de leurs tombeaux. Deux fontaines d'huile, remède souverain, coulent des pieds et de la tête de Nicolas. Une odeur de rose monte du cercueil de Cécile, quand on l'ouvre. Celui de Dorothée est plein de manne. Tous les os des vierges et des martyrs confondent les menteurs, forcent les voleurs à restituer leurs larcins, exaucent les vœux des femmes stériles, rendent la santé aux moribonds. Plus rien n'est impossible, l'invisible règne, l'unique loi est le caprice du surnaturel. Dans les temples, les enchanteurs s'en mêlent, on voit des faucilles faucher toutes seules et des serpents d'airain se mouvoir, on entend des statues de bronze rire et des loups chanter. Aussitôt, les saints répondent, les accablent : des hosties sont changées en chair vivante, des images du Christ laissent échapper du sang, des bâtons plantés en terre fleurissent, des sources jaillissent, des pains chauds se multiplient aux pieds des indigents, un arbre s'incline et adore Jésus ; et encore les têtes coupées parlent, les calices brisés se réparent d'eux-mêmes, la pluie s'écarte d'une église pour noyer les palais voisins, la robe des solitaires ne s'use point, se refait à chaque saison, comme une peau de bête. En Arménie, les persécuteurs jettent à la mer les cercueils de plomb de cinq martyrs, et celui qui contient la dépouille de l'apôtre Barthélemy prend la tête, et les quatre autres l'accompagnent, pour lui faire honneur, et tous, dans le bel ordre d'une escadre, ils flottent lentement sous la brise, par de longues étendues de mer, jusqu'aux rives de Sicile.

Angélique croyait fermement aux miracles. Dans son ignorance, elle vivait entourée de prodiges, le lever des astres et l'éclosion des simples violettes. Cela lui semblait fou, de s'imaginer le monde comme une mécanique, régie par des lois fixes. Tant de choses lui échappaient, elle se sentait si perdue, si faible, au milieu de forces dont il lui était impossible de mesurer la puissance, et qu'elle n'aurait pas même soupçonnées, sans les grands souffles, parfois, qui lui passaient sur la face! Aussi, en chrétienne de la primitive Église, nourrie des lectures de la Légende, s'abandonnait-elle, inerte, entre les mains de Dieu, avec la tache du péché originel à effacer ; elle n'avait aucune liberté, Dieu seul pouvait opérer son salut en lui envoyant la grâce ; et la grâce était de l'avoir amenée sous le toit des Hubert, à l'ombre de la cathédrale, vivre une vie de soumission, de pureté et de croyance. Elle l'entendait gronder au fond d'elle, le démon du mal héréditaire. Qui sait ce qu'elle serait devenue, dans le sol natal? une mauvaise fille sans doute; tandis qu'elle grandissait en santé nouvelle, à chaque saison, dans ce coin béni. N'était-ce pas la grâce, ce milieu fait des contes qu'elle savait par cœur, de la foi qu'elle y avait bue, de l'au delà mystique où elle baignait, ce milieu de l'invisible où le miracle lui semblait naturel, de niveau avec son existence quotidienne? Il l'armait pour le combat de la vie, comme la grâce armait les martyrs. Et elle le créait elle-même, à son insu : il naissait de son imagination échauffée de fables, des désirs inconscients de sa puberté; il s'élargissait de tout ce qu'elle ignorait, s'évoquait de l'inconnu qui était en elle et dans les choses. Tout venait d'elle pour retourner à elle, l'homme créait Dieu pour sauver l'homme, il n'y avait que le rêve. Parfois, elle s'étonnait, se touchait le visage, pleine de trouble, doutant de sa propre matérialité. N'était-elle pas une apparence qui disparaîtrait, après avoir créé une illusion?

Une nuit de mai, à ce balcon où elle passait de si longues heures, elle éclata en larmes. Elle n'avait point de tristesse, elle était bouleversée par une attente, bien que personne ne dût venir. Il faisait très noir, le Clos-Marie se creusait comme un trou d'ombre, sous le ciel criblé d'étoiles, et elle ne distinguait que les masses ténébreuses des vieux ormes de l'Évêché et de l'hôtel Voincourt. Seul, le vitrail de la chapelle luisait. Si personne ne devait venir, pourquoi donc son cœur battait-il ainsi, à larges coups? C'était une attente qui datait de loin, du fond de sa jeunesse, une attente qui avait grandi avec l'âge, pour aboutir à cette fièvre anxieuse de sa puberté. Rien ne l'aurait surprise, il y avait des semaines qu'elle entendait bruire des voix, dans ce coin de mystère peuplé de son imagination. La Légende y avait lâché son monde surnaturel de saints et de saintes, le miracle était prêt à y fleurir. Elle comprenait bien que tout s'animait, que les voix venaient des choses, jadis silencieuses, que les feuilles des arbres, les eaux de la Chevrotte, les pierres de la cathédrale lui parlaient. Mais qui donc annonçaient ainsi les chuchotements de l'invisible, que voulaient faire d'elle les forces ignorées, soufflant de l'au delà et flottant dans l'air? Elle restait les yeux sur les ténèbres, comme à un rendez-vous que personne ne lui avait donné, et elle attendait, elle attendait toujours, jusqu'à tomber de sommeil, tandis qu'elle sentait l'inconnu décider de sa vie, en dehors de son vouloir.

Pendant une semaine, Angélique pleura ainsi, dans la nuit sombre. Elle revenait là, et patientait. L'enveloppement, autour d'elle, continuait, augmentait chaque soir, comme si l'horizon se fût rétréci et l'eût oppressée. Les choses pesaient sur son cœur, les voix maintenant bourdonnaient au fond de son crâne, sans qu'elle les entendît plus clairement. C'était une prise de possession lente, toute la nature, la terre avec le vaste ciel entrant dans son être. Au moindre bruit, ses mains brûlaient, ses yeux s'efforçaient de percer les ténèbres. Était-ce enfin le prodige attendu? Non, rien encore, rien que le battement d'ailes d'un oiseau de nuit, sans doute. Et elle tendait de nouveau l'oreille, elle percevait jusqu'au bruissement différent des feuilles, dans les ormes et dans les saules. Vingt fois, ainsi, un frisson la secoua toute, lorsqu'une pierre roulait dans le ruisseau ou qu'une bête rôdeuse glissait d'un mur. Elle se penchait, défaillante. Rien, rien encore.

Enfin, un soir qu'une obscurité plus chaude tombait du ciel sans lune, quelque chose commença. Elle craignit de se tromper, cela était si léger, presque insensible, un petit bruit, nouveau parmi les bruits qu'elle connaissait. Il tardait à se reproduire, elle retenait son haleine. Puis, il se fit entendre plus fort, toujours confus. Elle aurait dit le bruit lointain, à peine deviné d'un pas, ce tremblement de l'air annonçant une approche, hors de la vue et des oreilles. Ce qu'elle attendait, venait de l'invisible, sortait lentement de tout ce qui frissonnait à son entour. Pièce à pièce, cela se dégageait de son rêve, comme une réalisation des vagues souhaits de sa jeunesse.

Était-ce le saint Georges du vitrail qui, de ses pieds muets d'image peinte, foulait les hautes herbes pour monter vers elle? La fenêtre justement pâlissait, elle ne voyait plus nettement le saint, pareil à une petite nuée pourpre, brouillée, évaporée. Cette nuit-là, elle n'en put apprendre davantage. Mais, le lendemain, à la même heure, par la même obscurité, le bruit augmenta, se rapprocha un peu. C'était un bruit de pas, certainement, des pas de vision effleurant le sol. Ils cessaient, ils reprenaient, ici et là, sans qu'il lui fût possible de préciser l'endroit. Peut-être lui arrivaient-ils du jardin des Voincourt, quelque promeneur nocturne attardé sous les ormes. Peut-être, plutôt, sortaient-ils des massifs touffus de l'Évêché, des grands lilas dont l'odeur violente lui noyait le cœur. Elle avait beau fouiller les ténèbres, son ouïe seule l'avertissait du prodige attendu, son odorat aussi, ce parfum accru des fleurs, comme si une haleine s'y fût mêlée. Et, pendant plusieurs nuits, le cercle des pas se resserra sous le balcon, elle les écouta s'avancer jusqu'au mur, à ses pieds. Là, ils s'arrêtaient, et un long silence se faisait alors, et l'enveloppement s'achevait, cette étreinte lente et grandissante de l'ignoré, où elle se sentait défaillir.

Les soirées suivantes, parmi les étoiles, elle vit paraître le mince croissant de la lune nouvelle. Mais l'astre déclinait avec le jour finissant et s'en allait, derrière le comble de la cathédrale, pareil à un œil de clarté vive que la paupière recouvre. Elle le suivait, le regardait s'élargir à chaque crépuscule, impatiente de ce flambeau, qui allait enfin éclairer l'invisible. Peu à peu, en effet, le Clos-Marie sortait de l'obscurité, avec les ruines de son vieux moulin, ses bouquets d'arbres, son ruisseau rapide. Et alors, dans la lumière, la création continua. Ce qui venait du rêve finit par prendre l'ombre d'un corps. Car elle n'aperçut d'abord qu'une ombre effacée se mouvant sous la lune. Qu'était-ce donc? l'ombre d'une branche balancée par le vent? Parfois, tout s'évanouissait, le champ dormait dans une immobilité de mort, elle croyait à une hallucination de sa vue. Puis, le doute ne fut plus possible, une tache sombre avait franchi un espace éclairé, se glissant d'un saule à un autre. Elle la perdait, la retrouvait, sans jamais arriver à la définir. Un soir, elle crut reconnaître la fuite leste de deux épaules, et ses yeux se portèrent aussitôt sur le vitrail : il était grisâtre, comme vidé, éteint par la lune qui l'éclairait en plein. Dès ce moment, elle remarqua que l'ombre vivante s'allongeait, se rapprochait de sa fenêtre, gagnant toujours, de trous noirs en trous noirs, parmi les herbes, le long de l'église. A mesure qu'elle la devinait plus proche, une émotion grandissante l'envahissait, cette sensation nerveuse qu'on éprouve à être regardé par des yeux de mystère, qu'on ne voit point. Sûrement, un être était là, sous les feuilles, qui, les regards levés, ne la quittait plus. Elle avait, sur les mains, sur le visage, l'impression physique de ces regards, longs, très doux, craintifs aussi; elle ne s'y dérobait pas, parce qu'elle les sentait purs, venus du monde enchanté de la Légende; et son anxiété première se changeait en un trouble délicieux, dans sa certitude du bonheur. Une nuit, brusquement, sur la terre blanche de lune, l'ombre se dessina d'une ligne franche et nette, l'ombre d'un homme, qu'elle ne pouvait voir, caché derrière les saules. L'homme ne bougeait pas, elle regarda longtemps l'ombre immobile.

Dès lors, Angélique eut un secret. Sa chambre nue, badigeonnée à la chaux, toute blanche, en était emplie. Elle restait des heures, dans son grand lit, où elle se perdait, si mince, les yeux clos, mais ne dormant pas, revoyant toujours l'ombre immobile, sur le sol éclatant. A l'aube, quand elle rouvrait les paupières, ses regards allaient de l'armoire énorme au vieux coffre, du poêle de faïence à la petite table de toilette, dans la surprise de ne pas retrouver là ce profil mystérieux, qu'elle eût dessiné d'un trait sûr, de mémoire. Elle l'avait revu en dormant, glisser parmi les bruyères pâles de ses rideaux. Ses songes comme sa veille en étaient peuplés. C'était une ombre compagne de la sienne, elle avait deux ombres, bien qu'elle fût seule, avec son rêve. Et ce secret, elle ne le confia à personne, pas même à Hubertine, à laquelle, jusque-là, elle avait tout dit. Lorsque celle-ci la questionnait, étonnée de sa joie, elle devenait très rouge, elle répondait que le printemps précoce la rendait joyeuse. Du matin au soir, elle bourdonnait, ainsi qu'une mouche ivre des premiers soleils. Jamais les chasubles qu'elle brodait n'avaient flambé d'un tel resplendissement de soie et d'or. Les Hubert, souriants, la croyaient simplement bien portante. Sa gaieté montait à mesure que tombait le jour, elle chantait au lever de la lune, et quand l'heure était arrivée, elle s'accoudait au balcon, elle voyait l'ombre. Pendant tout le quartier, elle la trouva exacte à chaque rendez-vous, droite et muette, sans qu'elle en sût davantage, ignorante de l'être qui devait la produire. N'était-ce donc qu'une ombre, une apparence seulement, peut-être le saint disparu du vitrail, peut-être l'ange qui avait aimé Cécile autrefois, qui descendait l'aimer à son tour? Cette pensée la rendait orgueilleuse, lui était très douce, comme une caresse venue de l'invisible. Puis, une impatience la prit de connaître, son attente recommença.

La lune, en son plein, éclairait le Clos-Marie. Quand elle était au zénith, les arbres, sous la lumière blanche qui tombait d'aplomb, n'avaient plus d'ombre, pareils à des fontaines ruisselantes de muettes clartés. Tout le champ s'en trouvait baigné, une onde lumineuse l'emplissait, d'une limpidité de cristal; et l'éclat en était si pénétrant, qu'on y distinguait jusqu'à la découpure fine des feuilles de saule. Le moindre frisson de l'air semblait rider ce lac de rayons, endormi dans sa paix souveraine, entre les grands ormes des jardins voisins et la croupe géante de la cathédrale.

Deux soirées s'étaient passées encore, lorsque, la troisième nuit, en venant s'accouder, Angélique reçut au cœur un choc violent. Là, dans la clarté vive, elle l'aperçut debout, tourné vers elle. Son ombre, ainsi que celle des arbres, s'était repliée sous ses pieds, avait disparu. Il n'y avait plus que lui, très clair. A cette distance, elle le voyait comme en plein jour, âgé de vingt ans, blond, grand et mince. Il ressemblait au saint Georges, à un Jésus superbe, avec ses cheveux bouclés, sa barbe légère, son nez droit, un peu fort, ses yeux noirs, d'une douceur hautaine. Et elle le reconnaissait parfaitement : jamais elle ne l'avait vu autre, c'était lui, c'était ainsi qu'elle l'attendait. Le prodige s'achevait enfin, la lente création de l'invisible aboutissait à cette apparition vivante. Il sortait de l'inconnu, du frisson des choses, des voix murmurantes, des jeux mouvants de la nuit, de tout ce qui l'avait enveloppée, jusqu'à la faire défaillir. Aussi le voyait-elle à deux pieds du sol, dans le surnaturel de sa venue, tandis que le miracle l'entourait de toutes parts, flottant sur le lac mystérieux de la lune. Il gardait pour escorte le peuple entier de la Légende, les saints dont les bâtons fleurissent, les saintes dont les blessures laissent pleuvoir du lait. Et le vol blanc des vierges pâlissait les étoiles.

Angélique le regardait toujours. Il leva les deux bras, les tendit, grands ouverts. Elle n'avait pas peur, elle lui souriait.

V

C'était une affaire, tous les trois mois, lorsque Hubertine coulait la lessive. On louait une femme, la mère Gabet; pendant quatre jours, les broderies en étaient oubliées ; et Angélique elle-même s'en mêlait, se faisait ensuite une récréation du savonnage et du rinçage, dans les eaux claires de la Chevrotte. Au sortir de la cendre, on brouettait le linge par la petite porte de communication. On vivait les journées dans le Clos-Marie, en plein air, en plein soleil.

— Mère, cette fois, je lave, ça m'amuse tant !

Et, secouée de rires, les manches retroussées au-dessus des coudes, brandissant le battoir, Angélique tapait de bon cœur, dans la joie et la santé de cette rude besogne qui l'éclaboussait d'écume.

— Ça me durcit les bras, ça me fait du bien, mère !

La Chevrotte coupait le champ de biais, d'abord endormie, puis très rapide, lancée en gros bouillons sur une pente caillouteuse. Elle sortait du jardin de l'Évêché, par une sorte de vanne, laissée au bas de la muraille; et, à l'autre bout, à l'angle de l'hôtel Voincourt, elle disparaissait sous une arche voûtée, s'engouffrait dans le sol, pour reparaître, deux cents mètres plus loin, tout le long de la rue Basse, jusqu'au Ligneul, où elle se jetait. De sorte qu'il fallait bien veiller sur le linge, car on pouvait courir : toute pièce lâchée était une pièce perdue.

— Mère, attendez, attendez!... Je vais mettre cette grosse pierre sur les serviettes. Nous verrons si elle les emportera, la voleuse!

Elle calait la pierre, elle retournait en arracher une autre aux décombres du moulin, ravie de se dépenser, de se fatiguer; et, quand elle se meurtrissait un doigt, elle le secouait, elle disait que ce n'était rien. Dans la journée, la famille de pauvres qui se terrait sous ces ruines, s'en allait à l'aumône, débandée par les routes. Le clos restait solitaire, d'une solitude délicieuse et fraîche, avec ses bouquets de saules pâles, ses hauts peupliers, son herbe surtout, son débordement d'herbe folle, si vivace, qu'on y entrait jusqu'aux épaules. Un silence frissonnant venait des deux parcs voisins, dont les grands arbres barraient l'horizon. Dès trois heures, l'ombre de la cathédrale s'allongeait, d'une douceur recueillie, d'un parfum évaporé d'encens.

Et elle battait le linge plus fort, de toute la force de son bras frais et blanc.

— Mère, mère! ce que je vais manger, ce soir!.. Ah! vous savez, vous m'avez promis une tarte aux fraises.

Mais, pour cette lessive, le jour du rinçage, Angélique resta seule. La mère Gabet, souffrant d'une crise brusque de sa sciatique, n'était pas venue ; et d'autres soins de ménage retenaient Hubertine au logis. Agenouillée dans sa boîte garnie de paille, la jeune fille prenait les pièces une à une, les agitait longuement, jusqu'à ce que l'eau n'en fût plus troublée, d'une limpidité de cristal. Elle ne se hâtait point, elle éprouvait depuis le matin une curiosité inquiète, ayant eu l'étonnement de trouver là un vieil ouvrier en blouse grise, qui dressait un léger échafaud, devant la fenêtre de la chapelle Hautecœur. Est-ce qu'on voulait réparer le vitrail? Il en avait bon besoin : des verres manquaient dans le saint Georges; d'autres, cassés au cours des siècles, étaient remplacés par de simples vitres. Pourtant, cela l'irritait. Elle était si habituée aux lacunes du saint perçant le dragon, et de la fille du roi l'emmenant avec sa ceinture, qu'elle les pleurait déjà, comme si l'on avait eu le dessein de les mutiler. Il y avait sacrilège à changer de si vieilles choses. Et, tout d'un coup, lorsqu'elle revint de déjeuner, sa colère s'en alla : un second ouvrier était sur l'échafaud, jeune celui-ci, également vêtu d'une blouse grise. Et elle l'avait reconnu, c'était lui.

Gaiement, sans embarras, Angélique reprit sa place, à genoux dans la paille de sa boîte. Puis, de ses poignets nus, elle se remit à agiter le linge au fond de l'eau claire. C'était lui, grand, mince, blond, avec sa barbe fine et ses cheveux bouclés de jeune dieu, aussi blanc de peau qu'elle l'avait vu sous la blancheur de la lune. Puisque c'était lui, le vitrail n'avait rien à craindre : s'il y touchait, il l'embellirait. Et elle n'éprouvait aucune désillusion, à le retrouver vêtu de cette blouse, ouvrier comme elle, peintre verrier sans doute. Cela, au contraire, la faisait sourire, dans son absolue certitude en son rêve de royale fortune. Il n'y avait qu'apparence. A quoi bon savoir ? Un matin, il serait celui qu'il devait être. La pluie d'or ruisselait du comble de la cathédrale, une marche triomphale éclatait, dans le grondement lointain des orgues. Même elle ne se demandait pas quel chemin il prenait pour être là, de nuit et de jour. A moins d'habiter une des maisons voisines, il ne pouvait passer que par la ruelle des Guerdaches, qui longeait le mur de l'Évêché, jusqu'à la rue Magloire.

Alors, une heure charmante s'écoula. Elle se penchait, elle rinçait son linge, le visage touchant presque l'eau fraîche; mais, à chaque nouvelle pièce, elle levait la tête, jetait un coup d'œil, où, dans l'émoi de son cœur, perçait une pointe de malice. Et, lui, sur l'échafaud, l'air très occupé à constater l'état du vitrail, la regardait de biais, gêné dès qu'elle le surprenait ainsi, tourné vers elle. C'était une chose étonnante comme il rougissait vite, le teint brusquement coloré, de très blanc qu'il était. A la moindre émotion, colère ou tendresse, tout le sang de ses veines lui montait à la face. Il avait des yeux de bataille, et il était si timide, quand il la sentait l'examiner, qu'il redevenait un petit enfant, embarrassé de ses mains, bégayant des ordres au vieil homme, son compagnon. Elle, ce qui l'égayait, dans cette eau dont la turbulence lui rafraîchissait les bras, était de le deviner innocent comme elle, ignorant de tout, avec la passion gourmande de mordre à la vie. On n'a pas besoin de dire à voix haute ce qui est, des messagers invisibles l'apportent, des bouches muettes le répètent. Elle levait la tête, le surprenait à détourner la sienne, et les minutes coulaient, et cela était délicieux.

Soudain, elle le vit qui sautait de l'échafaud, puis qui s'en éloignait à reculons, au travers des herbes, comme pour prendre du champ, afin de mieux voir. Mais elle faillit éclater de rire, tellement cela était clair, qu'il voulait se rapprocher d'elle, uniquement. Il avait mis à sauter une décision farouche d'homme qui risque tout, et la drôlerie touchante, maintenant, était qu'il restait planté à quelques pas, lui tournant le dos, n'osant se retourner, dans le mortel embarras de son action trop vive. Un instant, elle crut bien qu'il repartirait vers le vitrail, ainsi qu'il en était venu, sans un coup d'œil en arrière. Pourtant, il prit une résolution désespérée, il se retourna; et, comme, justement, elle levait la tête, avec son rire malicieux, leurs regards se rencontrèrent, demeurèrent l'un dans l'autre. Ce fut, pour les deux, une grande confusion : ils perdaient contenance, ils n'en seraient jamais sortis, s'il ne s'était produit alors un incident dramatique.

— Oh! mon Dieu! cria-t-elle, désolée.

Dans son émotion, la camisole de basin qu'elle rinçait, d'une main inconsciente, venait de lui échapper; et le ruisseau rapide l'emportait; et, une minute encore, elle allait disparaître, au coin du mur des Voincourt, sous l'arche voûtée, où s'engouffrait la Chevrotte.

Il y eut quelques secondes d'angoisse. Il avait compris, s'était élancé. Mais le courant bondissait sur les cailloux, cette diablesse de camisole courait plus vite que lui. Il se penchait, croyait la saisir, ne prenait qu'une poignée d'écume. Deux fois, il la manqua. Enfin, excité, de l'air brave dont on se jette au péril de sa vie, il entra dans l'eau, il sauva la camisole, juste à l'instant où elle s'abîmait sous terre.

Angélique, qui, jusque-là, avait suivi anxieusement le sauvetage, sentit le rire, le bon rire lui remonter des flancs. Ah! cette aventure qu'elle avait tant rêvée, cette rencontre au bord d'un lac, ce terrible danger dont la délivrait un jeune homme plus beau que le jour! Saint Georges, le tribun, le guerrier, n'était plus que ce peintre sur verre, ce jeune ouvrier en blouse grise. Quand elle le vit revenir, les jambes trempées, tenant la camisole ruisselante d'un geste gauche, comprenant le ridicule de la passion qu'il avait mise à l'arracher des flots, elle dut se mordre les lèvres, pour contenir la fusée de gaieté qui lui chatouillait la gorge.

Lui, s'oubliait à la regarder. Elle était si adorable d'enfance, dans ce rire qu'elle retenait et dont sa jeunesse vibrait toute! Éclaboussée d'eau, les bras glacés par le courant, elle sentait bon la pureté, la limpidité des sources vives, jaillissant de la mousse des forêts. C'était de la santé et de la joie, au grand soleil. On la devinait bonne ménagère, et reine pourtant, dans sa robe de travail, avec sa taille élancée, son visage long de fille de roi, tel qu'il en passe au fond des légendes. Et il ne savait plus comment lui rendre le linge, tellement il la trouvait belle, de la beauté d'art qu'il aimait. Cela l'enrageait davantage, d'avoir l'air d'un innocent, car il s'apercevait très bien de l'effort qu'elle faisait pour ne pas rire. Il dut se décider, il lui remit la camisole.

Alors, Angélique comprit que, si elle desserrait les lèvres, elle éclatait. Ce pauvre garçon! il la touchait beaucoup; mais cela était irrésistible, elle était trop heureuse, elle avait un besoin de rire, de rire à perdre haleine, qui la débordait.

Enfin, elle crut qu'elle pouvait parler, voulut dire simplement :

— Merci, monsieur.

Mais le rire était revenu, le rire la fit bégayer, lui coupa la parole ; et le rire sonnait très haut, une pluie de notes sonores, qui chantaient, sous l'accompagnement cristallin de la Chevrotte. Lui, déconcerté, ne trouva rien, pas un mot. Son visage, si blanc, s'était brusquement empourpré ; ses yeux d'enfant timide avaient flambé, pareils à des yeux d'aigle. Et il s'en alla, il avait disparu avec le vieil ouvrier, qu'elle riait encore, penchée sur l'eau claire, s'éclaboussant de nouveau à rincer son linge, dans l'éclatant bonheur de cette journée.

Le lendemain, dès six heures, on étendit le linge, dont le paquet s'égouttait depuis la veille. Justement, un grand vent s'était levé qui aidait au séchage. Même, pour que les pièces ne fussent pas emportées, on dut les fixer avec des pierres, aux quatre coins. Toute la lessive était là, étalée, très blanche parmi l'herbe verte, sentant bon l'odeur des plantes ; et le pré semblait s'être fleuri soudain de nappes neigeuses de pâquerettes.

Après le déjeuner, lorsqu'elle revint donner un regard, Angélique se désespéra : la lessive entière menaçait de s'envoler, tellement les coups de vent devenaient forts, dans le ciel bleu, d'une limpidité vive, comme épuré par ces grands souffles ; et, déjà, un drap avait filé, des serviettes étaient allées se plaquer contre les branches d'un saule. Elle rattrapa les serviettes. Mais, derrière elle, des mouchoirs partaient. Et personne ! elle perdait la tête. Lorsqu'elle voulut étendre le drap, elle dut se battre. Il l'étourdissait, l'enveloppait d'un claquement de drapeau.

Dans le vent, elle entendit alors une voix qui disait :

— Mademoiselle, désirez-vous que je vous aide ?

C'était lui, et tout de suite elle cria, sans autre préoccupation que son souci de ménagère :

— Mais bien sûr, aidez-moi donc !... Prenez le bout, là-bas ! tenez ferme !

Le drap, qu'ils étiraient de leurs bras solides, battait comme une voile. Puis, ils le posèrent sur l'herbe, ils remirent aux quatre coins des pierres plus grosses. Et, maintenant qu'il s'affaissait, dompté, ni lui ni elle ne se relevaient, agenouillés aux deux bouts, séparés par ce grand linge, d'une blancheur éblouissante.

Elle finit par sourire, mais sans malice, d'un sourire de remerciement. Il s'enhardit.

— Moi, je me nomme Félicien.

— Et moi, Angélique.

— Je suis peintre verrier, on m'a chargé de réparer ce vitrail.

— J'habite là, avec mes parents, et je suis brodeuse.

Le grand vent emportait leurs paroles, les flagellait de sa pureté vivace, dans le chaud soleil dont ils étaient baignés. Ils se disaient des choses qu'ils savaient, pour le plaisir de se les dire.

— On ne va pas le remplacer, le vitrail ?

— Non, non. La réparation ne se verra seulement pas... Je l'aime autant que vous l'aimez.

— C'est vrai, je l'aime. Il est si doux de couleur !... J'en ai brodé un, de saint Georges, mais il était moins beau.

— Oh ! moins beau... Je l'ai vu, si c'est le saint Georges de la chasuble de velours rouge que l'abbé Cornille avait dimanche. Une merveille !

Elle rougit de plaisir et lui cria brusquement :

— Mettez donc une pierre sur le bord du drap, à votre gauche. Le vent va nous le reprendre.

Il s'empressa, chargea le linge qui avait eu une grande palpitation, le battement d'ailes d'un oiseau captif, s'efforçant de voler encore. Et, comme il ne remuait plus, cette fois, tous deux se relevèrent.

Maintenant, elle marchait par les étroits sentiers d'herbe, entre les pièces, donnait un coup d'œil à chacune ; tandis que lui la suivait, très affairé, l'air préoccupé énormément de la perte possible d'un tablier ou d'un torchon. Cela semblait tout naturel. Aussi continuait-elle de causer, racontant ses journées, expliquant ses goûts.

— Moi, j'aime que les choses soient à leur place... Le matin, c'est le coucou de l'atelier qui me réveille, toujours à six heures; et il ne ferait pas clair, que je m'habillerais : mes bas sont ici, le savon est là, une vraie manie. Oh ! je ne suis pas née comme ça, j'étais d'un désordre ! Mère a dû en dire, des paroles !... Et, à l'atelier, je ne ferais rien de bon, si ma chaise n'était pas au même endroit, en face du jour. Heureusement que je ne suis ni gauchère ni droitière, et que je brode des deux mains, ce qui est une grâce, car toutes n'y parviennent pas... C'est comme les fleurs que j'adore, je ne puis en garder un bouquet près de moi, sans avoir des maux de tête terribles. Je supporte les violettes seules, et c'est surprenant, l'odeur m'en calme plutôt. Au moindre malaise, je n'ai qu'à respirer des violettes, elles me soulagent.

Il l'écoutait, ravi. Il se grisait de la douceur de sa voix, qu'elle avait d'un charme extrême, pénétrante et prolongée; et il devait être particulièrement sensible à cette musique humaine, car l'inflexion caressante, sur certaines syllabes, lui mouillait les yeux.

— Ah ! dit-elle en s'interrompant, voici les chemises qui sont bientôt sèches.

Puis, elle acheva ses confidences, dans le besoin naïf et inconscient de se faire connaître.

— Le blanc, c'est toujours beau, n'est-ce pas?

Certains jours, j'ai assez du bleu, du rouge, de toutes les couleurs ; tandis que le blanc est une joie complète dont jamais je ne me lasse. Rien n'y blesse, on voudrait s'y perdre... Nous avions un chat blanc, avec des taches jaunes, et je lui avais peint ses taches. Il était très bien, mais ça n'a pas tenu... Tenez ! ce que mère ne sait pas, je garde tous les déchets de soie blanche, j'en ai plein un tiroir, pour rien, pour le plaisir de les regarder et de les toucher, de temps en temps... Et j'ai un autre secret, oh ! un gros celui-là ! Quand je m'éveille, chaque matin, il y a près de mon lit, quelqu'un, oui ! une blancheur qui s'envole.

Il n'eut pas un doute, il parut fermement la croire. Cela n'était-il pas simple et dans l'ordre ? Une jeune princesse ne l'aurait point conquis si vite, parmi les magnificences de sa cour. Elle avait, au milieu de tout ce linge blanc, sur cette herbe verte, un grand air charmant, joyeux et souverain, qui le prenait au cœur, d'une étreinte grandissante. C'en était fait, il n'y avait plus qu'elle, il la suivrait jusqu'au bout de la vie. Elle continuait à marcher, de son petit pas rapide, en tournant parfois la tête, avec un sourire ; et il venait derrière toujours, suffoqué de ce bonheur, sans aucun espoir de l'atteindre jamais.

Mais une bourrasque souffla, un vol de menus linges, des cols et des manchettes de percale, des fichus et des guimpes de batiste, fut soulevé s'abattit au loin, ainsi qu'une troupe d'oiseaux blancs, roulés dans la tempête.

Et Angélique se mit à courir.

— Ah ! mon Dieu ! arrivez donc ! aidez-moi donc !

Tous deux s'étaient précipités. Elle arrêta un col, sur le bord de la Chevrotte. Lui, déjà, tenait deux guimpes, retrouvées au milieu de hautes orties. Les manchettes, une à une, furent reconquises. Mais, dans leurs courses à toutes jambes, trois fois elle venait de l'effleurer, des plis envolés de sa jupe ; et, chaque fois, il avait eu une secousse au cœur, la face subitement rouge. A son tour, il la frôla, en faisant un saut pour rattraper le dernier fichu, qui lui échappait. Elle était restée debout, immobile, étouffant. Un trouble noyait son rire, elle ne plaisantait plus, ne se moquait plus de ce grand garçon innocent et gauche. Qu'avait-elle donc, pour n'être plus gaie et pour défaillir ainsi, sous cette angoisse délicieuse ? Quand il lui tendit le fichu, leurs mains, par hasard, se touchèrent. Ils tressaillirent, ils se contemplèrent, éperdus. Elle s'était reculée vivement, elle demeura quelques secondes à ne savoir que résoudre, dans la catastrophe extraordinaire qui lui arrivait. Puis, tout d'un coup, affolée, elle prit sa course, elle se sauva, les bras pleins du menu linge, abandonnant le reste.

Félicien, alors, voulut parler.

— Oh ! de grâce... je vous en prie...

Le vent redoublait, lui coupait le souffle. Désespéré, il la regardait courir, comme si ce grand vent l'eût emportée. Elle courait, elle courait parmi la blancheur des draps et des nappes, dans l'or pâle du soleil oblique. L'ombre de la cathédrale semblait la prendre, et elle était sur le point de rentrer chez elle, par la petite porte du jardin, sans un regard en arrière. Mais, au seuil, vivement, elle se retourna, saisie d'une bonté subite, ne voulant pas qu'il la crût trop fâchée. Et, confuse, souriante, elle cria :

— Merci ! merci !

Était-ce de l'avoir aidée à rattraper son linge qu'elle le remerciait ? était-ce d'autre chose ? Elle avait disparu, la porte se refermait.

Et lui demeura seul, au milieu du champ, sous les grandes rafales régulières, qui soufflaient, vivifiantes, dans le ciel pur. Les ormes de l'Évêché s'agitaient avec un long bruit de houle, une voix haute clamait au travers des terrasses et des arcs-boutants de la cathédrale. Mais il n'entendait plus que le claquement léger d'un petit bonnet, noué à une branche de lilas ainsi qu'un bouquet blanc, et qui était à elle.

A partir de cette journée, chaque fois qu'Angélique ouvrit sa fenêtre, elle aperçut Félicien, en bas, dans le Clos-Marie. Il avait le prétexte du vitrail, il y vivait, sans que le travail avançât le moins du monde. Pendant des heures, il s'oubliait derrière un buisson, allongé sur l'herbe, guettant entre les feuilles. Et cela était très doux, d'échanger un sourire, matin et soir. Elle, heureuse, n'en demandait pas davantage. La lessive ne devait revenir que dans trois mois, la porte du jardin, jusque-là, resterait close. Mais, à se voir quotidiennement, ce serait si vite passé, trois mois ! et puis, y avait-il un bonheur plus grand que de vivre de la sorte, le jour pour le regard du soir, la nuit pour le regard du matin ?

Dès la première rencontre, Angélique avait tout dit, ses habitudes, ses goûts, les petits secrets de son cœur. Lui, silencieux, se nommait Félicien, et elle ne savait rien autre. Peut-être cela devait-il être ainsi, la femme se donnant toute, l'homme se réservant dans l'inconnu. Elle n'éprouvait aucune curiosité hâtive, elle souriait, à l'idée des choses qui se réaliseraient, sûrement. Puis, ce qu'elle ignorait ne comptait pas, se voir importait seul. Elle ne savait rien de lui, et elle le connaissait au point de lire ses pensées dans son regard. Il était venu, elle l'avait reconnu, et ils s'aimaient.

Alors, ils jouirent délicieusement de cette possession, à distance. C'étaient sans cesse des ravissements nouveaux, pour les découvertes qu'ils faisaient. Elle avait des mains longues, abîmées par l'aiguille, qu'il adora. Elle remarqua ses pieds minces, elle fut orgueilleuse de leur petitesse. Tout en lui la flattait, elle lui était reconnaissante d'être beau, elle ressentit une joie violente, le soir où elle constata qu'il avait la barbe d'un blond plus cendré que les cheveux, ce qui donnait à son rire une douceur extrême. Lui, s'en alla éperdu d'ivresse, un matin qu'elle s'était penchée et qu'il avait aperçu, sur son cou délicat, un signe brun. Leurs cœurs aussi se mettaient à nu, ils y eurent des trouvailles. Certainement, le geste dont elle ouvrait sa fenêtre, ingénu et fier, disait que, dans sa condition de petite brodeuse, elle avait l'âme d'une reine. De même, elle le sentait bon, en voyant de quel pas léger il foulait les herbes. C'était, autour d'eux, un rayonnement de qualités et de grâces, à cette heure première de leur rencontre. Chaque entrevue apportait son charme. Il leur semblait que jamais ils n'épuiseraient cette félicité de se voir.

Cependant, Félicien marqua bientôt quelque impatience. Il ne restait plus allongé des heures, au pied d'un buisson, dans l'immobilité d'un bonheur absolu. Dès qu'Angélique paraissait, accoudée, il devenait inquiet, tâchait de se rapprocher d'elle. Et cela finissait par la fâcher un peu, car elle craignait qu'on ne le remarquât. Un jour même, il y eut une vraie brouille : il s'était avancé jusqu'au mur, elle dut quitter le balcon. Ce fut une catastrophe, il en demeura bouleversé, le visage si éloquent de soumission et de prière, qu'elle pardonna le lendemain, en s'accoudant à l'heure habituelle. Mais l'attente ne lui suffisait plus, il recommença. Maintenant, il semblait être partout à la fois, dans le Clos-Marie, qu'il emplissait de sa fièvre. Il sortait de derrière chaque tronc d'arbre, il apparaissait au-dessus de chaque touffe de ronces. Comme les ramiers des grands ormes, il devait avoir son logis aux environs, entre deux branches. La Chevrotte lui était un prétexte à vivre là, penché au-dessus du courant, où il avait l'air de suivre le vol des nuages. Un jour, elle le vit parmi les ruines du moulin, debout sur la charpente d'un hangar éventré, heureux d'être ainsi monté un peu, dans son regret de ne pouvoir voler jusqu'à son épaule. Un autre jour, elle étouffa un léger cri, en l'apercevant plus haut qu'elle, entre deux fenêtres de la cathédrale, sur la terrasse des chapelles du chœur. Comment avait-il pu atteindre cette galerie, fermée d'une porte dont le bedeau gardait la clef? Comment, d'autres fois, le retrouva-t-elle en plein ciel, parmi les arcs-boutants de la nef et les pinacles des contreforts? De ces hauteurs, il plongeait au fond de sa chambre, ainsi que les hirondelles volant à la pointe des clochetons. Jamais elle n'avait eu l'idée de se cacher. Et, dès lors, elle se barricada, et un trouble la prenait, grandissant, à se sentir envahie, à être toujours deux. Si elle n'avait pas de hâte, pourquoi donc son cœur battait-il si fort, comme le bourdon du clocher en plein branle des grandes fêtes?

Trois jours se passèrent, sans qu'Angélique se montrât, effrayée de l'audace croissante de Félicien. Elle se jurait de ne plus le revoir, elle s'excitait à le détester. Mais il lui avait donné de sa fièvre, elle ne pouvait rester en place, tous les prétextes lui étaient bons à lâcher la chasuble qu'elle brodait. Aussi, ayant appris que la mère Gabet gardait le lit, dans le plus profond dénuement, alla-t-elle la visiter chaque matin. C'était rue des Orfèvres même, à trois portes. Elle arrivait avec du bouillon, du sucre, elle redescendait acheter des médicaments, chez le pharmacien de la Grand'Rue. Et, un jour qu'elle remontait, portant des paquets et des fioles, elle eut le saisissement de trouver Félicien au chevet de la vieille femme malade. Il devint très rouge, il s'esquiva gauchement. Le jour suivant, comme elle partait, il se présenta de nouveau, elle lui laissa la place, mécontente. Voulait-il donc l'empêcher de voir ses pauvres? Justement, elle était prise d'une de ces crises de charité qui lui faisaient se donner toute, pour combler ceux qui n'avaient rien. Son être se fondait de fraternité pitoyable, à l'idée de la souffrance. Elle courait chez le père Mascart, un aveugle paralytique de la rue Basse, à qui elle faisait manger elle-même l'assiettée de soupe qu'elle lui apportait; chez les Chouteau, l'homme et la femme, deux vieux de quatre-vingt-dix ans, qui occupaient une cave de la rue Magloire, où elle avait emménagé d'anciens meubles, pris dans le grenier des Hubert; chez d'autres, d'autres encore, chez tous les misérables du quartier, qu'elle entretenait en cachette des choses traînant autour d'elle, heureuse de les surprendre et de les voir rayonner, pour quelque reste de la veille. Et voilà que, chez tous, désormais, elle rencontrait Félicien ! Jamais elle ne l'avait tant vu, elle qui évitait de se mettre à la fenêtre, de crainte de le revoir. Son trouble grandissait, elle se croyait très en colère.

Dans cette aventure, le pis, vraiment, fut qu'Angélique bientôt désespéra de sa charité. Ce garçon lui gâtait la joie d'être bonne. Auparavant, il avait peut-être d'autres pauvres, mais pas ceux-là, car il ne les visitait point; et il avait dû la guetter, monter derrière elle, pour les connaître et les lui prendre ainsi, l'un après l'autre. Maintenant, chaque fois qu'elle arrivait chez les Chouteau, avec un petit panier de provisions, il y avait des pièces blanches sur la table. Un jour qu'elle courait porter dix sous, ses économies de toute la semaine, au père Mascart, qui pleurait sans cesse misère pour son tabac, elle le trouva riche d'une pièce de vingt francs, luisante comme un soleil. Même, un soir qu'elle rendait visite à la mère Gabet, celle-ci la pria de descendre lui changer un billet de banque. Et quel crève-cœur de constater son impuissance, elle qui manquait d'argent, lorsque lui, si aisément, vidait sa bourse ! Certes, elle était heureuse de l'aubaine, pour ses pauvres; mais elle n'avait plus de bonheur à donner, triste de donner si peu, lorsqu'un autre donnait tant. Le maladroit, ne comprenant pas, croyant la conquérir, cédait à un besoin de largesses attendri, lui tuait ses aumônes. Sans compter qu'elle devait subir ses éloges, chez tous les misérables : un jeune homme si bon, si doux, si bien élevé ! Ils ne parlaient plus que de lui, ils étalaient ses dons comme pour mépriser les siens. Malgré son serment de l'oublier, elle les questionnait sur son compte : qu'avait-il laissé, qu'avait-il dit? et il était beau, n'est-ce pas? et tendre, et timide ! Peut-être osait-il parler d'elle? Ah ! bien sûr, il en parlait toujours ! Alors, elle l'exécrait décidément, car elle finissait par en avoir trop lourd sur le cœur.

Enfin, les choses ne pouvaient continuer de la sorte; et, un soir de mai, par un crépuscule souriant, la catastrophe éclata. C'était chez les Lemballeuse, la nichée de pauvresses qui se terraient dans les décombres du vieux moulin. Il n'y avait là que des femmes, la mère Lemballeuse, une vieille couturée de rides, Tiennette, la fille aînée, une grande sauvagesse de vingt ans, ses deux petites sœurs, Rose et Jeanne, les yeux hardis déjà, sous leur tignasse rousse. Toutes quatre mendiaient par les routes, le long des fossés, rentraient à la nuit, les pieds cassés de fatigue, dans leurs savates que rattachaient des ficelles. Et, justement, ce soir-là, Tiennette, ayant achevé de laisser les siennes parmi les cailloux, était revenue blessée, les chevilles en sang. Assise devant leur porte, au milieu des hautes herbes du Clos-Marie, elle s'arrachait de la chair des épines, tandis que la mère et les deux petites, autour d'elle, se lamentaient.

A ce moment, Angélique arriva, cachant sous son tablier le pain qu'elle leur donnait chaque semaine. Elle s'était échappée par la petite porte du jardin, et l'avait laissée ouverte derrière elle, car elle comptait rentrer en courant. Mais la vue de toute la famille en larmes l'arrêta.

— Quoi donc? qu'avez-vous?

— Ah! ma bonne demoiselle, gémit la mère Lemballeuse, voyez dans quel état cette grande bête s'est mise! Demain, elle ne pourra pas marcher, c'est une journée fichue... Faudrait des souliers.

Les yeux flambants sous leur crinière, Rose et Jeanne redoublèrent de sanglots, en criant d'une voix aiguë :

— Faudrait des souliers, faudrait des souliers.

Tiennette avait levé à demi sa tête maigre et noire. Puis, farouche, sans une parole, elle s'était fait saigner encore, acharnée sur une longue écharde, à l'aide d'une épingle.

Émue, Angélique donna son aumône.

— Voilà toujours un pain.

— Oh! du pain, reprit la mère, sans doute il en faut. Mais elle ne marchera pas avec du pain. bien sûr. Et c'est la foire à Bligny, une foire où elle fait tous les ans plus de quarante sous... Bon Dieu de bon Dieu! qu'est-ce qu'on va devenir?

La pitié et l'embarras rendirent Angélique muette. Elle avait cinq sous tout ronds dans sa poche. Avec cinq sous, on ne pouvait guère acheter des souliers, même d'occasion. Chaque fois, son manque d'argent la paralysait. Et, à cette minute, ce qui acheva de la jeter hors d'elle, ce fut, comme elle détournait les yeux, d'apercevoir Félicien, debout à quelques pas, dans l'ombre croissante. Il avait dû entendre, peut-être se trouvait-il là depuis longtemps. C'était toujours ainsi qu'il lui apparaissait, sans qu'elle sût jamais par où ni comment il était venu.

— Il va donner les souliers, pensa-t-elle.

En effet, il s'avançait déjà. Dans le ciel violâtre, naissaient les premières étoiles. Une grande paix tiède tombait de haut, endormait le Clos-Marie, dont les saules se noyaient d'ombre. La cathédrale n'était plus qu'une barre noire, sur le couchant.

— Pour sûr, il va donner les souliers.

Et elle en éprouvait un véritable désespoir. Il donnerait donc tout, pas une fois elle ne le vaincrait! Son cœur battait à se rompre, elle aurait voulu être très riche, pour lui montrer qu'elle aussi faisait des heureux.

Mais les Lemballeuse avaient vu le bon monsieur, la mère s'était précipitée, les deux petites sœurs geignaient, la main tendue, tandis que la grande, lâchant ses chevilles sanglantes, regardait de ses yeux obliques.

— Écoutez, ma brave femme, dit Félicien, vous irez dans la Grand'Rue, au coin de la rue Basse...

Angélique avait compris, la boutique d'un cordonnier était là. Elle l'interrompit vivement, si agitée, qu'elle bégayait des mots au hasard.

— En voilà une course inutile!... A quoi bon?... Il est bien plus simple...

Et elle ne la trouvait pas, cette chose plus simple. Que faire, qu'inventer pour le devancer dans son aumône? Jamais elle n'aurait cru le détester à ce point.

— Vous direz que vous venez de ma part, reprit Félicien. Vous demanderez...

De nouveau, elle l'interrompit, répétant d'un air anxieux :

— Il est bien plus simple... il est bien plus simple...

Tout d'un coup, calmée, elle s'assit sur une pierre, dénoua ses souliers, les ôta, ôta les bas eux-mêmes, d'une main vive.

— Tenez! c'est si simple! Pourquoi se déranger?

— Ah ! ma bonne demoiselle, Dieu vous le rende! s'écria la mère Lemballeuse, en examinant les souliers, presque tout neufs. Je les fendrai dessus, pour qu'ils aillent... Tiennette, remercie, grande bête!

Tiennette arrachait des mains de Rose et de Jeanne les bas, que celles-ci convoitaient. Elle ne desserra pas les lèvres.

Mais, à ce moment, Angélique s'aperçut qu'elle avait les pieds nus et que Félicien les voyait. Une confusion l'envahit. Elle n'osait plus bouger, certaine que, si elle se levait, il les verrait davantage. Puis, elle s'alarma, perdit la tête, se mit à fuir. Dans l'herbe, ses petits pieds couraient, très blancs. La nuit s'était accrue encore, le Clos-Marie devenait un lac d'ombre, entre les grands arbres voisins et la masse noire de la cathédrale. Et il n'y avait, au ras des ténèbres du sol, que la fuite des petits pieds blancs, du blanc satiné des colombes.

Effrayée, ayant peur de l'eau, Angélique suivit la Chevrotte, pour gagner la planche qui servait de pont. Mais Félicien avait coupé au travers des broussailles. Si timide jusqu'alors, il était devenu plus rouge qu'elle, à voir ses pieds blancs; et une flamme le poussait, il aurait voulu crier la passion qui l'avait possédé tout entier, dès le premier jour, dans le débordement de sa jeunesse. Puis, quand elle le frôla, il ne put que balbutier l'aveu, dont ses lèvres brûlaient :

— Je vous aime.

Éperdue, elle s'était arrêtée. Un instant, toute droite, elle le regarda. Sa colère, la haine qu'elle croyait avoir, s'en allait, se fondait en un sentiment d'angoisse délicieuse. Qu'avait-il dit, pour

11.

qu'elle en fût bouleversée de la sorte? Il l'aimait, elle le savait, et voilà que le mot murmuré à son oreille la confondait d'étonnement et de crainte. Lui, enhardi, le cœur ouvert, rapproché du sien par la charité complice, répéta :

— Je vous aime.

Et elle se remit à fuir, dans sa peur de l'amant. La Chevrotte ne l'arrêta plus, elle y entra comme les biches poursuivies, ses petits pieds blancs y coururent parmi les cailloux, sous le frisson de l'eau glacée. La porte du jardin se referma, ils disparurent.

VI

Pendant deux jours, Angélique fut accablée de remords. Dès qu'elle était seule, elle pleurait, comme si elle eût commis une faute. Et la question, d'une obscurité alarmante; renaissait toujours : avait-elle péché avec ce jeune homme? était-elle perdue, ainsi que ces vilaines femmes de la Légende, qui cèdent au diable? Les mots, murmurés si bas : « Je vous aime », retentissaient d'un tel fracas à son oreille, qu'ils venaient pour sûr de quelque terrible puissance, cachée au fond de l'invisible. Mais elle ne savait pas, elle ne pouvait savoir, dans l'ignorance et la solitude où elle avait grandi.

Avait-elle péché avec ce jeune homme? Et elle tâchait de bien se rappeler les faits, elle discutait les scrupules de son innocence. Qu'était-ce donc que le péché? Suffisait-il de se voir, de causer, de mentir ensuite aux parents? Cela ne devait pas être tout le mal. Alors, pourquoi suffoquait-elle ainsi? pourquoi, si elle n'était pas coupable, se sentait-elle devenir autre, agitée d'une âme nouvelle? Peut-être le péché poussait-il là, dans ce malaise sourd dont elle défaillait. Elle avait plein le cœur de choses vagues, indéterminées, toute une confusion de paroles et d'actes à venir, dont elle s'effarait, avant de comprendre. Un flot de sang lui empourprait les joues, elle entendait éclater les mots terrifiants : « Je vous aime » ; et elle ne raisonnait plus, elle se remettait à sangloter, doutant des faits, craignant la faute au delà, dans ce qui n'avait pas de nom et pas de forme.

Son grand tourment était de ne s'être pas confiée à Hubertine. Si elle avait pu l'interroger, celle-ci, d'un mot sans doute, lui aurait révélé le mystère. Puis, il lui semblait que parler seulement à quelqu'un de son mal, l'aurait guérie. Mais le secret était devenu trop gros, elle serait morte de honte. Elle se faisait rusée, affectait des airs tranquilles, lorsqu'il y avait tempête, au fond de son être. Quand on l'interrogeait sur ses distractions, elle levait des yeux surpris, en répondant qu'elle ne pensait à rien. Assise devant son métier, les mains machinales tirant l'aiguille, très sage, elle était ravagée par une pensée unique, du matin au soir. Être aimée, être aimée ! Et elle, à son tour, aimait-elle? Question obscure encore, celle-ci, que son ignorance laissait sans réponse. Elle se la répétait jusqu'à s'étourdir, les mots perdaient leur sens usuel, tout coulait à une sorte de vertige qui l'emportait. D'un effort, elle se reprenait, elle se retrouvait, l'aiguille à la main, brodait quand même avec son application accoutumée, dans un rêve. Peut-être couvait-elle quelque grande maladie. Un soir, en se couchant, elle fut saisie d'un frisson; elle crut qu'elle ne se relèverait pas. Son cœur battait à se rompre, ses oreilles s'emplissaient d'un bourdonnement de cloche. Aimait-elle ou allait-elle mourir? Et elle souriait paisiblement à Hubertine, qui, en train de cirer son fil, l'examinait, inquiète.

D'ailleurs, Angélique avait fait le serment de ne jamais revoir Félicien. Elle ne se risquait plus parmi les herbes folles du Clos-Marie, elle ne visitait même plus ses pauvres. Sa peur était qu'il ne se passât quelque chose d'effrayant, le jour où ils se retrouveraient face à face. Dans sa résolution, entrait en outre une idée de pénitence, pour se punir du péché qu'elle avait pu commettre. Aussi, les matins de rigidité, se condamnait-elle à ne pas jeter un seul coup d'œil par la fenêtre, de crainte d'apercevoir, au bord de la Chevrotte, celui qu'elle redoutait. Et si, tentée, elle regardait, et qu'il ne fût pas là, elle en était toute triste, jusqu'au lendemain.

Or, un matin, Hubert ordonnait une dalmatique, lorsqu'un coup de sonnette le fit descendre. Ce devait être un client, quelque commande sans doute, car Hubertine et Angélique entendaient le bourdonnement des voix, par la porte de l'escalier, restée ouverte. Puis, elles levèrent la tête, très surprises : des pas montaient, le brodeur amenait le client, ce qui n'arrivait jamais. Et la jeune fille demeura saisie, en reconnaissant Félicien. Il était mis simplement, en ouvrier d'art, dont les mains sont blanches. Puisqu'elle n'allait plus à lui, il venait à elle, après des journées d'attente vaine et d'incertitude anxieuse, passées à se dire qu'elle ne l'aimait donc pas.

— Tiens ! mon enfant, voici qui te regarde, expliqua Hubert. Monsieur vient nous commander un travail exceptionnel. Et, ma foi ! pour en causer tranquillement, j'ai préféré le recevoir ici... C'est à ma fille, monsieur, qu'il faut montrer votre dessin.

Ni lui, ni Hubertine, n'avaient le moindre soupçon. Ils s'approchèrent seulement avec curiosité, pour voir. Mais Félicien était, comme Angélique, étranglé d'émotion. Ses mains tremblaient, lorsqu'il déroula le dessin ; et il dut parler lentement, afin de cacher le trouble de sa voix.

— C'est une mitre pour Monseigneur... Oui, des dames de la ville, qui veulent lui faire ce cadeau, m'ont chargé d'en dessiner les pièces et d'en surveiller l'exécution. Je suis peintre verrier, mais je m'occupe beaucoup aussi d'art ancien... Vous voyez, je n'ai fait que reconstituer une mitre gothique...

Angélique, penchée sur la grande feuille qu'il posait devant elle, eut une exclamation légère.

— Oh! sainte Agnès!

C'était, en effet, la martyre de treize ans, la vierge nue et vêtue de ses cheveux, d'où ne sortaient que ses petits pieds et ses petites mains, telle qu'elle était sur son pilier, à une des portes de la cathédrale, telle surtout qu'on la retrouvait à l'intérieur, dans une vieille statue de bois, anciennement peinte, aujourd'hui d'un blond fauve, toute dorée par l'âge. Elle occupait la face entière de la mitre, debout, ravie au ciel, emportée par deux anges ; et, au-dessous d'elle, un paysage très lointain, très fin, s'étendait. Le revers et les barbes étaient enrichis d'ornements lancéolés, d'un beau style.

— Ces dames, reprit Félicien, font le cadeau pour la procession du Miracle, et j'ai naturellement cru devoir choisir sainte Agnès...

— L'idée est excellente, interrompit Hubert.

Hubertine dit à son tour :

— Monseigneur sera très touché.

La procession du Miracle, qui se faisait chaque année le 28 juillet, datait de Jean V d'Hautecœur, en remerciement du pouvoir miraculeux de guérir, que Dieu lui avait envoyé, à lui et à sa race, pour sauver Beaumont de la peste. La légende contait que les Hautecœur devaient ce pouvoir à l'intervention de sainte Agnès, dont ils étaient fort dévots ; et de là l'usage antique, à la date anniversaire, de sortir la vieille statue de la sainte, que l'on promenait solennellement au travers des rues de la ville, dans la pieuse croyance qu'elle continuait à en écarter tous les maux.

— Pour la procession du Miracle, murmura enfin Angélique les yeux sur le dessin, mais c'est dans vingt jours, jamais nous n'aurons le temps.

Les Hubert hochèrent la tête. En effet, un pareil travail demandait des soins infinis. Hubertine, cependant, se tourna vers la jeune fille.

— Je pourrais t'aider, je me chargerais des ornements, et tu n'aurais à faire que la figure.

Angélique examinait toujours la sainte, dans son trouble. Non, non! elle refusait, elle se défendait contre la douceur d'accepter. Ce serait très mal, d'être complice; car, sûrement, Félicien mentait, elle sentait bien qu'il n'était pas pauvre, qu'il se cachait sous ce vêtement d'ouvrier; et cette simplicité jouée, toute cette histoire pour pénétrer jusqu'à elle, la mettait en garde, amusée et heureuse au fond, le transfigurant, voyant le royal prince qu'il devait être, dans l'absolue certitude où elle vivait de la réalisation entière de son rêve.

— Non, répéta-t-elle à demi-voix, nous n'aurions pas le temps.

Et, sans lever les yeux, elle continua, comme se parlant à elle-même :

— Pour la sainte, on ne peut employer ni le passé, ni la guipure. Ce serait indigne... Il faut une broderie en or nué.

— Justement, dit Félicien, je songeais à cette

broderie, je savais que mademoiselle en avait retrouvé le secret... On en voit encore un assez beau fragment à la sacristie.

Hubert se passionna.

— Oui, oui, il est du quinzième siècle, il a été brodé par une de mes arrière-grand'mères... De l'or nué, ah ! il n'y avait pas de plus beau travail, monsieur. Mais il demandait trop de temps, il coûtait trop cher, puis il exigeait de vraies artistes. Voici deux cents ans que ce travail ne se fait plus... Et si ma fille refuse, vous pouvez y renoncer, car elle seule aujourd'hui est capable de l'entreprendre, je n'en connais pas d'autre ayant la finesse nécessaire de l'œil et de la main.

Hubertine, depuis qu'on parlait de l'or nué, était devenue respectueuse. Elle ajouta, convaincue :

— En vingt jours, en effet, c'est impossible... Il y faut une patience de fée.

Mais, à regarder fixement la sainte, Angélique venait de faire une découverte, qui noyait de joie son cœur. Agnès lui ressemblait. En dessinant l'antique statue, Félicien certainement songeait à elle ; et cette pensée qu'elle était ainsi toujours présente, qu'il la revoyait partout, amollissait sa résolution de l'éloigner. Elle leva le front enfin, elle l'aperçut tremblant, les yeux mouillés d'une supplication si ardente, qu'elle fut vaincue. Seulement, par cette malice, cette science naturelle qui vient aux filles, même quand elles ignorent tout, elle ne voulut pas avoir l'air de consentir.

— C'est impossible, répéta-t-elle, en rendant le dessin. Je ne le ferais pour personne.

Félicien eut un geste de véritable désespoir. C'était lui qu'elle refusait, il croyait le comprendre. Il partait, il dit encore à Hubert :

— Quant à l'argent, tout ce que vous auriez demandé... Ces dames mettraient jusqu'à deux mille francs...

Certes, le ménage n'était pas intéressé. Et pourtant ce gros chiffre l'émotionna. Le mari avait regardé la femme. Était-ce fâcheux de laisser aller une commande si avantageuse !

— Deux mille francs, reprit Angélique de sa voix douce, deux mille francs, monsieur...

Et elle, pour qui l'argent ne comptait pas, retenait un sourire, un taquin sourire qui pinçait à peine les coins de sa bouche, s'égayant de ne point paraître céder au plaisir de le voir, et de lui donner d'elle une opinion fausse.

— Oh ! deux mille francs, monsieur, j'accepte... Je ne le ferais pour personne, mais du moment qu'on est décidé à payer... S'il le faut, je passerai les nuits.

Hubert et Hubertine, alors, voulurent refuser à leur tour, de crainte qu'elle ne se fatiguât trop.

— Non, non, on ne peut pas renvoyer l'argent

qui vient... Comptez sur moi. Votre mitre sera prête, la veille de la procession.

Félicien laissa le dessin et se retira, le cœur navré, sans trouver le courage de donner des explications nouvelles, pour s'attarder encore. Elle ne l'aimait certainement pas, elle avait affecté de ne point le reconnaître et de le traiter en client ordinaire, dont l'argent seul est bon à prendre. D'abord, il s'emporta, il l'accusa d'avoir l'âme basse. Tant mieux ! c'était fini, il ne penserait plus à elle. Puis, comme il y pensait toujours, il finit par l'excuser : ne vivait-elle pas de son travail, ne devait-elle pas gagner son pain ? Deux jours après, il fut très malheureux, il se remit à rôder, malade de ne point la voir. Elle ne sortait plus, elle ne paraissait même plus aux fenêtres. Et il en était à se dire que, si elle ne l'aimait pas, si elle n'aimait que le gain, lui chaque jour l'aimait davantage, comme on aime l'amour à vingt ans, sans raison, au hasard du cœur, pour la joie et la douleur d'aimer. Un soir, il l'avait vue, et c'en était fait : maintenant, c'était celle-ci, et non une autre ; quelle qu'elle fût, mauvaise ou bonne, laide ou jolie, pauvre ou riche, il allait en mourir, s'il ne l'avait point. Le troisième jour, sa souffrance devint telle, que, malgré son serment d'oublier, il retourna chez les Hubert.

En bas, quand il eut sonné, il fut encore reçu par le brodeur, qui, devant l'obscurité de ses explications, se décida à le faire monter de nouveau.

— Ma fille, monsieur désire t'expliquer des choses que je ne comprends pas très bien.

Alors, Félicien balbutia :

— Si ça ne gêne pas trop mademoiselle, j'aimerais à me rendre compte... Ces dames m'ont recommandé de suivre en personne le travail... A moins pourtant que je ne dérange...

Angélique, en le voyant paraître, avait senti son cœur battre violemment, jusque dans sa gorge. Il l'étouffait. Mais elle l'apaisa d'un effort ; le sang n'en monta même pas à ses joues ; et ce fut très calme, l'air indifférent, qu'elle répondit :

— Oh ! rien ne me dérange, monsieur. Je travaille aussi bien devant le monde... Le dessin est de vous, il est naturel que vous en suiviez l'exécution.

Décontenancé, Félicien n'aurait point osé s'asseoir, sans l'accueil d'Hubertine, qui souriait de son grave sourire à ce bon client. Tout de suite, elle se remit au travail, penchée sur le métier, où elle brodait en guipure les ornements gothiques du revers de la mitre. De son côté, Hubert venait de décrocher de la muraille une bannière terminée, encollée, qui depuis deux jours y séchait, et qu'il voulait détendre. Personne ne parla plus, les deux brodeuses et le brodeur travaillaient, comme si personne ne se fût trouvé là.

Et le jeune homme s'apaisa un peu, au milieu de

cette grande paix. Trois heures sonnaient, l'ombre de la cathédrale s'allongeait déjà, un demi-jour fin entrait par la fenêtre large ouverte. C'était l'heure crépusculaire, qui commençait dès midi, pour la petite maison, fraîche et verdissante, au pied du colosse. On entendit un bruit léger de souliers sur les dalles, un pensionnat de fillettes qu'on menait à confesse. Dans l'atelier, les vieux outils, les vieux murs, tout ce qui restait là immuable, semblait dormir du sommeil des siècles ; et il en venait aussi beaucoup de fraîcheur et de calme. Un grand carré de lumière blanche, égale et pure, tombait sur le métier, où se courbaient les brodeuses, avec leurs délicats profils, dans le reflet fauve de l'or.

— Mademoiselle, je voulais vous dire, commença Félicien gêné, sentant qu'il devait motiver sa venue, je voulais vous dire que, pour les cheveux, l'or me semblait préférable à la soie.

Elle avait levé la tête. Le rire de ses yeux signifia clairement qu'il aurait pu ne pas se déranger, s'il n'avait point d'autre recommandation à faire. Et elle se pencha de nouveau, en répondant d'une voix doucement moqueuse :

— Sans doute, monsieur.

Il fut très sot, il remarqua seulement alors que, justement, elle travaillait aux cheveux. Devant elle, était le dessin qu'il avait fait, mais lavé de teintes d'aquarelle, rehaussé d'or, d'une douceur de ton d'ancienne miniature, pâlie dans un livre d'heures.

Et elle copiait cette image, avec une patience et une adresse d'artiste peignant à la loupe. Après l'avoir reproduite d'un trait un peu gros sur du satin blanc, fortement tendu, doublé d'une toile solide, elle avait couvert le satin de fils d'or lancés de gauche à droite, arrêtés aux deux bouts simplement, libres et se touchant tous. Puis, se servant de ces fils comme d'une trame, elle les écartait de la pointe de son aiguille pour retrouver dessous le dessin, elle suivait ce dessin, cousait les fils d'or de points de soie en travers, qu'elle assortissait aux nuances du modèle. Dans les parties d'ombre, la soie cachait complètement l'or; dans les demi-teintes, les points s'espaçaient de plus en plus; et les lumières étaient faites de l'or seul, laissé à découvert. C'était l'or nué, le fond d'or que l'aiguille nuançait de soie, un tableau aux couleurs fondues, comme chauffées dessous par une gloire, d'un éclat mystique.

— Ah! dit brusquement Hubert, qui commençait à détendre la bannière, en dévidant sur ses doigts la ficelle du trélissage, le chef-d'œuvre d'une brodeuse autrefois était d'or nué... Elle devait faire, comme il est écrit dans les statuts, « une image seule qui est d'or nué, d'un demi-tiers de haut... » Tu aurais été reçue, Angélique.

Et le silence retomba. Pour les cheveux, dérogeant à la règle, Angélique avait eu la même idée que Félicien : celle de ne point employer de soie, de recouvrir l'or avec de l'or; et elle manœuvrait dix aiguillées d'or à passer, de tons différents, depuis l'or rouge sombre des brasiers qui meurent, jusqu'à l'or jaune pâle des forêts d'automne. Agnès, du col aux chevilles, se vêtait ainsi d'un ruissellement de cheveux d'or. Le flot partait de la nuque, couvrait les reins d'un épais manteau, débordait devant, par-dessus les épaules, en deux ondes qui, rejointes sous le menton, coulaient jusqu'aux pieds. Une chevelure du miracle, une toison fabuleuse, aux boucles énormes, une robe tiède et vivante, parfumée de nudité pure.

Ce jour-là, Félicien ne sut que regarder Angélique brodant les boucles à points fendus, dans le sens de leurs enroulements; et il ne se lassait pas de voir les cheveux croître et flamber sous son aiguille. Leur profondeur, le grand frisson qui les déroulait d'un coup, le troublaient. Hubertine, en train de coudre des paillettes, cachant le fil à chacune avec un grain de frisure, se tournait de temps à autre, l'enveloppait de son calme regard, quand elle devait jeter au bourriquet quelque paillette mal faite. Hubert, qui avait retiré les lattes pour découdre la bannière des ensubles, achevait de la plier soigneusement. Et Félicien, dont le silence augmentait l'embarras, finit par comprendre qu'il devait avoir la sagesse de partir, puisqu'il ne retrouvait aucune des observations qu'il s'était promis de faire.

Il se leva, il bégaya :

— Je reviendrai... J'ai si mal reproduit le dessin charmant de la tête, que vous aurez peut-être besoin de mes indications.

Angélique posa sur les siens ses grands yeux clairs, tranquillement.

— Non, non... Mais revenez, monsieur, revenez, si l'exécution vous inquiète.

Il s'en alla, heureux de la permission, désolé de cette froideur. Elle ne l'aimait pas, elle ne l'aimerait jamais, c'était décidé. A quoi bon, alors? Et le lendemain, et les jours suivants, il revint à la fraîche maison de la rue des Orfèvres. Les heures qu'il n'y passait pas, étaient abominables, ravagées de son combat intérieur, torturées d'incertitudes. Il ne se calmait que près de la brodeuse, même résigné à ne pas lui plaire, consolé de tout, pourvu qu'elle fût présente. Chaque matin, il arrivait, parlait du travail, s'asseyait devant le métier, comme si sa présence eût été nécessaire ; et cela l'enchantait de retrouver son fin profil immobile, baigné de la clarté blonde de ses cheveux, de suivre le jeu agile de ses petites mains souples, se débrouillant au milieu des longues aiguillées. Elle était très simple, elle le traitait maintenant en camarade. Pourtant, il sentait toujours entre eux des choses qu'elle ne disait pas et dont son cœur à lui s'angoissait. Elle levait parfois la tête, avec son air de moquerie, les yeux impatients et interrogateurs.

Puis, en le voyant s'effarer, elle redevenait très froide.

Mais Félicien avait découvert un moyen de la passionner, dont il abusait. C'était de lui parler de son art, des anciens chefs-d'œuvre de broderie qu'il avait vus, conservés dans les trésors des cathédrales, ou gravés dans les livres : des chapes superbes, la chape de Charlemagne, en soie rouge, avec de grandes aigles aux ailes éployées, la chape de Sion, que décore tout un peuple de figures saintes; une dalmatique qui passe pour la plus belle pièce connue, la dalmatique impériale, où est célébrée la gloire de Jésus-Christ sur la terre et dans le ciel, la Transfiguration, le Jugement dernier, dont les nombreux personnages sont brodés de soies nuancées, d'or et d'argent; un arbre de Jessé aussi, un orfroi de soie sur satin, qui semble détaché d'un vitrail du quinzième siècle, Abraham en bas, David, Salomon, la Vierge Marie, puis en haut Jésus; et des chasubles admirables, la chasuble d'une simplicité si grande, le Christ en croix, saignant, éclaboussé de soie rouge sur le drap d'or, ayant à ses pieds la Vierge soutenue par saint Jean, la chasuble de Naintré enfin, où l'on voit Marie, assise en majesté, les pieds chaussés, tenant l'Enfant nu sur ses genoux. D'autres, d'autres merveilles défilaient, vénérables par leur grand âge, d'une foi, d'une naïveté dans la richesse, perdues de nos jours, gardant des tabernacles l'odeur d'encens et la mystique lueur de l'or pâli.

— Ah ! soupirait Angélique, c'est fini, ces belles choses. On ne peut pas seulement retrouver les tons.

Et, les yeux luisants, elle s'arrêtait de travailler, quand il lui contait l'histoire des grandes brodeuses et des grands brodeurs d'autrefois, Simonne de Gaules, Colin Jolye, dont les noms ont traversé les âges. Puis, tirant de nouveau l'aiguille, elle en restait transfigurée, elle gardait au visage le rayonnement de sa passion d'artiste. Jamais elle ne lui semblait plus belle, si enthousiaste, si virginale, brûlant d'une flamme pure dans l'éclat de l'or et de la soie, avec son application profonde, son travail de précision, les points menus où elle mettait toute son âme. Il cessait de parler, il la contemplait, jusqu'à ce que, réveillée par le silence, elle s'aperçût de la fièvre où il la jetait. Elle en était confuse comme d'une défaite, elle rattrapait son calme indifférent, la voix fâchée.

— Bon ! voilà encore mes soies qui s'emmêlent !... Mère, ne remuez donc pas !

Hubertine, qui n'avait point bougé, souriait, tranquille. Elle s'était inquiétée d'abord des assiduités du jeune homme, elle en avait causé un soir avec Hubert, en se couchant. Mais ce garçon ne leur déplaisait pas, il demeurait très convenable : pourquoi se seraient-ils opposés à des entrevues d'où pouvait sortir le bonheur d'Angélique ? Elle laissait donc aller les choses, qu'elle surveillait, de son air sage. D'ailleurs, elle-même, depuis quelques semaines, vivait le cœur gros des tendresses vaines de son mari. C'était le mois où ils avaient perdu leur enfant; et chaque année, à cette date, ramenait chez eux les mêmes regrets, les mêmes désirs, lui tremblant à ses pieds, brûlant de se croire pardonné enfin, elle aimante et désolée, se donnant toute, désespérant de fléchir le sort. Ils n'en parlaient point, n'en échangeaient pas un baiser de plus, devant le monde; mais ce redoublement d'amour sortait du silence de leur chambre, se dégageait de leur personne, au moindre geste, à la façon dont leurs regards se rencontraient, s'oubliaient une seconde l'un dans l'autre.

Une semaine s'écoula, le travail de la mitre avançait. Ces entrevues quotidiennes avaient pris une grande douceur familière.

— Le front très haut, n'est-ce pas? sans trace de sourcils.

— Oui, très haut, et pas une ombre, comme dans les miniatures du temps.

— Passez-moi la soie blanche.

— Attendez, je vais l'effiler.

Il l'aidait, c'était un apaisement que cet ouvrage à deux. Cela les mettait dans la réalité de tous les jours. Sans qu'un mot d'amour fût prononcé, sans même qu'un frôlement volontaire rapprochât leurs doigts, le lien se resserrait à chaque heure.

— Père, que fais-tu donc ? on ne t'entend plus.

Elle se tournait, apercevait le brodeur, les mains occupées à charger une broche, les yeux tendres, fixés sur sa femme.

— Je donne de l'or à ta mère.

Et, de la broche apportée, du remerciement muet d'Hubertine, du continuel empressement d'Hubert autour d'elle, un souffle tiède de caresse se dégageait, enveloppait Angélique et Félicien, penchés de nouveau sur le métier. L'atelier lui-même, l'antique pièce avec ses vieux outils, sa paix d'un autre âge, était complice. Il semblait si loin de la rue, reculé au fond du rêve, dans ce pays des bonnes âmes où règne le prodige, la réalisation aisée de toutes les joies.

Dans cinq jours, la mitre devait être livrée ; et Angélique, certaine d'avoir fini, de gagner même vingt-quatre heures, respira, s'étonna de trouver Félicien si près d'elle, accoudé au tréteau. Ils étaient donc camarades ? Elle ne se défendait plus contre ce qu'elle sentait de conquérant en lui, elle ne souriait plus de malice, à tout ce qu'il cachait et qu'elle devinait. Qu'était-ce donc qui l'avait endormie, dans son attente inquiète ? Et l'éternelle question revint, la question qu'elle se posait chaque soir, à son coucher : l'aimait-elle ? Pendant des heures, au fond de son grand lit, elle avait retourné les mots, cherchant des sens qui lui échappaient. Brusquement, cette nuit-là, elle sentit son cœur se fendre, elle fondit en larmes, la tête dans l'oreiller, pour qu'on ne l'entendît point. Elle l'aimait, elle l'aimait, à en mourir. Pourquoi? comment? elle n'en savait, elle n'en saurait jamais rien; mais elle l'aimait, tout son être le criait. La clarté s'était faite, l'amour éclatait comme la lumière du soleil. Elle pleura longtemps, pleine d'une confusion et d'un bonheur inexprimables, reprise du regret de ne s'être pas confiée à Hubertine. Son secret l'étouffait, et elle fit un grand serment, celui de redevenir de glace pour Félicien, de souffrir tout plutôt que de lui laisser voir sa tendresse. L'aimer, l'aimer sans le dire, c'était la punition, l'épreuve qui devait racheter la faute. Elle en souffrait délicieusement, elle songeait aux martyres de la Légende, il lui semblait qu'elle était leur sœur, à se flageller ainsi, et que sa gardienne Agnès la regardait avec des yeux tristes et doux.

Le lendemain, Angélique acheva la mitre. Elle avait brodé avec des soies refendues, plus légères que des fils de la Vierge, les petites mains et les petits pieds, les seuls coins de nudité blanche qui sortaient de la royale chevelure d'or. Elle terminait la face, d'une délicatesse de lis, où l'or apparaissait comme le sang des veines, sous l'épiderme des soies. Et cette face de soleil montait à l'horizon de la plaine bleue, emportée par les deux anges.

Lorsque Félicien entra, il eut un cri d'admiration.

— Oh ! elle vous ressemble !

C'était une confession involontaire, l'aveu de cette ressemblance qu'il avait mise dans son dessin. Il le comprit, devint très rouge.

— C'est vrai, fillette, elle a tes beaux yeux, dit Hubert, qui s'était approché.

Hubertine se contentait de sourire, ayant fait la remarque depuis longtemps ; et elle parut surprise, attristée même, quand elle entendit Angélique répondre, de son ancienne voix des mauvais jours :

— Mes beaux yeux, moquez-vous de moi !... Je suis laide, je me connais bien.

Puis, se levant, se secouant, outrant son rôle de fille intéressée et froide :

— Ah ! c'est donc fini !... J'en avais assez, un fameux poids de moins sur les épaules !... Vous savez, je ne recommencerais pas pour le même prix.

Saisi, Félicien l'écoutait. Eh ! quoi ? encore l'argent ! Il l'avait sentie un moment si tendre, si passionnée de son art ! S'était-il donc trompé, qu'il la retrouvait sensible à la seule pensée du gain, indifférente au point de se réjouir d'avoir fini et de ne plus le voir ? Depuis quelques jours, il se désespérait, cherchait vainement sous quel prétexte il pourrait revenir. Et elle ne l'aimait pas, et elle ne l'aimerait jamais! Une telle souffrance lui étreignit le cœur, que ses yeux pâlirent.

— Mademoiselle, n'est-ce pas vous qui monterez la mitre?

— Non, mère fera ça beaucoup mieux... Je suis trop contente de ne plus avoir à y toucher.

— Vous n'aimez donc pas votre travail?

— Moi!... Je n'aime rien.

Il fallut qu'Hubertine, sévèrement, la fît taire. Et elle pria Félicien d'excuser cette enfant nerveuse, elle lui dit que le lendemain, de bonne heure, la mitre serait à sa disposition. C'était un congé, mais il ne s'en allait pas, il regardait le vieil atelier, plein d'ombre et de paix, comme si on l'eût chassé du paradis. Il avait eu là l'illusion d'heures si douces, il sentait si douloureusement que son cœur y restait, arraché! Ce qui le torturait, c'était de ne pouvoir s'expliquer, d'emporter l'affreuse incertitude. Enfin, il dut partir.

La porte à peine refermée, Hubert demanda :

— Qu'as-tu donc, mon enfant? Es-tu souffrante?

— Eh! non, c'est ce garçon qui m'ennuyait. Je ne veux plus le voir.

Et Hubertine conclut alors :

— C'est bon, tu ne le verras plus. Seulement, rien n'empêche d'être polie.

Angélique, sous un prétexte, n'eut que le temps

de monter dans sa chambre. Elle y éclata en larmes. Ah! qu'elle était heureuse et qu'elle souffrait! Son pauvre cher amour, comme il avait dû s'en aller triste! Mais c'était juré aux saintes, elle l'aimerait à en mourir, et jamais il ne le saurait.

VII

Le soir du même jour, tout de suite en sortant de table, Angélique se plaignit d'un grand malaise et remonta dans sa chambre. Ses émotions de la matinée, ses luttes contre elle-même, l'avaient anéantie. Elle se coucha immédiatement, elle éclata de nouveau en larmes, la tête enfoncée sous le drap, avec le besoin désespéré de disparaître, de n'être plus.

Les heures s'écoulèrent, la nuit s'était faite, une ardente nuit de juillet, dont la paix lourde entrait par la fenêtre, laissée grande ouverte. Dans le ciel noir luisait un fourmillement d'étoiles. Il devait être près de onze heures, la lune n'allait se lever que vers minuit, à son dernier quartier, amincie déjà.

Et, dans la chambre sombre, Angélique pleurait toujours, d'un flot de pleurs intarissable, lorsqu'un craquement, à sa porte, lui fit lever la tête.

Il y eut un silence, puis une voix, tendrement, l'appela.

— Angélique... Angélique... ma chérie...

Elle avait reconnu la voix d'Hubertine. Sans doute, celle-ci, en se couchant avec son mari, venait d'entendre le bruit lointain des sanglots ; et, inquiète, à demi déshabillée, elle montait voir.

— Angélique, es-tu malade ?

Retenant son haleine, la jeune fille ne répondit pas. Elle n'éprouvait qu'un désir immense de solitude, l'unique soulagement à son mal. Une consolation, une caresse, même de sa mère, l'aurait meurtrie. Elle se l'imaginait derrière la porte, elle devinait qu'elle avait les pieds nus, à la douceur du frôlement sur le carreau. Deux minutes se passèrent, et elle la sentait toujours là, penchée, l'oreille collée au bois, ramenant de ses beaux bras ses vêtements défaits.

Hubertine, ne percevant plus rien, pas un souffle, n'osa appeler de nouveau. Elle était bien certaine d'avoir entendu des plaintes ; mais, si l'enfant avait fini par s'endormir, à quoi bon l'éveiller ? Elle attendit encore une minute, troublée de ce chagrin que lui cachait sa fille, devinant confusément, emplie elle-même d'une grande émotion tendre. Et elle se décida à redescendre comme elle était montée, les mains familières aux moindres détours, sans laisser d'autre bruit derrière elle, dans la maison noire, que le frôlement doux de ses pieds nus.

Alors, ce fut Angélique qui, assise sur son séant,

au milieu de son lit, écouta. Le silence était si absolu, qu'elle distinguait la pression légère des talons au bord de chaque marche. En bas, la porte de la chambre s'ouvrit, se referma; puis, elle saisit un murmure à peine distinct, un chuchotement affectueux et triste, ce que ses parents disaient d'elle sans doute, leurs craintes, leurs souhaits; et cela ne cessait pas, bien qu'ils dussent s'être couchés, après avoir éteint la lumière. Jamais les bruits nocturnes du vieux logis n'étaient montés de la sorte jusqu'à elle. D'habitude, elle dormait de son gros sommeil de jeunesse, elle n'entendait pas même les meubles craquer; tandis que, dans l'insomnie de sa passion combattue, il lui semblait que la maison entière aimait et se lamentait. N'étaient-ce pas les Hubert qui, eux aussi, étouffaient des larmes, toute une tendresse éperdue et désolée d'être stériles? Elle ne savait rien, elle avait la seule sensation, dans la nuit chaude, au-dessous d'elle, de cette veille des deux époux, un grand amour, un grand chagrin, la longue et chaste étreinte des noces toujours jeunes.

Et, pendant qu'elle était assise, écoutant la maison frissonnante et soupirante, Angélique ne pouvait se contenir, ses larmes coulaient encore; mais, à présent, elles ruisselaient muettes, tièdes et vives, pareilles au sang de ses veines. Une seule question, depuis le matin, se retournait en elle, la blessait dans tout son être : avait-elle eu raison de désespérer Félicien, de le renvoyer ainsi, avec la pensée qu'elle ne l'aimait pas, enfoncée en plein cœur, comme un couteau ? Elle l'aimait, et elle lui avait fait cette souffrance, et elle-même en souffrait affreusement. Pourquoi tant de douleur ? les saintes demandaient-elles des larmes ? est-ce que cela aurait fâché Agnès, de la savoir heureuse ? Un doute, maintenant, la déchirait. Autrefois, lorsqu'elle attendait celui qui devait venir, elle arrangeait mieux les choses : il entrerait, elle le reconnaîtrait, tous deux s'en iraient ensemble, très loin, pour toujours. Et il était venu, et voilà que l'un et l'autre sanglotaient, à jamais séparés. A quoi bon ? que s'était-il donc produit ? qui avait exigé d'elle ce cruel serment, de l'aimer sans le lui dire ?

Mais, surtout, la crainte d'être la coupable, d'avoir été méchante, désolait Angélique. Peut-être la fille mauvaise avait-elle repoussé. Étonnée, elle se rappelait son manège d'indifférence, la façon moqueuse dont elle accueillait Félicien, le plaisir de malice qu'elle prenait à lui donner d'elle une idée fausse. Ses larmes redoublaient, son cœur fondait d'une pitié immense, infinie, pour la souffrance qu'elle avait ainsi faite, sans le vouloir. Elle le revoyait toujours s'en allant, elle avait présente la désolation de son visage, ses yeux troubles, ses lèvres tremblantes ; et elle le suivait dans les rues, chez lui, pâle, blessé à mort par elle, perdant le sang goutte à goutte. Où était-il, à cette heure? ne frissonnait-il pas de fièvre? Ses mains se serraient d'angoisse, à l'idée de ne savoir comment réparer le mal. Ah ! faire souffrir, cette pensée la révoltait! Elle aurait voulu être bonne, tout de suite, faire du bonheur autour d'elle.

Minuit allait sonner bientôt, les grands ormes de l'Évêché cachaient la lune à l'horizon, et la chambre restait noire. Alors, la tête retombée sur l'oreiller, Angélique ne pensa plus, voulut s'endormir; mais elle ne le pouvait, ses larmes continuaient à couler de ses paupières closes. Et la pensée revenait, elle songeait aux violettes que, depuis quinze jours, elle trouvait en montant se coucher, sur le balcon, devant sa fenêtre. Chaque soir, c'était un bouquet de violettes. Félicien, certainement, le jetait du Clos-Marie, car elle se souvenait de lui avoir conté que les violettes seules, par une singulière vertu, la calmaient, lorsque le parfum des autres fleurs, au contraire, la tourmentait de terribles migraines; et il lui envoyait ainsi des nuits douces, tout un sommeil embaumé, rafraîchi de bons rêves. Ce soir-là, comme elle avait mis le bouquet à son chevet, elle eut l'heureuse idée de le prendre, elle le coucha avec elle, près de sa joue, s'apaisa à le respirer. Les violettes enfin tarirent ses larmes. Elle ne dormait toujours pas, elle demeurait les yeux fermés, baignée de ce parfum qui venait de lui, heureuse de se reposer et d'attendre, dans un abandon confiant de tout son être.

Mais un grand frisson passa sur elle. Minuit sonnait, elle ouvrit les paupières, elle s'étonna de retrouver sa chambre pleine d'une clarté vive. Au-dessus des ormes, la lune montait avec lenteur, éteignant les étoiles, dans le ciel pâli. Par la fenêtre, elle apercevait l'abside de la cathédrale, très blanche. Et il semblait que ce fût le reflet de cette blancheur qui éclairât la chambre, une lumière d'aube, laiteuse et fraîche. Les murs blancs, les solives blanches, toute cette nudité blanche en était accrue, élargie et reculée ainsi que dans un rêve. Elle reconnaissait pourtant les vieux meubles de chêne sombre, l'armoire, le coffre, les chaises, avec les arêtes luisantes de leurs sculptures. Son lit seul, son lit carré, d'une ampleur royale, l'émotionnait, comme si elle ne l'avait jamais vu, dressant ses colonnes, portant son dais d'ancienne perse rose, baigné d'une telle nappe de lune, profonde, qu'elle se croyait sur une nuée, en plein ciel, soulevée par un vol d'ailes muettes et invisibles. Un instant, elle en eut le balancement large; puis, ses yeux s'accoutumèrent, son lit était bien dans l'angle habituel. Elle resta la tête immobile, les regards errants, au milieu de ce lac de rayons, le bouquet de violettes sur les lèvres.

Qu'attendait-elle? pourquoi ne pouvait-elle dormir? Elle en était certaine maintenant, elle attendait quelqu'un. Si elle avait cessé de pleurer, c'était qu'il allait venir. Cette clarté consolatrice, qui mettait en fuite le noir des mauvais songes, l'annonçait. Il allait venir, la lune messagère n'était entrée avant lui que pour les éclairer de cette blancheur d'aurore. La chambre était tendue de velours blanc, ils pourraient se voir. Alors, elle se leva, elle s'habilla : une robe blanche simplement, la robe de mousseline qu'elle avait le jour de la promenade aux ruines d'Hautecœur. Elle ne noua même pas ses cheveux qui vêtirent ses épaules. Ses pieds restèrent nus dans ses pantoufles. Et elle attendit.

A présent, Angélique ne savait par où il arriverait. Sans doute, il ne pourrait monter, ils se verraient tous deux, elle accoudée au balcon, lui en bas, dans le Clos-Marie. Cependant, elle s'était assise, comme si elle eût compris l'inutilité d'aller à la fenêtre. Pourquoi ne passerait-il pas au travers des murs, comme les saints de la Légende? Elle attendait. Mais elle n'était point seule à attendre, elle les sentait toutes à son entour, les vierges dont le vol blanc l'enveloppait depuis sa jeunesse. Elles entraient avec le rayon de lune, elles venaient des grands arbres mystérieux de l'Évêché, aux cimes bleues, des coins perdus de la cathédrale, enchevêtrant sa forêt de pierres. De tout l'horizon connu et aimé, de la Chevrotte, des saules, des herbes, la jeune fille entendait ses rêves qui lui revenaient, les espoirs, les désirs, ce qu'elle avait mis d'elle dans les choses, à les voir chaque jour, et que les choses lui renvoyaient. Jamais les voix de l'invisible n'avaient parlé si haut, elle écoutait l'au delà, elle reconnaissait, au fond de la nuit brûlante, sans un souffle d'air, le léger frisson qui était pour elle le frôlement de la robe d'Agnès, quand la gardienne de son corps se tenait à son côté. Elle s'égayait, de savoir Agnès là, avec les autres. Et elle attendait.

Du temps s'écoula encore, Angélique n'en avait pas conscience. Cela lui parut naturel, lorsque Félicien arriva, enjambant la balustrade du balcon. Sur le ciel blanc, sa taille haute se détachait. Il n'entra pas, il resta dans le cadre lumineux de la fenêtre.

— N'ayez pas peur... C'est moi, je suis venu.

Elle n'avait pas peur, elle le trouvait simplement exact.

— C'est par les charpentes, n'est-ce pas, que vous êtes monté ?

— Oui, par les charpentes.

Ce moyen si aisé la fit rire. Il s'était hissé d'abord sur l'auvent de la porte; puis, de là, grimpant le long de la console, dont le pied s'appuyait au bandeau du rez-de-chaussée, il avait sans peine atteint le balcon.

— Je vous attendais, venez près de moi.

Félicien, qui arrivait violent, jeté aux résolutions

folles, ne bougea pas, étourdi de cette félicité brusque. Et Angélique, maintenant, était certaine que les saintes ne lui défendaient pas d'aimer, car elle les entendait l'accueillir avec elle, d'un rire d'affection, léger comme une haleine de la nuit. Où avait-elle eu la sottise de prendre qu'Agnès se fâcherait? A son côté, Agnès était radieuse d'une joie qu'elle sentait descendre sur ses épaules et l'envelopper, pareille à la caresse de deux grandes ailes. Toutes, qui étaient mortes d'amour, se montraient compatissantes aux peines des vierges, et ne revenaient errer, par les nuits chaudes, que pour veiller, invisibles, sur leurs tendresses en larmes.

— Venez près de moi, je vous attendais.

Alors, chancelant, Félicien entra. Il s'était dit qu'il la voulait, qu'il la saisirait entre ses bras, à l'étouffer, malgré ses cris. Et voilà qu'en la trouvant si douce, voilà qu'en pénétrant dans cette chambre toute blanche et si pure, il redevenait plus candide et plus faible qu'un enfant.

Il avait fait trois pas. Mais il frissonnait, il tomba sur les deux genoux, loin d'elle.

— Si vous saviez quelle abominable torture! Je n'avais jamais souffert ainsi, l'unique douleur est de ne se croire pas aimé... Je veux bien tout perdre, être un misérable, mourant de faim, tordu par la maladie. Mais je ne veux plus passer une journée, avec ce mal dévorant dans le cœur, de me dire que vous ne m'aimez pas... Soyez bonne, épargnez-moi...

Elle l'écoutait, muette, bouleversée de pitié, bienheureuse cependant.

— Ce matin, comme vous m'avez laissé partir! Je m'imaginais que vous étiez devenue meilleure, que vous aviez compris. Et je vous ai retrouvée telle qu'au premier jour, indifférente, me traitant en simple client qui passe, me rappelant durement aux questions basses de la vie... Dans l'escalier, je trébuchais. Dehors, j'ai couru, j'avais peur d'éclater en larmes. Puis, au moment de monter chez moi, il m'a semblé que j'allais étouffer, si je m'enfermais... Alors, je me suis sauvé en rase campagne, j'ai marché au hasard, un chemin, puis un autre. La nuit s'est faite, je marchais encore. Mais le tourment galopait aussi vite et me dévorait. Quand on aime, on ne peut fuir la peine de son amour... Tenez! c'était là que vous aviez planté le couteau, et la pointe s'enfonçait toujours plus avant.

Il eut une longue plainte, au souvenir de son supplice.

— Je suis resté des heures dans l'herbe, abattu par le mal, comme un arbre arraché... Et plus rien n'existait, il n'y avait que vous. La pensée que je ne vous aurais pas, me faisait mourir. Déjà, mes membres s'engourdissaient, une folie emportait ma tête... Et c'est pourquoi je suis revenu. Je ne sais par où j'ai passé, comment j'ai pu arriver jusqu'à cette chambre. Pardonnez-moi, j'aurais fendu les portes avec mes poings, je me serais hissé à votre fenêtre en plein jour...

Elle était dans l'ombre. Lui, à genoux sous la lune, ne la voyait pas, toute pâlie de tendresse repentante, si émue, qu'elle ne pouvait parler. Il la crut insensible, il joignit les mains.

— Cela date de loin... C'est un soir que je vous ai aperçue, ici, à cette fenêtre. Vous n'étiez qu'une blancheur vague, je distinguais à peine votre visage, et pourtant je vous voyais, je vous devinais telle que vous êtes. Mais j'avais très peur, j'ai rôdé, pendant des nuits, sans trouver le courage de vous rencontrer en plein jour... Et puis, vous me plaisiez dans ce mystère, mon bonheur était de rêver à vous, comme à une inconnue que je ne connaîtrais jamais... Plus tard, j'ai su qui vous étiez, on ne peut résister à ce besoin de savoir, de posséder son rêve. C'est alors que ma fièvre a commencé. Elle a grandi à chaque rencontre. Vous vous rappelez, la première fois, dans ce champ, le matin où j'examinais le vitrail. Jamais je ne m'étais senti si gauche, vous avez eu bien raison de vous moquer de moi... Et je vous ai effrayée ensuite, j'ai continué à être maladroit, en vous poursuivant jusque chez vos pauvres. Déjà, je cessais d'être le maître de ma volonté, je faisais les choses avec l'étonnement et la crainte de les faire... Lorsque je me suis présenté pour la commande de cette mitre, c'est une force qui me poussait, car moi je n'osais point, j'étais certain de vous déplaire... Si vous compreniez à quel point je suis misérable! Ne m'aimez pas, mais laissez-moi vous aimer. Soyez froide, soyez méchante, je vous aimerai comme vous serez. Je ne vous demande que de vous voir, sans espoir aucun, pour l'unique joie d'être ainsi, à vos genoux.

Il se tut, défaillant, perdant courage à croire qu'il ne trouvait rien pour la toucher. Et il ne sentait pas qu'elle souriait, d'un sourire invincible, peu à peu grandi sur ses lèvres. Ah! le cher garçon, il était si naïf et si croyant, il récitait là sa prière de cœur tout neuf et passionné, en adoration devant elle, comme devant le rêve même de sa jeunesse! Dire qu'elle avait lutté d'abord pour ne pas le revoir, puis qu'elle s'était juré de l'aimer sans jamais qu'il le sût! Un grand silence s'était fait, les saintes ne défendaient point d'aimer, lorsqu'on aimait ainsi. Derrière son dos, une gaieté avait couru, à peine un frisson, l'onde mouvante de la lune sur le carreau de la chambre. Un doigt invisible, sans doute celui de sa gardienne, se posa sur sa bouche, pour la desceller de son serment. Elle pouvait parler désormais, tout ce qui flottait de puissant et de tendre à son entour lui soufflait des paroles.

— Ah! oui, je me souviens, je me souviens...

Et Félicien, tout de suite, fut pris par la musique de cette voix, dont le charme était sur lui si fort, que son amour grandissait, rien qu'à l'entendre.

— Oui, je me souviens, quand vous êtes venu dans la nuit... Vous étiez si loin, les premiers soirs, que le petit bruit de vos pas me laissait incertaine. Ensuite, je vous ai reconnu, et j'ai vu plus tard votre ombre, et un soir enfin vous vous êtes montré, par une belle nuit pareille à celle-ci, en pleine lumière blanche. Vous sortiez lentement des choses, tel que je vous attendais depuis des années... Je me souviens du grand rire que je retenais, qui a éclaté malgré moi, lorsque vous avez sauvé ce linge, emporté par la Chevrotte. Je me souviens de ma colère, lorsque vous me voliez mes pauvres, en leur donnant tant d'argent, que j'avais l'air d'une avare. Je me souviens de ma peur, le soir où vous m'avez forcée à courir si vite, les pieds nus dans l'herbe... Oui, je me souviens, je me souviens...

Sa voix de cristal s'était troublée un peu, dans le frisson de ce dernier souvenir qu'elle évoquait, comme si le : Je vous aime, eût de nouveau passé sur son visage. Et lui, l'écoutait avec ravissement.

— J'ai été méchante, c'est bien vrai. On est si sotte, quand on ne sait pas ! On fait des choses qu'on croit nécessaires, on a peur d'être en faute, dès qu'on obéit à son cœur. Mais que j'ai eu des remords ensuite, que j'ai souffert de votre souffrance !... Si je voulais expliquer cela, je ne pourrais pas sans doute. Lorsque vous êtes venu, avec votre dessin de sainte Agnès, j'étais enchantée de travailler pour vous, je me doutais bien que vous reviendriez chaque jour. Et, voyez un peu, j'ai affecté l'indifférence, comme si je prenais à tâche de vous chasser de la maison. On a donc le besoin de se rendre malheureux? Tandis que j'aurais voulu vous accueillir les mains ouvertes, il y avait, au fond de mon être, une autre femme qui se révoltait, qui avait crainte et méfiance de vous, qui se plaisait à vous torturer d'incertitude, dans l'idée vague d'une querelle à vider, dont elle aurait oublié la cause très ancienne. Je ne suis pas toujours bonne, il repousse en moi des choses que j'ignore... Et, le pis, certes, est que je vous ai parlé d'argent. Ah! l'argent, moi qui n'y ai jamais songé, qui en accepterais seulement de pleins chariots pour la joie d'en faire pleuvoir où je voudrais! Quel amusement de malice ai-je pu prendre à me calomnier ainsi? Me pardonnerez-vous?

Félicien était à ses pieds. Il avait marché sur les genoux, jusqu'à elle. C'était inespéré et sans bornes. Il murmura :

— Ah! chère âme, inestimable, et belle, et bonne, d'une bonté de prodige qui m'a guéri d'un souffle! Je ne sais plus si j'ai souffert... Et c'est à vous de me pardonner, car j'ai à vous faire un aveu, il faut que je vous dise qui je suis.

Un grand trouble le reprenait, à l'idée qu'il ne

pouvait se cacher davantage, lorsqu'elle se confiait si franchement à lui. Cela devenait déloyal. Il hésitait pourtant, dans la crainte de la perdre, si elle s'inquiétait de l'avenir, en le connaissant enfin. Et elle attendait qu'il parlât, de nouveau malicieuse, malgré elle.

A voix très basse, il continua :

— J'ai menti à vos parents.

— Oui, je sais, dit-elle, souriante.

— Non, vous ne savez pas, vous ne pouvez savoir, cela est trop loin... Je ne peins sur verre que pour mon plaisir, il faut que vous sachiez...

Alors, d'un geste prompt, elle lui mit la main sur la bouche, elle arrêta sa confidence.

— Je ne veux pas savoir... Je vous attendais, et vous êtes venu. Cela suffit.

Il ne parlait plus, cette petite main sur ses lèvres le suffoquait de bonheur.

— Je saurai plus tard, quand il sera temps... Puis, je vous assure que je sais. Vous ne pouvez être que le plus beau, le plus riche, le plus noble, car ce rêve-là est le mien. J'attends bien tranquille, j'ai la certitude qu'il s'accomplira... Vous êtes celui que j'espérais, et je suis à vous...

Une seconde fois, elle s'interrompit, dans le frémissement des mots qu'elle prononçait. Elle n'était pas seule à les trouver, ils lui arrivaient de la belle nuit, du grand ciel blanc, des vieux arbres et des vieilles pierres, endormis dehors rêvant tout haut ses rêves; et des voix, derrière elle, les murmuraient aussi, les voix de ses amies de la Légende, dont l'air était peuplé. Mais un mot restait à dire, celui où tout allait se fondre, l'attente lointaine, la lente création de l'amant, la fièvre accrue des premières rencontres. Il s'échappa, du vol blanc d'un oiseau matinal montant au jour, dans la blancheur vierge de la chambre.

— Je vous aime.

Angélique, les deux mains ouvertes, glissées sur les genoux, se donnait. Et Félicien se rappelait le soir où elle courait pieds nus dans l'herbe, si adorable, qu'il l'avait poursuivie pour balbutier à son oreille: Je vous aime. Et il entendait bien qu'elle venait seulement de lui répondre, du même cri : Je vous aime, l'éternel cri sorti enfin de son cœur grand ouvert.

— Je vous aime... Prenez-moi, emportez-moi, je vous appartiens.

Elle se donnait, dans un don de toute sa personne. C'était une flamme héréditaire rallumée en elle. Ses mains tâtonnantes étreignaient le vide, sa tête trop lourde pliait sur sa nuque délicate. S'il avait tendu les bras, elle y serait tombée, ignorant tout, cédant à la poussée de ses veines, n'ayant que le besoin de se fondre en lui. Et ce fut lui, venu pour la prendre, qui trembla devant cette innocence, si passionnée. Il la retint doucement par 'e poignets, il lui recroisa ses mains chastes sur la poitrine. Un instant, il la regarda, sans même céder à la tentation de baiser ses cheveux.

— Vous m'aimez, et je vous aime... Ah ! la certitude d'être aimé !

Mais un émoi les tira de ce ravissement. Qu'était-ce donc? ils se voyaient dans une grande lumière blanche, il leur semblait que la clarté de la lune s'élargissait, resplendissait comme celle d'un soleil. C'était l'aube, une nuée s'empourprait au-dessus des ormes de l'Évêché. Eh ! quoi ? déjà le jour ! Ils en restaient confondus, ils ne pouvaient croire que, depuis des heures, ils étaient là, à causer. Elle ne lui avait rien dit encore, et lui avait tant d'autres choses à dire !

— Une minute, rien qu'une minute !

L'aube, souriante, grandissait, l'aube déjà tiède d'une chaude journée d'été. Une à une, les étoiles venaient de s'éteindre, et avec elles étaient parties les visions errantes, les amies invisibles, remontées dans un rayon de lune. Maintenant, sous le plein jour, la chambre n'était plus blanche que de la blancheur de ses murs et de ses poutres, toute vide avec ses antiques meubles de chêne sombre. On voyait le lit défait, qu'un des rideaux de perse, retombé, cachait à demi.

— Une minute, une minute encore !

Angélique s'était levée, refusant, pressant Félicien de partir. Depuis que le jour croissait, elle était prise d'une confusion, et la vue du lit l'acheva.

A sa droite, elle avait cru entendre un léger bruit, tandis que ses cheveux s'envolaient, bien que pas un souffle de vent ne fût entré. N'était-ce pas Agnès qui s'en allait la dernière, chassée par le soleil ?

— Non, laissez-moi, je vous en prie... Il fait si clair maintenant, j'ai peur.

Alors, Félicien, obéissant, se retira. Être aimé, cela dépassait son désir. A la fenêtre pourtant, il se retourna, il la regarda longuement encore, comme s'il voulait emporter en lui quelque chose d'elle. Tous deux se souriaient, baignés d'aube, dans cette caresse prolongée de leur regard.

Une dernière fois, il lui dit :

— Je vous aime.

Et elle répéta :

— Je vous aime.

Ce fut tout, il était descendu déjà par les charpentes, avec une agilité souple, tandis que, demeurée sur le balcon, accoudée, elle le suivait des yeux. Elle avait pris le bouquet de violettes, elle le respirait pour dissiper sa fièvre. Et, quand il traversa le Clos-Marie et qu'il leva la tête, il l'aperçut qui baisait les fleurs.

Félicien avait à peine disparu derrière les saules, qu'Angélique s'inquiéta, en entendant, au-dessous d'elle, ouvrir la porte de la maison. Quatre heures sonnaient, on ne s'éveillait jamais que deux heures plus tard. Sa surprise augmenta, lorsqu'elle reconnut Hubertine; car, d'habitude, Hubert descendait le premier. Elle la vit se promener lentement par les allées de l'étroit jardin, les bras abandonnés, la face pâle dans l'air matinal, comme si un étouffement lui eût fait quitter si tôt sa chambre, après une nuit brûlante d'insomnie. Et Hubertine était très belle encore, vêtue d'un simple peignoir, avec ses cheveux noués à la hâte; et elle semblait très lasse, heureuse et désespérée.

VIII

Le lendemain, en s'éveillant d'un sommeil de huit heures, d'un de ces doux et profonds sommeils qui reposent des grandes félicités, Angélique courut à sa fenêtre. Le ciel était très pur, le temps chaud continuait, après un gros orage qui l'avait inquiétée, la veille; et elle cria joyeusement à Hubert, en train d'ouvrir les volets, au-dessous d'elle :

— Père, père! du soleil!... Ah! que je suis contente, la procession sera belle!

Vite, elle s'habilla pour descendre. C'était ce jour-là, le 28 juillet, que la procession du Miracle devait parcourir les rues de Beaumont. Et, chaque année, à cette date, il y avait fête chez les brodeurs : on ne touchait pas une aiguille, on passait la journée à orner le logis, d'après tout un arrangement traditionnel, que, depuis quatre cents ans, les mères léguaient aux filles.

Angélique, en se hâtant de prendre son café au lait, s'occupait déjà des tentures.

— Mère, on devrait les visiter, pour voir si elles sont en bon état.

— Nous avons le temps, répondit Hubertine de sa voix placide. Nous ne les accrocherons pas avant midi.

Il s'agissait de trois panneaux admirables d'ancienne broderie, que les Hubert gardaient avec dévotion, comme une relique de famille, et qu'ils sortaient une fois l'an, le jour où passait la procession. Dès la veille, selon l'usage, le cérémoniaire, le bon abbé Cornille, était allé de porte en porte avertir les habitants de l'itinéraire que suivrait la statue de sainte Agnès, accompagnée de Monseigneur portant le Saint-Sacrement. Il y avait plus de quatre siècles que cet itinéraire restait le même : le départ se faisait par la porte Sainte-Agnès, la rue des Orfèvres, la Grand'Rue, la rue Basse ; puis, après avoir traversé la ville nouvelle, on regagnait la rue Magloire et la place du Cloître, pour rentrer par la grande façade. Et les habitants, sur le parcours, rivalisaient de zèle, pavoisaient les fenêtres, tendaient les murs de leurs plus riches étoffes, semaient le petit pavé caillouteux de roses effeuillées.

Angélique ne se calma que lorsqu'on lui eut permis de tirer les trois morceaux brodés du tiroir où ils dormaient l'année entière.

— Ils n'ont rien, rien du tout, murmurait-elle, ravie.

Quand elle eut enlevé soigneusement les papiers fins qui les protégeaient, ils apparurent, tous les trois consacrés à Marie : la Vierge recevant la visite de l'Ange, la Vierge pleurant au pied de la croix, la Vierge montant au ciel. Ils dataient du quinzième siècle, en soie nuancée sur fond d'or, d'une conservation merveilleuse; et les brodeurs, qui en avaient refusé de grosses sommes, en étaient très fiers.

— Mère, c'est moi qui les accroche!

C'était toute une affaire. Hubert passa la matinée à nettoyer la vieille façade. Il emmanchait un balai au bout d'un bâton, il époussetait les pans de bois garnis de briques, jusqu'aux charpentes du comble; puis, il lavait à l'éponge le soubassement de pierre, ainsi que toutes les parties de la tourelle d'escalier qu'il pouvait atteindre. Et les trois morceaux brodés, alors, prenaient leurs places. Angélique les accrocha, par les anneaux, aux clous séculaires, l'Annonciation sous la fenêtre de gauche, l'Assomption sous celle de droite; quant au Calvaire, il avait ses clous au-dessus de la grande fenêtre du rez-de-chaussée, et elle dut sortir une échelle pour l'y pendre à son tour. Déjà elle avait garni de fleurs les fenêtres, l'antique logis semblait revenu au temps lointain de sa jeunesse, avec ces broderies d'or et de soie rayonnantes dans le beau soleil de fête.

Depuis le déjeuner, toute la rue des Orfèvres

s'activait. Pour éviter la chaleur trop forte, la procession ne sortait qu'à cinq heures; mais, dès midi, la ville faisait sa toilette. En face des Hubert, l'orfèvre tendait sa boutique de draperies bleu ciel, bordées d'une frange d'argent; tandis que le cirier, à côté, utilisait les rideaux de son alcôve, des rideaux de cotonnade rouge, saignant au plein jour. Et c'était, à chaque maison, d'autres couleurs, une prodigalité d'étoffes, tout ce qu'on avait, jusqu'à des descentes de lit, battant dans les souffles las de la chaude journée. La rue en était vêtue, d'une gaieté éclatante et frissonnante, changée en une galerie de gala, ouverte sous le ciel. Tous les habitants s'y bousculaient, parlant haut, comme chez eux, les uns promenant des objets à pleins bras, les autres grimpant, clouant, criant. Sans compter le reposoir qu'on dressait au coin de la Grand'Rue, et qui mettait en l'air les femmes du voisinage, empressées à fournir les vases et les candélabres.

Angélique courut offrir les deux flambeaux empire, qui ornaient la cheminée du salon. Elle ne s'était pas arrêtée depuis le matin, elle ne se fatiguait même pas, soulevée, portée par sa grande joie intérieure. Et, comme elle revenait, les cheveux au vent, effeuiller des roses dans une corbeille, Hubert plaisanta.

— Tu te donneras moins de mal, le jour de tes noces... C'est donc toi qu'on marie?

— Mais oui, c'est moi! répondit-elle gaiement.

Hubertine sourit à son tour.

— En attendant, puisque la maison est belle, nous ferions bien de monter nous habiller.

— Tout de suite, mère... Voici ma corbeille pleine.

Elle acheva d'effeuiller ses roses, qu'elle se réservait de jeter devant Monseigneur. Les pétales pleuvaient de ses doigts minces, la corbeille débordait, légère, odorante. Et elle disparut dans l'étroit escalier de la tourelle, en disant avec un grand rire :

— Vite! je vais me faire belle comme un astre!

L'après-midi s'avançait. Maintenant, la fièvre active de Beaumont-l'Église s'était apaisée, une attente frémissait dans les rues, prêtes enfin, chuchotantes de voix discrètes. La grosse chaleur avait décru avec le soleil oblique, il ne tombait plus du ciel pâli, entre les maisons resserrées, qu'une ombre tiède et fine, d'une sérénité tendre. Et le recueillement était profond, comme si toute la vieille cité devenait un prolongement de la cathédrale. Seuls, des bruits de voitures montaient de Beaumont-la-Ville, la cité nouvelle, au bord du Ligneul, où beaucoup de fabriques ne chômaient même pas, dédaigneuses de fêter cette antique solennité religieuse.

Dès quatre heures, la grosse cloche de la tour du nord, celle dont le branle remuait la maison des Hubert, se mit à sonner; et ce fut au même instant qu'Angélique et Hubertine reparurent, habillées. Celle-ci était en robe de toile écrue, garnie d'une modeste dentelle de fil, mais la taille si jeune, dans sa rondeur puissante, qu'elle semblait être la sœur aînée de sa fille adoptive. Angélique, elle, avait mis sa robe de foulard blanc; et rien autre, pas un bijou aux oreilles ni aux poignets, rien que ses mains nues, son col nu, rien que le satin de sa peau sortant de l'étoffe légère, comme un épanouissement de fleur. Un peigne invisible, planté à la hâte, retenait mal les boucles de ses cheveux en révolte, d'un blond de soleil. Elle était ingénue et fière, d'une simplicité candide, belle comme un astre.

— Ah ! dit-elle, on sonne, Monseigneur a quitté l'Évêché.

La cloche continuait, haute et grave, dans la grande pureté du ciel. Et les Hubert s'installaient à la fenêtre du rez-de-chaussée large ouverte, les deux femmes accoudées sur la barre d'appui, l'homme debout derrière elles. C'étaient leurs places accoutumées, ils étaient au bon endroit pour bien voir, les premiers à regarder la procession venir du fond de l'église, sans perdre un cierge du défilé.

— Où est ma corbeille? demanda Angélique.

Il fallut qu'Hubert lui passât la corbeille de roses effeuillées, qu'elle garda entre ses bras, serrée contre sa poitrine.

— Oh ! cette cloche, murmura-t-elle encore, on dirait qu'elle nous berce !

Toute la petite maison vibrait, sonore du branle de la cloche ; et la rue, le quartier restait dans l'attente, gagné par ce frisson, tandis que les tentures battaient plus languissamment, à l'air du soir. Le parfum des roses était très doux.

Une demi-heure se passa. Puis, d'un seul coup, les deux vantaux de la porte Sainte-Agnès furent poussés, les profondeurs de l'église apparurent, sombres, piquées des petites taches luisantes des cierges. Et d'abord le porte-croix sortit, un sous-diacre en tunique, flanqué de deux acolytes tenant chacun un grand flambeau allumé. Derrière eux, se hâtait le cérémoniaire, le bon abbé Cornille, qui, après s'être assuré du bel état de la rue, s'arrêta sous le porche, assista au défilé un instant, pour vérifier si les places d'ordre étaient bien prises. Les confréries laïques ouvraient la marche, des associations pieuses, des écoles, par rang d'ancienneté. Il y avait des enfants tout petits, des fillettes en blanc, pareilles à des épousées, des garçonnets frisés et nu-tête, endimanchés comme des princes, ravis, cherchant déjà leurs mères du regard. Un gaillard de neuf ans allait seul, au milieu, vêtu en saint Jean-Baptiste, avec une peau de mouton sur ses maigres épaules nues. Quatre gamines, fleuries de rubans roses, portaient un pavois de mousseline, où se dressait une gerbe de blé mûr. Puis, c'étaient de grandes demoiselles, groupées autour d'une bannière de la Vierge, des dames en noir qui avaient également leur bannière, une soie cramoisie brodée d'un saint Joseph, d'autres, d'autres bannières encore, en velours, en satin, balancées au bout des bâtons dorés. Les confréries d'hommes n'étaient pas moins nombreuses, des pénitents de toutes les couleurs, les pénitents gris surtout, vêtus de toile bise, encapuchonnés, et dont l'emblème faisait sensation, une immense croix garnie d'une roue, à laquelle pendaient, accrochés, les instruments de la Passion.

Angélique se récria de tendresse, dès que les enfants se montrèrent.

— Oh ! les amours ! regardez donc !

Un, pas plus haut qu'une botte, trois ans à peine, chancelant et fier sur ses petits pieds, passait si drôle, qu'elle plongea la main dans la corbeille et le couvrit d'une poignée de fleurs. Il disparaissait, il avait des roses sur les épaules, parmi les cheveux. Et le rire tendre qu'il soulevait, gagna de proche en proche, des fleurs plurent de chaque fenêtre. Dans le silence bourdonnant de la rue, on n'entendait plus que le piétinement assourdi de la procession, tandis que les poignées de fleurs s'abattaient sur le pavé, d'un vol silencieux. Bientôt, il y en eut une jonchée.

Mais, rassuré sur le bon ordre des laïques, l'abbé Cornille s'impatienta, inquiet de ce que le cortège s'immobilisait depuis deux minutes, et il s'empressa de regagner la tête, tout en saluant les Hubert d'un sourire, au passage.

— Qu'ont-ils donc, à ne pas marcher ? dit Angélique, qu'une fièvre prenait, comme si elle eût, à l'autre bout, là-bas, attendu son bonheur.

Hubertine répondit de son air calme :

— Ils n'ont pas besoin de courir.

— Quelque encombrement, peut-être un reposoir qu'on achève, expliqua Hubert.

Les filles de la Vierge s'étaient mises à chanter un cantique, et leurs voix aiguës montaient dans le plein air, avec une limpidité de cristal. De proche en proche, le défilé s'ébranla. On repartit.

Maintenant, après les laïques, le clergé commençait à sortir de l'église, les moins dignes les premiers. Tous, en surplis, se couvraient de la barrette, sous le porche ; et chacun tenait un cierge allumé, ceux de droite, de la main droite, ceux de gauche, de la main gauche, en dehors du rang, double rangée de petites flammes mouvantes, presque éteintes dans le plein jour. D'abord, ce fut le grand séminaire, les paroisses, les églises collégiales; puis, vinrent les clercs et les bénéficiaires de la cathédrale, que suivaient les chanoines, les épaules couvertes de pluviaux blancs. Au milieu d'eux, se trouvaient les chantres, en chapes de soie rouge, qui avaient commencé l'antienne, à pleine voix, et auxquels tout le clergé épondait, d'un chant plus léger. L'hymne *Pange lingua* s'éleva très pure, la rue était pleine d'un grand frissonnement de mousseline, les ailes envolées des surplis, que les petites flammes des cierges criblaient de leurs étoiles d'or pâli.

— Oh! sainte Agnès! murmura Angélique.

Elle souriait à la sainte, que quatre clercs portaient sur un brancard de velours bleu, orné de dentelle. Chaque année, elle avait un étonnement, à la voir ainsi hors de l'ombre où elle veillait depuis des siècles, tout autre sous la grande lumière, dans sa robe de longs cheveux d'or. Elle était si vieille et très jeune pourtant, avec ses petites mains, ses petits pieds fluets, son mince visage de fillette, noirci par l'âge.

Mais Monseigneur devait la suivre. On entendait déjà venir, du fond de l'église, le balancement des encensoirs.

Il y eut des chuchotements, Angélique répéta :

— Monseigneur... Monseigneur...

Et, à cette minute, les yeux sur la sainte qui passait, elle se rappelait les vieilles histoires, les hauts marquis d'Hautecœur délivrant Beaumont de la peste, grâce à l'intervention d'Agnès, Jean V et tous ceux de sa race venant s'agenouiller devant elle, dévots à son image; et elle les voyait tous, les seigneurs du miracle, défiler un à un, comme une lignée de princes.

Un large espace était resté vide. Puis, le chapelain

chargé du soin de la crosse, s'avança, la tenant droite, la partie courbe vers lui. Ensuite, parurent deux thuriféraires, qui allaient à reculons et balançaient à petits coups les encensoirs, ayant chacun près de lui un acolyte chargé de la navette. Et le grand dais de velours pourpre, garni de crépines d'or, eut quelque peine à sortir par une des baies de la porte. Mais, vivement, l'ordre se rétablit, les autorités désignées prirent les bâtons. Dessous, entre ses diacres d'honneur, Monseigneur marchait, tête nue, les épaules couvertes de l'écharpe blanche, dont les deux bouts enveloppaient ses mains, qui portaient le Saint-Sacrement sans le toucher, très haut.

Tout de suite, les thuriféraires venaient de prendre du champ, et les encensoirs, lancés à la volée, retombèrent en cadence, avec le petit bruit argentin de leurs chaînettes.

Où donc Angélique avait-elle connu quelqu'un qui ressemblait à Monseigneur? Un recueillement inclinait tous les fronts. Mais elle, la tête penchée à demi, le regardait. Il avait la taille haute, mince et noble, d'une jeunesse superbe pour ses soixante ans. Ses yeux d'aigle luisaient, son nez un peu fort accentuait l'autorité souveraine de sa face, adoucie par sa chevelure blanche, en boucles épaisses; et elle remarqua la pâleur du teint, où elle crut voir monter un flot de sang. Peut-être n'était-ce que le reflet du grand soleil d'or, qu'il portait de ses mains couvertes, et qui le mettait dans un rayonnement de clarté mystique.

Certainement, un visage à cette ressemblance s'évoquait, au fond d'elle. Dès les premiers pas, Monseigneur avait commencé les versets d'un psaume, qu'il récitait à voix basse, avec ses diacres, alternativement. Et elle trembla, quand elle le vit tourner les yeux vers la fenêtre où elle était, tellement il lui apparut sévère, d'une froideur hautaine, condamnant la vanité de toute passion. Ses regards étaient allés aux trois broderies anciennes, Marie visitée par l'Ange, Marie au pied de la Croix, Marie montant aux cieux. Ils se réjouirent, puis ils s'abaissèrent, se fixèrent sur elle, sans que, dans son trouble, elle pût comprendre s'ils pâlissaient de dureté ou de douceur. Déjà, ils étaient revenus au Saint-Sacrement, immobiles, luisants dans le reflet du grand soleil d'or. Les encensoirs partaient à la volée, retombaient avec le bruit argentin des chaînettes, pendant qu'un petit nuage, une fumée d'encens, montait dans l'air.

Mais le cœur d'Angélique battit à se rompre. Derrière le dais, elle venait d'apercevoir la mitre, sainte Agnès ravie par deux anges, l'œuvre brodée fil à fil de son amour, qu'un chapelain, les doigts enveloppés d'un voile, portait dévotement, comme une chose sainte. Et là, parmi les laïques qui suivaient, dans le flot des fonctionnaires, des officiers, des magistrats, elle reconnaissait Félicien, au premier rang, mince et blond, en habit, avec ses cheveux bouclés, son nez droit, un peu fort, ses yeux noirs, d'une douceur hautaine. Elle l'attendait, elle n'était pas surprise de le voir enfin se changer en prince. Au regard anxieux qu'il lui jeta, implorant le pardon de son mensonge, elle répondit par un clair sourire.

—Tiens! murmura Hubertine stupéfaite, n'est-ce point ce jeune homme?

Elle aussi l'avait reconnu, et elle s'inquiéta, lorsque, se tournant, elle vit sa fille transfigurée.

— Il nous a donc menti?... Pourquoi? le sais-tu?... Sais-tu qui est ce jeune homme?

Oui, peut-être le savait-elle. Une voix répondait en elle à des questions récentes. Mais elle n'osait, elle ne voulait plus s'interroger. La certitude se ferait, lorsqu'il en serait temps. Elle en sentait l'approche, dans un gonflement d'orgueil et de passion.

— Qu'y a-t-il donc? demanda Hubert, en se penchant derrière sa femme.

Jamais il n'était à la minute présente. Et, quand elle lui eut désigné le jeune homme, il douta.

— Quelle idée! ce n'est pas lui.

Alors, Hubertine affecta de s'être trompée. C'était le plus sage, elle se renseignerait. Mais la procession qui venait de s'arrêter de nouveau, pendant que Monseigneur, à l'angle de la rue, encensait le Saint-Sacrement, parmi les verdures du reposoir, allait repartir ; et Angélique, dont la main s'était oubliée au fond de la corbeille, tenant une dernière poignée de feuilles de rose, eut un geste trop prompt, jeta les fleurs, dans son trouble enchanté. Justement, Félicien se remettait en marche. Les fleurs pleuvaient, deux pétales, balancés lentement, volèrent, se posèrent sur ses cheveux.

C'était la fin. Le dais avait disparu au coin de la Grand'Rue, la queue du cortège s'écoulait, laissant le pavé désert, recueilli, comme assoupi de foi rêveuse, dans l'exhalaison un peu âpre des roses foulées. Et l'on entendait encore, au loin, de plus en plus faible, le bruit argentin des chaînettes, retombant à chaque volée des encensoirs.

— Oh ! veux-tu, mère ? s'écria Angélique, nous irons dans l'église les voir rentrer.

Le premier mouvement d'Hubertine fut de refuser. Puis, elle éprouvait elle-même un si grand désir d'avoir une certitude, qu'elle consentit.

— Oui, tout à l'heure, puisque cela te fait plaisir.

Mais il fallait patienter. Angélique, qui était montée mettre un chapeau, ne tenait pas en place. Elle revenait à chaque minute devant la fenêtre, interrogeait le bout de la rue, levait les yeux comme pour interroger l'espace lui-même ; et elle parlait tout haut, elle suivait la procession, pas à pas.

— Ils descendent la rue Basse... Ah ! les voilà

qui doivent déboucher sur la place, devant la Sous-Préfecture... Ça n'en finit plus, les grandes voies de Beaumont-la-Ville. Et pour le plaisir qu'ils ont à voir sainte Agnès, ces marchands de toile !

Un fin nuage rose, coupé délicatement d'un treillis d'or, planait au ciel. Cela se sentait, dans l'immobilité de l'air, que toute la vie civile était suspendue, que Dieu avait quitté sa maison, où chacun attendait qu'on le ramenât, pour reprendre les occupations quotidiennes. En face, les draperies bleues de l'orfèvre, les rideaux rouges du cirier, barraient toujours leurs boutiques. Les rues semblaient dormir, il n'y avait plus, de l'une à l'autre, que le lent passage du clergé, dont le cheminement se devinait de tous les points de la ville.

— Mère, mère, je t'assure qu'ils sont à l'entrée de la rue Magloire. Ils vont remonter la pente.

Elle mentait, il n'était que six heures et demie, et jamais la procession ne rentrait avant sept heures un quart. Elle savait bien que le dais devait longer à ce moment le bas port du Ligneul. Mais elle avait une telle hâte !

— Mère, dépêchons, nous n'aurons pas de place.

— Allons, viens ! finit par dire Hubertine, en souriant malgré elle.

— Moi, je reste, déclara Hubert. Je vais décrocher les broderies et je mettrai la table.

L'église leur parut vide, Dieu n'étant plus là. Toutes les portes en restaient ouvertes, comme celles d'une maison en déroute, où l'on attend le retour du maître. Peu de monde entrait, le maître-autel seul, un sarcophage sévère de style roman, braisillait au fond de la nef, étoilé de cierges ; et le reste du vaste vaisseau, les bas côtés, les chapelles, s'emplissaient de nuit, sous la tombée du crépuscule.

Lentement, Angélique et Hubertine firent le tour. En bas, l'édifice s'écrasait, des piliers trapus portaient les pleins cintres des collatéraux. Elles marchaient le long de chapelles noires, enterrées comme des cryptes. Puis, lorsqu'elles traversèrent, devant la grand'porte, sous la travée des orgues, elles eurent un sentiment de délivrance, en levant les yeux vers les hautes fenêtres gothiques de la nef, qui s'élançaient au-dessus de la lourde assise romane. Mais elles continuèrent par le bas côté méridional, l'étouffement recommença. A la croix du transept, quatre colonnes énormes étaient aux quatre angles, montaient d'un jet soutenir la voûte ; et là régnait encore une clarté mauve, l'adieu du jour dans les roses des façades latérales. Elles avaient gravi les trois marches qui menaient au chœur, elles tournèrent par le pourtour de l'abside, la partie la plus anciennement bâtie, d'un enfouissement de sépulcre. Un instant, contre la vieille grille, très ouvragée, qui fermait le chœur de partout, elles s'arrêtèrent pour regarder scintiller le maître-autel, dont les petites flammes se reflétaient dans le vieux chêne poli des stalles, de merveilleuses stalles fleuries de sculptures. Et elles revinrent ainsi à leur point de départ, levant de nouveau la tête, croyant sentir le souffle de l'envolée de la nef, tandis que les ténèbres croissantes reculaient, élargissaient les antiques murailles, où s'évanouissaient des restes d'or et de peinture.

— Je savais bien qu'il était trop tôt, dit Hubertine.

Angélique, sans répondre, murmura :

— Comme c'est grand !

Il lui semblait qu'elle ne connaissait pas l'église, qu'elle la voyait pour la première fois. Ses yeux erraient sur les rangées immobiles des chaises, allaient au fond des chapelles, où l'on ne devinait que les pierres tombales, à un redoublement d'ombre. Mais elle rencontra la chapelle Hautecœur, elle reconnut le vitrail, réparé enfin, avec son saint Georges vague comme une vision, dans le jour mourant. Et elle en eut beaucoup de joie.

A ce moment, un branle anima la cathédrale, la grosse cloche se remettait à sonner.

— Ah ! dit-elle, les voilà, ils montent la rue Magloire.

Cette fois, c'était vrai. Un flot de foule envahit les collatéraux, et l'on sentit croître de minute en minute l'approche de la procession. Cela grandissait avec les volées de la cloche, avec un souffle large qui venait du dehors, par la grand'porte béante. Dieu rentrait.

Angélique, appuyée à l'épaule d'Hubertine, haussée sur la pointe des pieds, regardait cette baie ouverte, dont la rondeur se découpait dans le blanc crépuscule de la place du Cloître. D'abord, reparut le sous-diacre portant la croix, flanqué des deux acolytes, avec leurs chandeliers ; et, derrière eux, s'empressait le cérémoniaire, le bon abbé Cornille, essoufflé, rendu de fatigue. Au seuil de l'église, chaque nouvel arrivant se détachait une seconde, d'une silhouette nette et vigoureuse, puis se noyait dans les ténèbres intérieures. C'étaient les laïques, les écoles, les associations, les confréries, dont les bannières, pareilles à des voiles, se balançaient, tout d'un coup mangées par l'ombre. On revit le groupe pâle des filles de la Vierge, qui entrait en chantant de leurs voix aiguës de séraphin. La cathédrale avalait toujours, la nef s'emplissait lentement, les hommes à droite, les femmes à gauche. Mais la nuit s'était faite, la place au loin se piqua d'étincelles, des centaines de petites lumières mouvantes, et ce fut le tour du clergé, les cierges allumés en dehors du rang, un double cordon de flammes jaunes, qui passa la porte. Cela n'en finissait plus, les cierges se succédaient, se multipliaient, le grand séminaire, les paroisses, la cathédrale, les chantres attaquant l'antienne, les chanoines en pluviaux blancs. Et, peu à peu, alors, l'église s'éclaira, se peupla de ces flammes, illuminée, criblée de centaines d'étoiles, comme un ciel d'été.

Deux chaises étaient libres, Angélique monta sur l'une d'elles.

— Descends, répétait Hubertine, c'est défendu.

Mais elle s'obstinait, tranquille.

— Pourquoi défendu? Je veux voir... Oh! est-ce beau!

Et elle finit par décider sa mère à monter sur l'autre chaise.

Maintenant, toute la cathédrale braisillait, ardente. Cette houle de cierges qui la traversait, allait allumer des reflets sous les voûtes écrasées des bas côtés, au fond des chapelles, où brillaient la vitre d'une châsse, l'or d'un tabernacle. Même, dans le pourtour de l'abside, jusque dans les cryptes sépulcrales, s'éveillaient des rayons. Le chœur flambait, avec son autel incendié, ses stalles luisantes, sa vieille grille dont les rosaces se découpaient en noir. Et l'envolée de la nef s'accusait encore, en bas les lourds piliers trapus portant les pleins cintres, en haut les faisceaux de colonnettes s'amincissant, fleurissant, parmi les arcs brisés des ogives, tout un élancement de foi et d'amour, qui était comme le rayonnement même de la lumière.

Mais, dans le roulement des pieds et le remuement des chaises, on entendit de nouveau retomber les chaînettes claires des encensoirs. Et les orgues, aussitôt, chantèrent une phrase énorme qui déborda, emplit les voûtes d'un grondement de foudre. C'était Monseigneur, encore sur la place. Sainte Agnès, à ce moment, gagnait l'abside, toujours portée par les clercs, la face comme apaisée aux lueurs des cierges, heureuse de retourner à ses songeries de quatre siècles. Enfin, précédé de la crosse, suivi de la mitre, Monseigneur rentra, tenant le Saint-Sacrement du même geste, de ses deux mains couvertes de l'écharpe. Le dais, qui filait au milieu de la nef, s'arrêta devant la grille du chœur. Là, il y eut un peu de confusion, l'évêque fut un moment rapproché des personnes de sa suite.

Depuis que Félicien avait reparu, derrière la mitre, Angélique ne le quittait pas des yeux. Or, il arriva qu'il se trouva porté sur la droite du dais ; et, à cet instant, elle vit, dans le même regard, la tête blanche de Monseigneur et la tête blonde du jeune homme. Un flamboiement avait passé sur ses paupières, elle joignit les mains, elle parla tout haut :

— Oh ! Monseigneur, le fils de Monseigneur !

Son secret lui échappait. C'était un cri involontaire, la certitude enfin qui se faisait, dans la brusque clarté de leur ressemblance. Peut-être, au fond d'elle, le savait-elle déjà, mais elle n'aurait point osé se le dire ; tandis que, maintenant, cela éclatait, l'éblouissait. De toutes parts, d'elle-même et des choses, des souvenirs remontaient, répétaient son cri.

Hubertine, saisie, murmura :

— Le fils de Monseigneur, ce garçon ?

Autour d'elles deux, des gens s'étaient poussés. On les connaissait, on les admirait, la mère adorable encore dans sa toilette de simple toile, la fille d'une grâce d'archange, avec sa robe de foulard blanc. Elles étaient si belles et si en vue, ainsi montées sur des chaises, que des regards se levaient, s'oubliaient.

— Mais oui, ma bonne dame, dit la mère Lemballeuse, qui se trouvait dans le groupe, mais oui, le fils de Monseigneur ! Comment, vous ne saviez pas ?... Et un beau jeune homme, et riche, ah ! riche à acheter la ville, s'il voulait. Des millions, des millions !

Toute pâle, Hubertine écoutait.

— Vous avez bien entendu conter l'histoire ? continua la vieille mendiante. Sa mère est morte en le mettant au monde, et c'est alors que Monseigneur s'est fait prêtre. Aujourd'hui, il se décide à l'appeler près de lui... Félicien VII d'Hautecœur, comme qui dirait un vrai prince !

Alors, Hubertine eut un grand geste de chagrin.

Et Angélique rayonna, devant son rêve qui se réalisait. Elle ne s'étonnait toujours pas, elle savait bien qu'il devait être le plus riche, le plus beau, le plus noble ; mais sa joie était immense, parfaite, sans souci des obstacles, qu'elle ne prévoyait point. Enfin, il se faisait connaître, il se donnait à son tour. L'or ruisselait avec les petites flammes des cierges, les orgues chantaient la pompe de leurs fiançailles, la lignée des Hautecœur défilait royalement, du fond de la légende : Norbert Ier, Jean V, Félicien III, Jean XII; puis, le dernier, Félicien VII, qui tournait vers elle sa tête blonde. Il était le descendant des cousins de la Vierge, le maître, le Jésus superbe, se révélant dans sa gloire, près de son père.

Justement, Félicien lui souriait, et elle ne remarqua pas le regard fâché de Monseigneur, qui venait de l'apercevoir debout sur la chaise, au-dessus de la foule, le sang au visage, en orgueilleuse et en passionnée.

— Ah ! ma pauvre enfant, soupira Hubertine avec désespoir.

Mais les chapelains et les acolytes s'étaient rangés à droite et à gauche, et le premier diacre, ayant pris le Saint-Sacrement des mains de Monseigneur, le posa sur l'autel. C'était la bénédiction finale, le *Tantum ergo* mugi par les chantres, l'encens des navettes fumant dans les encensoirs, le grand silence brusque de l'oraison. Et, au milieu de l'église ardente, débordante de clergé et de peuple, sous les voûtes élancées, Monseigneur remonta à l'autel, reprit des deux mains le grand soleil d'or, que par trois fois il agita en l'air, d'un lent signe de croix.

IX

Le soir même, en rentrant de l'église, Angélique pensait : « Je le verrai tout à l'heure : il sera dans le Clos-Marie, et je descendrai le retrouver. » Leurs yeux s'étaient donné ce rendez-vous.

On ne dîna qu'à huit heures, dans la cuisine, selon l'habitude. Hubert parlait seul, excité par cette journée de fête. Sérieuse, Hubertine répondait à peine, ne quittant pas du regard la jeune fille, qui mangeait d'un gros appétit, mais inconsciente, sans paraître savoir qu'elle portait la fourchette à sa bouche, toute à son rêve. Et Hubertine lisait clairement en elle, voyait se former et se suivre une à une les pensées, sous ce front candide, comme sous le cristal d'une eau pure.

A neuf heures, un coup de sonnette les étonna. C'était l'abbé Cornille. Malgré sa fatigue, il venait leur dire que Monseigneur avait beaucoup admiré les trois anciens panneaux de broderie.

— Oui, il en a parlé devant moi. Je savais que vous seriez heureux de l'apprendre

Angélique, qui, au nom de Monseigneur, s'était intéressée, retomba dans sa songerie, dès que l'on causa de la procession. Puis, au bout de quelques minutes, elle se mit debout.

— Où vas-tu donc? interrogea Hubertine.

Cette question la surprit, comme si elle-même ne se fût pas demandé pourquoi elle se levait.

— Mère, je monte, je suis très lasse.

Et, derrière cette excuse, Hubertine devinait la vraie raison, le besoin d'être seule, avec son bonheur.

— Viens m'embrasser.

Lorsqu'elle la tint serrée contre elle, dans ses bras, elle la sentit frémir. Son baiser de chaque soir se déroba presque. Alors, très grave, elle la regarda en face, elle lut dans ses yeux le rendez-vous accepté, la fièvre de s'y rendre.

— Sois sage, dors bien.

Mais déjà Angélique, après un rapide bonsoir à Hubert et à l'abbé Cornille, montait dans sa chambre, éperdue, tellement elle avait senti son secret au bord de ses lèvres. Si sa mère l'avait gardée une seconde encore contre son cœur, elle aurait parlé. Quand elle se fut enfermée à double tour, la lumière la blessa, elle souffla sa bougie. La lune se levait de plus en plus tard, la nuit était très sombre. Et, sans se déshabiller, assise devant la fenêtre ouverte sur les ténèbres, elle attendit pendant des heures. Les minutes s'écoulaient remplies, la même idée suffisait à l'occuper : elle descendrait le rejoindre, quand minuit sonnerait. Cela se ferait très naturellement, elle se voyait agir, pas à pas, geste à geste, avec cette aisance qu'on a dans les songes. Presque tout de suite, elle avait entendu partir l'abbé Cornille. Ensuite, les Hubert étaient montés à leur tour. Deux fois, il lui sembla que leur chambre se rouvrait, que des pieds furtifs s'avançaient jusqu'à l'escalier, comme si quelqu'un fût venu écouter là, un instant. Puis, la maison parut s'anéantir dans un sommeil profond.

Lorsque l'heure eut sonné, Angélique se leva.

— Allons, il m'attend.

Et elle ouvrit sa porte, qu'elle ne referma même pas. Dans l'escalier, en passant devant la chambre des Hubert, elle prêta l'oreille ; mais elle n'entendit rien, rien que le frisson du silence. D'ailleurs, elle était très à l'aise, sans effarement ni hâte, n'ayant point conscience d'être en faute. Une force la menait, cela lui semblait tellement simple, que l'idée d'un danger l'aurait fait sourire. En bas, elle sortit dans le jardin, par la cuisine, et elle oublia encore de refermer le volet. Puis, de son allure rapide, elle gagna la petite porte qui donnait sur le Clos-Marie, la laissa également toute grande derrière elle. Dans le clos, malgré l'ombre épaisse, elle n'eut pas une hésitation, marcha droit à la planche, traversa la Chevrotte, se dirigea à tâtons comme dans un lieu familier, où chaque arbre lui était connu. Et, tournant à droite, sous un saule, elle n'eut qu'à étendre les mains pour rencontrer les mains de celui qu'elle savait être là, à l'attendre.

Un instant, muette, Angélique serra dans les siennes les mains de Félicien. Ils ne pouvaient se voir, le ciel s'était couvert d'une nuée de chaleur, que la lune à son lever, amincie, n'éclairait pas encore. Et elle parla dans les ténèbres, tout son cœur se soulagea de sa grande joie.

— Ah ! mon cher seigneur, que je vous aime et que je vous remercie !

Elle riait de le connaître enfin, elle le remerciait d'être jeune, beau, riche, plus encore qu'elle ne l'espérait. C'était une gaieté sonnante, le cri d'émerveillement et de gratitude devant ce cadeau d'amour que lui faisait son rêve.

— Vous êtes le roi, vous êtes mon maître, et me voici à vous, je n'ai que le regret d'être si peu... Mais j'ai l'orgueil de vous appartenir, cela suffit que vous m'aimiez, pour que je sois reine à mon tour... J'avais beau savoir et vous attendre, mon cœur s'est élargi, depuis que vous y êtes devenu si grand... Ah ! mon cher seigneur, que je vous remercie et que je vous aime !

Alors, doucement, il lui passa son bras à la taille, il l'emmena, en disant :

— Venez chez moi.

Il lui fit gagner le fond du Clos-Marie, au travers

des herbes folles ; et elle s'expliqua comment il passait chaque soir par la vieille grille de l'Évêché, condamnée autrefois. Il avait laissé cette grille ouverte, il l'introduisit à son bras dans le grand jardin de Monseigneur. Au ciel, la lune peu à peu montante, cachée derrière le voile de vapeurs chaudes, les blanchissait d'une transparence laiteuse. Toute la voûte, sans une étoile, en était emplie d'une poussière de clarté, qui pleuvait muette dans la sérénité de la nuit. Lentement, ils remontèrent la Chevrotte, dont le cours traversait le parc ; mais ce n'était plus le ruisseau rapide, précipité sur une pente caillouteuse ; c'était une eau calme, une eau alanguie, errant parmi des touffes d'arbres. Et, sous la nuée lumineuse, entre ces arbres baignés et flottants, la rivière élyséenne semblait se dérouler dans un rêve.

Angélique avait repris, joyeusement :

— Je suis si fière et si heureuse d'être ainsi, à votre bras !

Félicien, ravi de tant de simplicité et de charme, l'écoutait s'exprimer sans gêne, ne rien cacher, dire tout haut ce qu'elle pensait, dans la naïveté de son cœur.

— Ah ! chère âme, c'est moi qui dois vous être reconnaissant de ce que vous voulez bien m'aimer un peu, si gentiment... Dites-moi encore comment vous m'aimez, dites-moi ce qui s'est passé en vous, lorsque vous avez su enfin qui j'étais.

Mais, d'un joli geste d'impatience, elle l'interrompit :

— Non, non, parlons de vous, rien que de vous. Est-ce que je compte, moi? est-ce que ça importe, ce que je suis, ce que je pense?... C'est vous seul qui existez maintenant.

Et, se serrant contre lui, ralentissant le pas, le long de la rivière enchantée, elle l'interrogeait sans fin, elle voulait tout connaître, son enfance, sa jeunesse, les vingt années qu'il avait vécues loin de son père.

— Je sais que votre mère est morte à votre naissance, et que vous avez grandi chez un oncle, un vieil abbé... Je sais que Monseigneur refusait de vous revoir...

Il parla très bas, d'une voix lointaine, qui semblait monter du passé.

— Oui, mon père avait adoré ma mère, j'étais coupable d'être venu et de l'avoir tuée... Mon oncle m'élevait dans l'ignorance de ma famille, durement, comme si j'avais été un enfant pauvre, confié à ses soins. Je n'ai su la vérité que très tard, il y a deux ans à peine... Mais cela ne m'a pas surpris, je sentais cette grande fortune derrière moi. Tout travail régulier m'ennuyait, je n'étais bon qu'à courir les champs. Puis, s'est déclarée ma passion pour les vitraux de notre petite église...

Elle riait, et il s'égaya aussi.

— Je suis un ouvrier comme vous, j'avais décidé

que je gagnerais ma vie à peindre des vitraux, lorsque tout cet argent s'est écroulé sur moi... Et mon père montrait tant de chagrin, les jours où l'oncle lui écrivait que j'étais un diable, que jamais je n'entrerais dans les ordres! C'était sa volonté formelle, de me voir prêtre, peut-être l'idée que je rachèterais par là le meurtre de ma mère. Il s'est rendu pourtant, il m'a rappelé près de lui... Ah! vivre, vivre, que c'est bon! Vivre pour aimer et être aimé!

Sa jeunesse bien portante et vierge vibra dans ce cri, dont frissonna la nuit calme. Il était la passion, la passion dont sa mère était morte, la passion qui l'avait jeté à ce premier amour, éclos du mystère. Toute sa fougue y aboutissait, sa beauté, sa loyauté, son ignorance et son désir gourmand de la vie.

— J'étais comme vous, j'attendais, et la nuit où vous vous êtes montrée à votre fenêtre, je vous ai reconnue aussi... Dites-moi ce que vous rêviez, contez-moi vos journées d'auparavant...

Mais, de nouveau, elle lui ferma la bouche.

— Non, parlons de vous, rien que de vous. Je voudrais que rien de vous ne me restât caché... Que je vous tienne, que je vous aime tout entier!

Et elle ne se lassait pas de l'entendre parler de lui, dans une joie extasiée à le connaître, adorante comme une sainte fille aux pieds de Jésus. Et ni l'un ni l'autre ne se fatiguaient de répéter les mêmes choses, à l'infini, comment ils s'étaient aimés, comment ils s'aimaient. Les mots revenaient pareils, toujours nouveaux, prenant des sens imprévus, insondables. Leur bonheur grandissait à y descendre, à en goûter la musique sur leurs lèvres. Il lui confessa le charme où elle le tenait avec sa voix seule, si touché, qu'il n'était plus que son esclave, rien qu'à l'entendre. Elle avoua la crainte délicieuse où il la jetait, lorsque sa peau si blanche s'empourprait d'un flot de sang, à la moindre colère. Et ils avaient quitté maintenant les bords vaporeux de la Chevrotte, ils s'enfonçaient sous la futaie obscure des grands ormes, les bras à la taille.

— Oh! ce jardin, murmura Angélique, jouissant de la fraîcheur qui tombait des feuillages. Il y a des années que j'ai le désir d'y entrer... Et m'y voilà avec vous, m'y voilà!

Elle ne lui demandait pas où il la conduisait, elle s'abandonnait à son bras, dans les ténèbres des troncs centenaires. La terre était douce aux pieds, les voûtes de feuilles se perdaient, très hautes, comme des voûtes d'église. Pas un bruit, pas un souffle, rien que le battement de leurs cœurs.

Enfin, il poussa la porte d'un pavillon, il lui dit:

— Entrez, vous êtes chez moi.

C'était là que son père croyait convenable de le loger, à l'écart, dans ce coin reculé du parc. Il y avait, en bas, un grand salon; en haut, tout un appartement complet. Une lampe éclairait la vaste pièce du rez-de-chaussée.

— Vous voyez bien, reprit-il avec un sourire, que vous êtes chez un artisan. Voici mon atelier

Un atelier en effet, le caprice d'un garçon riche qui se plaisait au côté métier, dans la peinture sur verre. Il avait retrouvé les anciens procédés du treizième siècle, il pouvait se croire un de ces verriers primitifs, produisant des chefs-d'œuvre, avec les pauvres moyens du temps. L'ancienne table lui suffisait, enduite de craie fondue, sur laquelle il dessinait en rouge, et où il découpait les verres au fer chaud, dédaigneux du diamant. Justement, le moufle, un petit four reconstruit d'après un dessin, était chargé; une cuisson s'y achevait, la réparation d'un autre vitrail de la cathédrale; et il y avait encore là, dans des caisses, des verres de toutes les couleurs, qu'il devait faire fabriquer pour lui, les bleus, les jaunes, les verts, les rouges, pâles, jaspés, fumeux, sombres, nacrés, intenses. Mais la pièce était tendue d'admirables étoffes, l'atelier disparaissait sous un luxe merveilleux d'ameublement. Au fond, sur un antique tabernacle qui lui servait de piédestal, une grande Vierge dorée souriait, de ses lèvres de pourpre.

— Et vous travaillez, vous travaillez! répétait Angélique avec une joie d'enfant.

Elle s'amusa beaucoup du four, elle exigea qu'il lui expliquât tout son travail : comment il se contentait, à l'exemple des maîtres anciens, d'employer des verres colorés dans la pâte, qu'il ombrait simplement de noir; pourquoi il s'en tenait aux petits personnages distincts, accentuant les gestes et les draperies; et ses idées sur l'art du verrier, qui avait décliné dès qu'on s'était mis à peindre sur le verre, à l'émailler, en dessinant mieux; et son opinion finale qu'une verrière devait être uniquement une mosaïque transparente, les tons les plus vifs disposés dans l'ordre le plus harmonieux, tout un bouquet délicat et éclatant de couleurs. Mais, en ce moment, ce qu'elle se moquait au fond de l'art du verrier! Ces choses n'avaient qu'un intérêt, venir de lui, l'occuper encore de lui, être comme une dépendance de sa personne.

— Ah! dit-elle, nous serons heureux. Vous peindrez, je broderai.

Il lui avait repris les mains, au milieu de la vaste pièce, dont le grand luxe la mettait à l'aise, semblait le milieu naturel où sa grâce allait fleurir. Et tous deux, un instant, se turent. Puis, ce fut elle qui, de nouveau, parla.

— Alors, c'est fait?

— Quoi? demanda-t-il, souriant.

— Notre mariage.

Il eut une seconde d'hésitation. Sa face, très blanche, s'était brusquement colorée. Elle en fut inquiète.

— Est-ce que je vous fâche?

Mais déjà il lui serrait les mains, d'une étreinte qui l'enveloppait toute.

— C'est fait. Il suffit que vous désiriez une chose, pour qu'elle soit faite, malgré les obstacles. Je n'ai plus qu'une raison d'être, celle de vous obéir.

Alors, elle rayonna.

— Nous nous marierons, nous nous aimerons toujours, nous ne nous quitterons jamais plus.

Elle n'en doutait pas, cela s'accomplirait dès le lendemain, avec cette aisance des miracles de la Légende. L'idée du plus léger empêchement, du moindre retard, ne lui venait même point. Pourquoi, puisqu'ils s'aimaient, les aurait-on séparés davantage ? On s'adore, on se marie, et c'est très simple. Elle en avait une grande joie tranquille.

— C'est dit, tapez-moi dans la main, reprit-elle en plaisantant.

Il porta la petite main à ses lèvres.

— C'est dit.

Et, comme elle partait, dans la crainte d'être surprise par l'aube, ayant une hâte aussi d'en finir avec son secret, il voulut la reconduire.

— Non, non, nous n'arriverions pas avant le jour. Je retrouverai bien ma route... A demain.

— A demain.

Félicien obéit, se contenta de regarder partir Angélique, et elle courait sous les ormes sombres, elle courait le long de la Chevrotte baignée de lumière. Déjà, elle avait franchi la grille du parc, puis s'était lancée au travers des hautes herbes du Clos-Marie. Tout en courant, elle pensait que jamais elle ne pourrait patienter jusqu'au lever du soleil, que le mieux était de frapper chez les Hubert, pour les éveiller et leur tout dire. C'était une expansion de bonheur, une révolte de franchise : elle se sentait incapable de le taire cinq minutes encore, ce secret gardé si longtemps. Elle entra dans le jardin, referma la porte.

Et là, contre la cathédrale, Angélique aperçut Hubertine, qui l'attendait dans la nuit, assise sur le banc de pierre, qu'une maigre touffe de lilas entourait. Réveillée, avertie par une angoisse, celle-ci était montée, avait compris en trouvant les portes ouvertes. Et, anxieuse, ne sachant où aller, craignant d'aggraver les choses, elle attendait.

Tout de suite, Angélique se jeta à son cou, sans confusion, le cœur bondissant d'allégresse, riant gaiement de n'avoir plus rien à cacher.

— Ah! mère, c'est fait!... Nous allons nous marier, je suis si contente!

Avant de répondre, Hubertine l'examinait fixement. Mais ses craintes tombèrent, devant cette virginité en fleur, ces yeux limpides, ces lèvres pures. Et il ne lui resta que beaucoup de chagrin, des larmes coulèrent sur ses joues.

— Ma pauvre enfant! murmura-t-elle, comme la veille, dans l'église.

Angélique, surprise de la voir ainsi, elle, pondérée, qui ne pleurait jamais, se récria.

— Quoi donc? mère, vous vous faites du chagrin... C'est vrai, j'ai été vilaine, j'ai eu un secret pour vous. Mais si vous saviez combien il a pesé lourd en moi! On ne parle pas d'abord, ensuite on n'ose plus... Il faut me pardonner.

Elle s'était assise près d'elle, et d'un bras caressant l'avait prise à la taille. Le vieux banc semblait s'enfoncer dans ce coin moussu de la cathédrale. Au-dessus de leurs têtes, les lilas faisaient une ombre; et il y avait là cet églantier que la jeune fille cultivait, pour voir s'il ne porterait pas des roses; mais, négligé depuis quelque temps, il végétait, il retournait à l'état sauvage.

— Mère, je vais tout vous dire, tenez! à l'oreille.

A demi-voix, alors, elle lui conta leurs amours, dans un flot de paroles intarissables, revivant les moindres faits, s'animant à les revivre. Elle n'omettait rien, fouillait sa mémoire, ainsi que pour une confession. Et elle n'en était point gênée, le sang de la passion chauffait ses joues, une flamme d'orgueil allumait ses yeux, sans qu'elle haussât la voix, chuchotante et ardente.

Hubertine finit par l'interrompre, parlant elle aussi tout bas.

— Va, va, te voilà partie! Tu as beau te corriger, c'est emporté à chaque fois, comme par un grand vent... Ah! orgueilleuse, ah! passionnée, tu es toujours la petite fille qui refusait de laver la cuisine et qui se baisait les mains.

Angélique ne put s'empêcher de rire.

— Non, ne ris pas, bientôt tu n'auras pas assez de larmes pour pleurer... Jamais ce mariage ne se fera, ma pauvre enfant.

Du coup, sa gaieté éclata, sonore, prolongée.

— Mère, mère, qu'est-ce que vous dites? Est-ce pour me taquiner et me punir?... C'est si simple! Ce soir, il va en parler à son père. Demain, il viendra tout régler avec vous.

Vraiment, elle s'imaginait cela? Hubertine dut être impitoyable. Une petite brodeuse, sans argent, sans nom, épouser Félicien d'Hautecœur! Un jeune homme riche à cinquante millions! le dernier descendant d'une des plus vieilles maisons de France!

Mais, à chaque nouvel obstacle, Angélique répondait tranquillement :

— Pourquoi pas?

Ce serait un vrai scandale, un mariage en dehors des conditions ordinaires du bonheur. Tout se dresserait pour l'empêcher. Elle comptait donc lutter contre tout?

— Pourquoi pas?

On disait Monseigneur fier de son nom, sévère aux tendresses d'aventure. Pouvait-elle espérer le fléchir?

— Pourquoi pas?

Et, inébranlable dans sa foi :

— C'est drôle, mère, comme vous croyez le monde méchant! Quand je vous dis que les choses marcheront bien!... Il y a deux mois, vous me grondiez, vous me plaisantiez, rappelez-vous, et pourtant j'avais raison, tout ce que j'annonçais s'est réalisé.

— Mais, malheureuse, attends la fin!

Hubertine se désolait, tourmentée par son remords d'avoir laissé Angélique ignorante à ce point. Elle aurait voulu lui dire les dures leçons de la réalité, l'éclairer sur les cruautés, les abominations du monde, prise d'embarras, ne trouvant pas les mots nécessaires. Quelle tristesse, si, un jour, elle avait à s'accuser d'avoir fait le malheur de cette enfant, élevée ainsi en recluse, dans le mensonge continu du rêve!

— Voyons, ma chérie, tu n'épouserais pourtant pas ce garçon malgré nous tous, malgré son père.

Angélique devint sérieuse, la regarda en face, puis d'un ton grave :

— Pourquoi pas? Je l'aime et il m'aime.

De ses deux bras, sa mère la reprit, la ramena contre elle; et elle aussi la regardait, sans parler encore, frémissante. La lune voilée était descendue derrière la cathédrale, les brumes volantes se rosaient faiblement au ciel, à l'approche du jour. Toutes deux baignaient dans cette pureté matinale, dans le grand silence frais, que seul le réveil des oiseaux troublait de petits cris.

— Oh! mon enfant, il n'y a que le devoir et l'obéissance qui fassent du bonheur. On souffre toute sa vie d'une heure de passion et d'orgueil. Si tu veux être heureuse, soumets-toi, renonce, disparais...

Mais elle la sentait se rebeller dans son étreinte, et ce qu'elle ne lui avait jamais dit, ce qu'elle hésitait encore à lui dire, s'échappa de ses lèvres.

— Écoute, tu nous crois heureux, père et moi. Nous le serions, si un tourment n'avait pas gâté notre vie...

Elle baissait la voix davantage, elle lui conta d'un souffle tremblant leur histoire, le mariage malgré sa mère, la mort de l'enfant, l'inutile désir d'en avoir un autre, sous la punition de la faute. Cependant, ils s'adoraient, ils avaient vécu de travail, sans besoins; et ils étaient malheureux, ils en seraient certainement arrivés à des querelles, une vie d'enfer, peut-être une séparation violente, sans leurs efforts, sa bonté à lui, sa raison à elle.

— Réfléchis, mon enfant, ne mets rien dans ton existence, dont tu puisses souffrir plus tard... Sois humble, obéis, fais taire le sang de ton cœur.

Combattue, Angélique, l'écoutait, toute pâle, retenant des larmes.

— Mère, vous me faites du mal... Je l'aime et il m'aime.

Et ses larmes coulèrent. Elle était bouleversée de la confidence, attendrie, avec un effarement dans les yeux, comme blessée de ce coin de vérité entrevu. Mais elle ne cédait pas. Elle serait morte si volontiers de son amour !

Alors, Hubertine se décida.

— Je ne voulais pas te causer tant de peine en une fois. Il faut pourtant que tu saches... Hier soir, quand tu as été montée, j'ai interrogé l'abbé Cornille, j'ai appris pourquoi Monseigneur, qui résistait depuis si longtemps, a cru devoir appeler son fils à Beaumont... Un de ses grands chagrins était la fougue du jeune homme, la hâte qu'il montrait de vivre, en dehors de toute règle. Après avoir douloureusement renoncé à en faire un prêtre, il n'espérait même plus le lancer dans quelque occupation convenant à son rang et à sa fortune. Ce ne serait jamais qu'un passionné, un fou, un artiste... Et c'est alors que, craignant des sottises de cœur, il l'a fait venir ici, pour le marier tout de suite.

— Eh bien ? demanda Angélique, sans comprendre encore.

— Un mariage était en projet avant même son arrivée, et tout paraît réglé aujourd'hui, l'abbé Cornille m'a formellement dit qu'il devait épouser à l'automne mademoiselle Claire de Voincourt... Tu connais l'hôtel des Voincourt, là, près de l'Évêché. Ils sont très liés avec Monseigneur. De part et d'autre, on ne pouvait souhaiter mieux, ni comme nom ni comme argent. L'abbé approuve beaucoup cette union.

La jeune fille n'écoutait plus ces raisons de convenance. Une image s'était brusquement évoquée devant ses yeux, celle de Claire. Elle la revoyait passer, telle qu'elle l'apercevait parfois sous les arbres de son parc, l'hiver, telle qu'elle la retrouvait dans la cathédrale, aux fêtes : une grande demoiselle brune, de son âge, très belle, d'une beauté plus éclatante que la sienne, avec une démarche de royale distinction. On la disait très bonne, malgré son air de froideur.

— Cette grande demoiselle, si belle, si riche... Il l'épouse...

Elle murmurait cela comme en songe. Puis, elle eut un déchirement au cœur, elle cria :

— Il ment donc ! il ne me l'a pas dit.

Le souvenir lui était revenu de la courte hésitation de Félicien, du flot de sang dont ses joues s'étaient empourprées, lorsqu'elle lui avait parlé de leur mariage. La secousse fut si rude, que sa tête décolorée glissa sur l'épaule de sa mère.

— Ma mignonne, ma chère mignonne... C'est bien cruel, je le sais. Mais, si tu attendais, ce serait plus cruel encore. Arrache donc tout de suite le couteau de la blessure... Répète-toi, à chaque réveil de ton mal, que jamais Monseigneur, le terrible Jean XII, dont le monde, paraît-il, se rappelle encore la fierté intraitable, ne donnera son fils, le dernier de sa race, à une petite brodeuse, ramassée sous une porte, adoptée par de pauvres gens tels que nous.

Dans sa défaillance, Angélique entendait cela, ne se révoltait plus. Qu'avait-elle senti passer sur sa face? Une haleine froide, venue de loin, par-dessus les toits, lui glaçait le sang. Était-ce cette misère du monde, cette réalité triste, dont on lui parlait comme on parle du loup aux enfants déraisonnables? Elle en gardait une douleur, rien que d'avoir été effleurée. Déjà, pourtant, elle excusait Félicien : il n'avait pas menti, il était resté muet, simplement. Si son père voulait le marier à cette jeune fille, lui sans doute la refusait. Mais il n'osait encore entrer en lutte ; et, puisqu'il n'avait rien dit, peut-être était-ce qu'il venait de s'y décider. Devant ce premier écroulement, pâle, touchée du doigt rude de la vie, elle demeurait croyante toujours. elle avait quand même foi en son rêve. Les choses se réaliseraient, seulement son orgueil était abattu, elle retombait à l'humilité de la grâce.

— Mère, c'est vrai, j'ai péché et je ne pécherai plus... Je vous promets de ne pas me révolter, d'être ce que le ciel voudra que je sois.

C'était la grâce qui parlait, la victoire restait au milieu où elle avait grandi, à l'éducation qu'elle y avait reçue. Pourquoi aurait-elle douté du lendemain, puisque, jusqu'alors, tout ce qui l'entourait s'était montré si généreux pour elle, et si tendre. Elle voulait garder la sagesse de Catherine, la modestie d'Élisabeth, la chasteté d'Agnès, réconfortée par l'appui des saintes, certaine qu'elles seules l'aideraient à vaincre. Est-ce que sa vieille amie la cathédrale, le Clos-Marie et la Chevrotte, la petite maison fraîche des Hubert, les Hubert eux-mêmes, tout ce qui l'aimait, n'allait pas la défendre, sans qu'elle eût à agir, simplement obéissante et pure ?

— Alors, tu me promets que tu ne feras jamais rien contre notre volonté, ni surtout contre celle de Monseigneur ?

— Oui, mère, je promets.

— Tu me promets de ne jamais revoir ce jeune homme et de ne plus songer à cette folie de l'épouser.

Là, son cœur défaillit. Une rébellion dernière manqua de la soulever, en criant son amour. Puis, elle plia la tête, définitivement domptée.

— Je promets de ne rien faire pour le revoir et pour qu'il m'épouse.

Hubertine, très émue, la serra désespérément dans ses bras, en remerciement de son obéissance. Ah ! quelle misère ! vouloir le bien, faire souffrir ceux qu'on aime ! Elle était brisée, elle se leva, surprise du jour qui grandissait. Les petits cris des oiseaux avaient augmenté, sans qu'on en vît encore voler un seul. Au ciel, les nuées s'écartaient comme des gazes, dans le bleuissement limpide de l'air.

Et Angélique, alors, les regards tombés machinalement sur son églantier, finit par l'apercevoir, avec ses fleurs chétives. Elle eut un rire triste.

— Vous aviez raison, mère, il n'est pas près de porter des roses.

X

Le matin, à sept heures, comme de coutume, Angélique était au travail ; et les jours se suivirent, et chaque matin elle se remit, très calme, à la chasuble quittée la veille. Rien ne semblait changé, elle tenait strictement sa parole, se cloîtrait, sans chercher à revoir Félicien. Cela même ne paraissait pas l'assombrir, elle gardait son gai visage de jeunesse, souriant à Hubertine, lorsqu'elle la surprenait, étonnée, les yeux sur elle. Pourtant, dans cette volonté de silence, elle ne songeait qu'à lui, la journée entière. Son espoir demeurait invincible, elle était certaine que les choses se réaliseraient, malgré tout. Et c'était cette certitude qui lui donnait son grand air de courage, si droit et si fier.

Hubert, parfois, la grondait.

— Tu travailles trop, je te trouve un peu pâle... Est-ce que tu dors bien au moins ?

— Oh ! père, comme une souche ! Jamais je ne me suis mieux portée.

Mais Hubertine, à son tour, s'inquiétait, parlait de prendre des distractions.

— Si tu veux, nous fermons les portes, nous faisons tous les trois un voyage à Paris.

—Ah! par exemple! Et les commandes, mère?... Quand je vous dis que c'est ma santé, de travailler beaucoup!

Au fond, Angélique, simplement, attendait un miracle, quelque manifestation de l'invisible, qui la donnerait à Félicien. Outre qu'elle avait promis de ne rien tenter, à quoi bon agir, puisque l'au delà, toujours, agissait pour elle? Aussi, dans son inertie volontaire, tout en feignant l'indifférence, avait-elle continuellement l'oreille aux aguets, écoutant les voix, ce qui frissonnait à son entour, les petits bruits familiers de ce milieu où elle vivait et qui allait la secourir. Quelque chose devait se produire, forcément. Penchée sur son métier, la fenêtre ouverte, elle ne perdait pas un frémissement des arbres, pas un murmure de la Chevrotte. Les moindres soupirs de la cathédrale lui parvenaient, décuplés par l'attention : elle entendait jusqu'aux pantoufles du bedeau éteignant les cierges. De nouveau, à ses côtés, elle sentait le frôlement d'ailes mystérieuses, elle se savait assistée de l'inconnu; et il lui arrivait de se tourner soudain, en croyant qu'une ombre lui avait balbutié à l'oreille un moyen de victoire. Mais les jours passaient, rien ne venait encore.

La nuit, pour ne pas manquer à son serment, Angélique évita d'abord de se mettre au balcon, dans la crainte de rejoindre Félicien, si elle l'apercevait en bas. Elle attendait, du fond de sa chambre. Puis, comme les feuilles elles-mêmes ne bougeaient point, endormies, elle se risqua, elle recommença à interroger les ténèbres. D'où le miracle allait-il se produire? Sans doute, du jardin de l'Évêché, une main flambante qui lui ferait signe de venir. Peut-être de la cathédrale, où les orgues gronderaient et l'appelleraient à l'autel. Rien ne l'aurait surprise, ni les colombes de la Légende apportant des paroles de bénédiction, ni l'intervention des saintes entrant par les murs lui annoncer que Monseigneur voulait la connaître. Et elle n'avait qu'un étonnement, qui grandissait chaque soir : la lenteur du prodige à s'opérer. Ainsi que les jours, les nuits succédaient aux nuits, sans que rien, rien encore se montrât.

Après la seconde semaine, ce qui étonna plus encore Angélique, ce fut de n'avoir pas revu Félicien. Elle avait bien pris l'engagement de ne rien tenter pour se rapprocher de lui ; mais, sans le dire, elle comptait que, lui, ferait tout pour se rapprocher d'elle ; et le Clos-Marie restait vide, il n'en traversait même plus les herbes folles. Pas une fois, en quinze jours, aux heures de nuit, elle n'avait aperçu son ombre. Cela n'ébranlait pas sa foi : s'il ne venait point, c'était qu'il s'occupait de leur bonheur. Pourtant, sa surprise augmentait, mêlée à un commencement d'inquiétude.

Un soir enfin, le dîner fut triste chez les brodeurs, et comme Hubert sortait sous le prétexte d'une course pressée, Hubertine demeura seule avec Angélique, dans la cuisine. Longuement, elle la regardait, les yeux mouillés, émue de son beau courage. Depuis quinze jours qu'ils ne disaient pas un mot des choses dont leurs cœurs débordaient, elle était touchée de cette force et de cette loyauté à tenir un serment. Une brusque tendresse lui fit ouvrir les deux bras, et la jeune fille se jeta sur sa poitrine, et toutes deux, muettes, s'étreignirent.

Puis, lorsque Hubertine put parler :

— Ah ! ma pauvre enfant, j'ai attendu d'être seule avec toi, il faut que tu saches... Tout est fini, bien fini.

Éperdue, Angélique s'était redressée, criant :

— Félicien est mort !

— Non, non.

— S'il ne vient pas, c'est qu'il est mort !

Et Hubertine dut expliquer que, le lendemain de la procession, elle l'avait vu, pour exiger également de lui le serment de ne plus reparaître, tant qu'il n'aurait pas l'autorisation de Monseigneur. C'était un congé définitif, car elle savait le mariage impossible. Elle l'avait bouleversé, en lui montrant sa mauvaise action, cette pauvre fille confiante, ignorante, qu'il compromettait, sans pouvoir l'épouser un jour ; et il s'était écrié, lui aussi, qu'il mourrait du chagrin de ne pas la revoir, plutôt que d'être déloyal. Le soir même, il se confessait à son père.

— Voyons, reprit Hubertine, tu as tant de courage, que je te parle sans ménagement... Ah ! si tu savais, mignonne, comme je te plains et comme je t'admire, depuis que je te sens si fière, si brave, à te taire et à être gaie, lorsque ton cœur éclate... Mais il t'en faut encore, du courage, beaucoup, beaucoup... J'ai rencontré cette après-midi l'abbé Cornille. Tout est fini, Monseigneur ne veut pas.

Elle s'attendait à une crise de larmes, et elle s'étonna de la voir, très pâle, se rasseoir, l'air tranquille. La vieille table de chêne venait d'être desservie, une lampe éclairait l'antique salle commune, dont la paix n'était troublée que par le petit frémissement du coquemar.

— Mère, rien n'est fini... Racontez-moi, j'ai le droit d'être renseignée, n'est-ce pas ? puisque ce sont là mes affaires.

Et elle écouta attentivement ce qu'Hubertine crut pouvoir lui dire des choses qu'elle tenait de l'abbé, sautant certains détails, continuant de cacher la vie à cette ignorante.

Depuis qu'il avait appelé son fils près de lui, Monseigneur vivait dans le trouble. Après l'avoir écarté de sa présence, au lendemain de la mort de sa femme, et être resté vingt ans sans consentir à le connaître, voilà qu'il le voyait dans la force et l'éclat de la jeunesse, vivant portrait de celle qu'il pleurait, ayant son âge, la grâce blonde de sa beauté. Ce long exil, cette rancune contre l'enfant qui lui avait coûté la mère, était aussi une prudence : il le sentait à cette heure, il regrettait d'être revenu sur sa volonté. L'âge, vingt années de prières, Dieu descendu en lui, rien n'avait tué l'homme ancien. Et il suffisait que ce fils de sa chair, cette chair de la femme adorée se dressât, avec le rire de ses yeux bleus, pour que son cœur battît à se rompre, en croyant que la morte ressuscitait. Il se frappait la poitrine du poing, il sanglotait dans la pénitence inefficace, criant qu'on devrait interdire le sacerdoce à ceux qui ont goûté à la femme, qui ont gardé d'elle des liens de sang.

Le bon abbé Cornille en avait parlé à Hubertine, tout bas, les mains tremblantes. Des bruits mystérieux couraient, on chuchotait que Monseigneur s'enfermait dès le crépuscule ; et c'étaient des nuits de combat, des larmes, des plaintes, dont la violence, étouffée par les tentures, effrayait l'Évêché. Il avait cru oublier, dompter la passion ; mais elle renaissait avec un emportement de tempête, dans le terrible homme qu'il était jadis, l'homme d'aventure, le descendant des capitaines légendaires. Chaque soir, à genoux, la peau écorchée d'un cilice, il s'efforçait de chasser le fantôme de la femme regrettée, il évoquait du cercueil la poussière qu'elle devait être maintenant. Et c'était vivante qu'elle se levait, en sa fraîcheur délicieuse de fleur, telle qu'il l'avait aimée toute jeune, d'un amour fou d'homme déjà mûr. La torture recommençait, saignante comme au lendemain de sa mort; il la pleurait, il la désirait, avec la même révolte contre Dieu, qui la lui avait prise; il ne se calmait qu'au petit jour, épuisé, dans le mépris de lui-même et le dégoût du monde. Ah ! la passion, la bête mauvaise, qu'il aurait voulu écraser, pour retomber à la paix anéantie de l'amour divin !

Monseigneur, quand il sortait de sa chambre, retrouvait son attitude sévère, sa face calme et hautaine, à peine blêmie d'un reste de pâleur. Le matin où Félicien s'était confessé, il l'avait écouté, sans une parole, en se domptant d'un tel effort, que pas une fibre de sa chair ne tressaillait. Il le regardait, le cœur bouleversé de le voir si jeune, si beau, si ardent, de se revoir, dans cette folie de l'amour. Ce n'était plus de la rancune, c'était l'absolue volonté, le devoir rude de le soustraire au mal dont lui-même souffrait tant. Il tuerait la passion dans son fils, comme il voulait la tuer en lui. Cette histoire romanesque achevait de l'angoisser. Quoi ! une fille pauvre, une fille sans nom, une petite brodeuse aperçue sous un rayon de lune, transfigurée en vierge mince de la Légende, adorée dans le rêve ! Et il avait fini par répondre d'un seul mot : Jamais ! Félicien s'était jeté à ses genoux, l'implorant, plaidant sa cause, celle d'Angélique. Jusque-là, il ne l'avait approché qu'en tremblant, il le suppliait de ne pas s'opposer à son bonheur, sans même oser encore lever les yeux sur sa personne sainte. La voix soumise, il offrait de disparaître, d'emmener sa femme si loin qu'on ne les reverrait pas, d'abandonner à l'Église sa grande fortune. Il ne voulait qu'être aimé et aimer, inconnu. Un frisson, alors, avait secoué Monseigneur. Sa parole était engagée aux Voincourt, jamais il ne la reprendrait. Et Félicien, à bout de force, se sentant envahir d'une rage, s'en était allé, dans la crainte du flot de sang dont ses joues s'empourpraient, et qui le jetait au sacrilège d'une révolte ouverte.

— Mon enfant, conclut Hubertine, tu vois bien qu'il ne faut plus songer à ce jeune homme, car tu ne comptes point sans doute agir contre la volonté de Monseigneur... Je prévoyais tout cela. Mais j'aime mieux que les faits parlent et que l'obstacle ne vienne pas de moi.

Angélique avait écouté de son air tranquille, les mains tombées et jointes sur les genoux. A peine ses paupières battaient-elles de loin en loin, ses regards fixes voyaient la scène, Félicien aux pieds de Monseigneur, parlant d'elle, dans un débordement de tendresse. Elle ne répondit pas tout de suite, elle continuait de réfléchir, au milieu de la paix morte de la cuisine, où le petit frémissement du coquemar venait de s'éteindre. Elle abaissa les paupières, elle regarda ses mains que la lumière de la lampe faisait de bel ivoire. Puis, tandis que son sourire d'invincible confiance lui remontait aux lèvres, elle dit simplement :

— Si Monseigneur refuse, c'est qu'il attend de me connaître.

Cette nuit-là, Angélique ne dormit guère. L'idée que sa vue déciderait l'évêque, la hantait. Et il n'y avait là aucune vanité personnelle de femme, elle sentait l'amour tout-puissant, elle aimait Félicien si fort, que cela certainement se verrait, et que le père ne pourrait s'entêter à faire leur malheur. Vingt fois, dans son grand lit, elle se retourna, se répéta ces choses. Monseigneur passait devant ses yeux clos. Peut-être était-ce en lui et par lui que le miracle attendu allait se produire. La nuit chaude dormait au dehors, elle prêtait l'oreille pour écouter les voix, pour tâcher de surprendre ce que lui conseillaient les arbres, la Chevrotte, la cathédrale, sa chambre elle-même, peuplée des ombres amies. Mais tout bourdonnait, il ne lui arrivait rien de précis. Une impatience lui venait des certitudes trop lentes. Et, en s'endormant, elle se surprit à dire :

— Demain, je parlerai à Monseigneur.

Quand elle se réveilla, sa démarche lui parut toute simple et nécessaire. C'était de la passion ingénue et brave, une grande pureté fière dans la bravoure.

Elle savait que, chaque samedi, vers cinq heures du soir, l'évêque allait s'agenouiller dans la chapelle Hautecœur, où il aimait à prier seul, tout au passé de sa race et de lui-même, cherchant une solitude respectée de son clergé entier; et, justement, on était au samedi. Elle eut vite pris une décision. A l'Évêché, peut-être ne l'aurait-on pas reçue ; d'autre part, il y avait toujours là du monde, elle se serait troublée ; tandis qu'il était si commode d'attendre dans la chapelle et de se nommer à Monseigneur, dès qu'il paraîtrait. Ce jour-là, elle broda avec son application et sa sérénité accoutumées : elle n'avait aucune fièvre, résolue en son vouloir, certaine de bien agir. Puis, à quatre heures, elle parla de monter voir la mère Gabet, elle sortit, vêtue comme pour ses courses de quartier, simplement coiffée d'un chapeau de jardin, noué au petit bonheur des doigts. Elle avait tourné à gauche, elle poussa le battant rembourré de la porte Sainte-Agnès, qui retomba sourdement derrière elle.

L'église était vide, seul un confessionnal de la chapelle Saint-Joseph se trouvait occupé encore par une pénitente, dont on ne voyait déborder que la jupe noire ; et Angélique, très calme jusque-là, se mit à trembler, en entrant dans cette solitude sacrée et froide, où le petit bruit de ses pas lui paraissait retentir terriblement. Pourquoi donc son cœur se serrait-il ainsi ? Elle s'était crue si forte, elle avait passé une journée si tranquille, dans l'idée de son bon droit à vouloir être heureuse ! Et voilà qu'elle ne savait plus, qu'elle pâlissait comme une coupable ! Elle se glissa jusqu'à la chapelle Hautecœur, elle dut s'y tenir appuyée contre la grille.

Cette chapelle était une des plus enterrées, une des plus sombres de l'antique abside romane. Pareille à un caveau taillé dans le roc, étroite et nue, avec les simples nervures de sa voûte basse, elle n'était éclairée que par le vitrail, la légende de saint Georges, où les verres rouges et les verres bleus, dominant, faisaient un jour lilas, crépusculaire. L'autel, en marbre blanc et noir, sans ornement aucun, avec son christ et sa double paire de chandeliers, ressemblait à un sépulcre. Et le reste des murs était revêtu de pierres tombales, tout un encastrement du haut en bas, des pierres rongées par l'âge, où des inscriptions en lettres profondes se lisaient encore.

Étouffée, Angélique attendait, immobile. Un bedeau passa, qui ne la vit même point, collée à l'intérieur de cette grille. Elle apercevait toujours la jupe de la pénitente débordant du confessionnal. Ses yeux s'habituaient au demi-jour, se fixaient machinalement sur les inscriptions, dont elle finit par déchiffrer les caractères. Des noms la frappaient, éveillaient en elle les légendes du château d'Hautecœur, Jean V le Grand, Raoul III, Hervé VII. Elle en rencontra deux autres, ceux de Laurette et de Balbine, qui l'émurent aux larmes, dans son trouble. C'étaient ceux des Mortes heureuses, Laurette tombée d'un rayon de lune en allant rejoindre son fiancé, Balbine foudroyée de joie par le retour de son mari qu'elle croyait tué à la guerre, toutes les deux revenant la nuit, enveloppant le château du vol blanc de leur robe immense. Ne les avait-elle pas vues, le jour de sa visite aux ruines, flotter au-dessus des tours, parmi la cendre pâle du crépuscule ? Ah ! qu'elle serait morte volontiers comme elles, à seize ans, dans le bonheur de son rêve réalisé !

Un bruit énorme, répercuté sous les voûtes, la fit tressaillir. C'était le prêtre qui sortait du confessionnal de la chapelle Saint-Joseph, et qui en refermait la porte. Elle eut une surprise, en ne retrouvant pas la pénitente, disparue déjà. Puis, quand le prêtre, à son tour, s'en fut allé par la sacristie, elle se sentit absolument seule, dans la vaste solitude de l'église. A ce bruit de tonnerre du vieux confessionnal craquant sur ses ferrures rouillées, elle avait cru que Monseigneur approchait. Elle l'attendait depuis une demi-heure bientôt, et elle n'en avait point conscience, son émotion emportait les minutes.

Mais un nouveau nom arrêtait ses yeux, Félicien III, celui qui s'était rendu en Palestine, un cierge au poing, pour remplir un vœu de Philippe le Bel. Et son cœur battit, elle voyait se lever la tête jeune de Félicien VII, leur descendant à tous, le blond seigneur qu'elle adorait, dont elle était adorée. Elle en demeurait éperdue d'orgueil et de crainte. Était-ce possible qu'elle fût là, pour l'accomplissement du prodige? Devant elle, il y avait une plaque de marbre, plus récente, datant du siècle dernier, où elle lisait couramment, en lettres noires : Norbert, Louis, Ogier, marquis d'Hautecœur, prince de Mirande et de Rouvres, comte de Ferrières, de Montégu, de Saint-Marc, et aussi de Villemareuil, baron de Combeville, seigneur de Morainvilliers, chevalier des quatre ordres du roi, lieutenant de ses armées, gouverneur de Normandie, pourvu de la charge de capitaine général de la vénerie et de l'équipage du sanglier. C'étaient les titres du grand-père de Félicien, elle était venue, si simple, avec sa robe d'ouvrière, ses doigts abîmés par l'aiguille, pour épouser le petit-fils de ce mort.

Il y eut un léger bruit, à peine un frôlement sur les dalles. Elle se retourna, et vit Monseigneur, et resta saisie de cette approche silencieuse, sans le coup de foudre qu'elle attendait. Il était entré dans la chapelle, très grand, très noble, avec sa face pâle au nez un peu fort, aux yeux superbes, restés jeunes. D'abord, il ne l'aperçut pas, contre cette grille noire. Puis, comme il s'inclinait vers l'autel, il la trouva devant lui, à ses pieds.

Les jambes fléchissantes, anéantie de respect et d'effroi, Angélique était tombée sur les deux genoux. Il lui apparaissait comme Dieu le Père, terrible, maître absolu de sa destinée. Mais elle avait le cœur courageux, elle parla tout de suite.

— O Monseigneur, je suis venue...

Lui, s'était redressé. Il se souvenait d'elle : la jeune fille remarquée à sa fenêtre, le jour de la procession, retrouvée dans l'église, debout sur une chaise, cette petite brodeuse dont son fils était fou. Il n'eut pas une parole, pas un geste. Il attendait, haut, rigide.

— O Monseigneur, je suis venue, pour que vous puissiez me voir... Vous m'avez refusée, seulement vous ne me connaissiez pas. Et me voilà, regardez-moi, avant de me repousser encore... Je suis celle qui aime et qui est aimée, et rien autre, rien en dehors de cet amour, rien qu'une enfant pauvre, recueillie à la porte de cette église... Vous me voyez à vos pieds, combien je suis petite, faible et humble. Cela vous sera facile de m'écarter, si je vous gêne. Vous n'avez qu'à lever un doigt, pour me détruire... Mais, que de larmes ! Il faut savoir ce qu'on souffre. Alors, on est pitoyable... J'ai voulu, à mon tour, défendre ma cause, Monseigneur. Je suis une ignorante, je sais uniquement que j'aime et que je suis aimée... Cela ne suffit-il point? Aimer, aimer et le dire!

Et elle continuait en phrases coupées et soupirées, elle se confessait toute, dans un élan de naïveté, de passion croissante. C'était l'amour qui avoue. Elle osait ainsi, parce qu'elle était chaste. Peu à peu, elle avait relevé la tête.

— Nous nous aimons, Monseigneur. Lui, sans doute, vous a expliqué comment cette chose a pu se faire. Moi, souvent, je me le suis demandé, sans parvenir à me répondre... Nous nous aimons, et si c'est un crime, pardonnez-le, car il est venu de loin, des arbres et des pierres mêmes qui nous entouraient. Quand j'ai su que je l'aimais, il était trop tard pour ne plus l'aimer... Maintenant, est-ce possible de vouloir cela? Vous pouvez le garder chez vous, le marier ailleurs, mais vous n'arriverez pas à faire qu'il ne m'aime point. Il mourra sans moi, comme je mourrai sans lui. Lorsqu'il n'est pas là, à mon côté, je sens bien qu'il y est encore, que nous ne nous séparons plus, que l'un emporte le cœur de l'autre. Je n'ai qu'à fermer les yeux, je le revois, il est en moi... Et vous nous arracheriez de cette union? Monseigneur, cela est divin, ne nous empêchez pas de nous aimer.

Il la regardait, si fraîche, si simple, d'une odeur de bouquet, dans sa petite robe d'ouvrière. Il l'écoutait dire le cantique de son amour, d'une voix pénétrante de charme, peu à peu raffermie.

Mais le chapeau de jardin glissa sur ses épaules, ses cheveux de lumière lui nimbèrent le visage d'or fin; et elle lui apparut comme une de ces vierges légendaires des anciens missels, avec quelque chose de frêle, de primitif, d'élancé dans la passion, de passionnément pur.

— Soyez bon, Monseigneur... Vous êtes le maître, faites que nous soyons heureux.

Elle l'implorait, elle courbait de nouveau le front, en le voyant si froid, toujours sans une parole, sans un geste. Ah! cette enfant éperdue à ses pieds, cette odeur de jeunesse qui s'exhalait de sa nuque ployée devant lui! Là, il retrouvait les petits cheveux blonds, si follement baisés autrefois. Celle dont le souvenir le torturait après vingt ans de pénitence, avait cette jeunesse odorante, ce col d'une fierté et d'une grâce de lis. Elle renaissait, c'était elle-même qui sanglotait, qui le suppliait d'être doux à la passion.

Les larmes étaient venues, Angélique continuait pourtant, voulait tout dire.

— Et, Monseigneur, ce n'est pas seulement lui que j'aime, j'aime encore la noblesse de son nom, l'éclat de sa royale fortune... Oui, je sais que, n'étant rien, n'ayant rien, j'ai l'air de le vouloir pour son argent; et, c'est vrai, c'est aussi pour son argent que je le veux... Je vous dis cela, puisqu'il faut que vous me connaissiez... Ah! devenir riche par lui, avec lui, vivre dans la douceur et la splendeur du luxe, lui devoir toutes les joies, être libres de notre amour, ne plus laisser de larmes, plus de misères, autour de nous !... Depuis qu'il m'aime, je me vois vêtue de brocard, comme dans l'ancien temps ; j'ai au cou, aux poignets, des ruissellements de pierreries et de perles ; j'ai des chevaux, des carrosses, de grands bois où je me promène à pied, suivie par des pages... Jamais je ne pense à lui, sans recommencer ce rêve ; et je me dis que cela doit être, il a rempli mon désir d'être reine. Monseigneur, est-ce donc vilain, de l'aimer davantage, parce qu'il comblera tous mes souhaits d'enfant, les pluies d'or miraculeuses des contes de fées ?

Il la trouvait fière, redressée, avec son grand air charmant de princesse, dans sa simplicité. Et c'était bien l'autre, la même délicatesse de fleur, les mêmes larmes tendres, claires comme des sourires. Toute une ivresse émanait d'elle, dont il sentait monter à sa face le frisson tiède, ce même frisson du souvenir qui le jetait, la nuit, sanglotant à son prie-Dieu, troublant de ses plaintes le silence religieux de l'Évêché. Jusqu'à trois heures du matin, la veille, il avait lutté encore ; et cette aventure d'amour, cette passion remuée ainsi, irritait son inguérissable blessure. Mais, derrière son impassibilité, rien n'apparaissait, ne trahissait l'effort du combat, pour dompter les battements du cœur. S'il perdait son sang goutte à goutte, personne ne le voyait couler : il n'en était que plus pâle et plus muet.

Alors, ce grand silence obstiné désespéra Angélique, qui redoubla de supplications.

— Je me remets entre vos mains, Monseigneur. Ayez pitié, décidez de mon sort.

Et il ne parlait toujours pas, il la terrifiait, comme s'il avait grandi devant elle, d'une redoutable majesté. La cathédrale déserte, avec ses bas côtés déjà sombres, ses voûtes hautes où se mourait le jour, élargissait encore l'angoisse de l'attente. Dans la chapelle, on ne distinguait même plus les pierres tombales, il ne restait que lui, avec sa soutane noire, sa longue face blanche, qui semblait seule avoir gardé de la lumière. Elle en voyait les yeux luire, s'attacher sur elle avec un éclat croissant. Était-ce donc de la colère qui les allumait de la sorte ?

— Monseigneur, si je n'étais pas venue, je me serais éternellement reproché d'avoir fait notre malheur à tous deux, par manque de courage... Dites, je vous en supplie, dites que j'ai eu raison que vous consentez.

A quoi bon discuter avec cette enfant ? Il avait donné à son fils les raisons de son refus, cela suffisait. S'il ne parlait pas, c'était qu'il croyait n'avoir rien à dire. Elle le comprit sans doute, elle voulut se hausser jusqu'à ses mains, pour les baiser. Mais il les écarta violemment en arrière ; et elle s'effara, en remarquant que sa face pâle s'empourprait d'un brusque flot de sang.

— Monseigneur... Monseigneur...

Enfin, il ouvrit les lèvres, il lui dit un seul mot, le mot jeté à son fils :

— Jamais !

Et, sans même faire ses dévotions, ce jour-là, il partit. Ses pas graves se perdirent derrière les piliers de l'abside.

Tombée sur les dalles, Angélique pleura longtemps à gros sanglots, dans la grande paix vide de l'église.

XI

Dès le soir, dans la cuisine, en sortant de table, Angélique se confessa aux Hubert, dit sa démarche près de l'évêque et le refus de celui-ci. Elle était toute pâle, mais très calme.

Hubert fut bouleversé. Eh quoi! déjà, sa chère enfant souffrait! Elle aussi était frappée au cœur. Il en avait des larmes plein les yeux, dans sa parenté de passion avec elle, cette fièvre de l'au delà qui les emportait si aisément ensemble, au moindre souffle.

— Ah! ma pauvre chérie, pourquoi ne m'as-tu pas consulté? Je serais allé avec toi, j'aurais peut-être fléchi Monseigneur.

D'un regard, Hubertine le fit taire. Il était vraiment déraisonnable. Ne valait-il pas mieux saisir l'occasion, pour enterrer ce mariage impossible? Elle prit la jeune fille entre ses bras, elle la baisa tendrement au front.

— Alors, c'est fini, mignonne, bien fini?

Angélique, d'abord, ne parut pas comprendre.

Puis, les mots lui revinrent, de loin. Elle regarda devant elle, comme si elle eût interrogé le vide; et elle répondit :

— Sans doute, mère.

En effet, le lendemain, elle s'assit à son métier, elle broda, de son air habituel. Sa vie d'autrefois reprenait, elle semblait ne point souffrir. Aucune allusion d'ailleurs, pas un regard vers la fenêtre, à peine un reste de pâleur. Le sacrifice parut accompli.

Hubert lui-même le crut, se rendit à la sagesse d'Hubertine, travailla à écarter Félicien, qui, n'osant encore se révolter contre son père, s'enfiévrait, au point de ne plus tenir la promesse qu'il avait faite d'attendre, sans tâcher de revoir Angélique. Il lui écrivit, et les lettres furent interceptées. Il se présenta un matin, et ce fut Hubert qui le reçut. L'explication les désespéra autant l'un que l'autre, tellement le jeune homme montra sa peine, lorsque le brodeur lui dit le calme convalescent de sa fille, en le suppliant d'être loyal, de disparaître, pour ne pas la rejeter au trouble affreux du dernier mois. Félicien s'engagea de nouveau à la patience; mais il refusa violemment de reprendre sa parole, il espérait toujours convaincre son père. Il attendrait, il laisserait les choses en l'état avec les Voincourt, où il dînait deux fois la semaine, dans l'unique but d'éviter une rébellion ouverte. Et, comme il partait, il supplia Hubert d'expliquer à

Angélique pourquoi il consentait au tourment de ne pas la voir : il ne pensait qu'à elle, tous ses actes n'avaient d'autre fin que de la conquérir.

Hubertine, quand son mari lui rapporta cet entretien, devint grave. Puis, après un silence :

— Répéteras-tu à l'enfant ce qu'il t'a chargé de lui dire?

— Je le devrais.

Elle le regarda fixement, déclara ensuite :

— Agis selon ta conscience... Seulement, il s'illusionne, il finira par plier sous la volonté de son père, et ce sera notre pauvre chère fillette qui en mourra.

Alors, Hubert, combattu, plein d'angoisse, hésita, se résigna à ne répéter rien. D'ailleurs, chaque jour, il se rassurait un peu, lorsque sa femme lui faisait remarquer l'attitude tranquille d'Angélique.

— Tu vois bien que la blessure se ferme... Elle oublie.

Elle n'oubliait pas, elle attendait, elle aussi, simplement. Toute espérance humaine était morte, elle en revenait à l'idée d'un prodige. Il s'en produirait sûrement un, si Dieu la voulait heureuse. Elle n'avait qu'à s'abandonner entre ses mains, elle se croyait punie, par cette nouvelle épreuve, de ce qu'elle avait essayé de forcer sa volonté, en importunant Monseigneur. Sans la grâce, la créature était débile, incapable de victoire. Son besoin de la grâce la rendait à l'humilité, à la seule espérance du secours de l'invisible, n'agissant plus, laissant agir les forces mystérieuses, épandues à son entour. Elle recommença, chaque soir, sous la lampe, à relire son antique exemplaire de *la Légende dorée;* et elle en sortait ravie, comme dans la naïveté de son enfance; et elle ne mettait en doute aucun miracle, convaincue que la puissance de l'inconnu est sans bornes pour le triomphe des âmes pures.

Justement, le tapissier de la cathédrale était venu commander aux Hubert un panneau de très riche broderie, pour le siège épiscopal de Monseigneur. Ce panneau, large d'un mètre cinquante, haut de trois, devait s'encadrer dans la boiserie du fond, et représentait deux anges de grandeur naturelle, tenant une couronne, sous laquelle se trouvaient les armoiries des Hautecœur. Il nécessitait de la broderie en bas-relief, travail qui demande beaucoup d'art et une grande dépense de force physique. Les Hubert, d'abord, avaient refusé, de crainte de fatiguer Angélique, surtout de l'attrister, à broder ces armoiries, où fil à fil, pendant des semaines, elle revivrait ses souvenirs. Mais elle s'était fâchée pour retenir la commande, elle se remettait chaque matin à la besogne, avec une énergie extraordinaire. Il semblait qu'elle était heureuse de se lasser, qu'elle avait le besoin de briser son corps, voulant être calme.

Et la vie continuait, dans l'antique atelier, toujours pareille et régulière, comme si les cœurs, un moment, n'y avaient pas battu plus vite. Tandis qu'Hubert s'affairait aux métiers, dessinait, tendait et détendait, Hubertine aidait Angélique, toutes les deux les doigts meurtris, quand venait le soir. Pour les anges et pour les ornements, il avait fallu diviser chaque sujet en plusieurs parties, qu'on traitait à part. Angélique, afin d'exprimer les grandes saillies, conduisait, avec une broche, de gros fils écrus, qu'elle recouvrait, en sens contraire, de fil de Bretagne ; et, au fur et à mesure, usant du menne-lourd ainsi que d'un ébauchoir, elle modelait ces fils, fouillait les draperies des anges, détachait les détails des ornements. Il y avait là un vrai travail de sculpture. Ensuite, quand la forme était obtenue, Hubertine et elle jetaient des fils d'or, qu'elles cousaient à points d'osier. C'était tout un bas-relief d'or, d'une douceur et d'un éclat incomparables, rayonnant comme un soleil, au milieu de la pièce enfumée. Les vieux outils s'alignaient dans leur ordre séculaire, les emporte-pièce, les poinçons, les maillets, les marteaux ; sur les métiers, trottaient le bourriquet et le pâté, les dés et les aiguilles ; et, au fond des coins où ils achevaient de se rouiller, le diligent, le rouet à main, le dévidoir avec ses tourettes, paraissaient dormir, assoupis dans la grande paix qui entrait par les fenêtres ouvertes.

Des jours s'écoulèrent, Angélique cassait des aiguilles du matin au soir, tellement il était dur de coudre l'or, à travers l'épaisseur des fils cirés. On l'aurait dite absorbée toute par cette rude besogne, le corps et l'esprit, au point de ne plus penser. Dès neuf heures, elle tombait de fatigue, se couchait, dormait d'un sommeil de plomb. Quand le travail lui laissait la tête libre une minute, elle s'étonnait de ne pas voir Félicien. Si elle ne faisait rien pour le rencontrer, elle songeait qu'il aurait dû tout franchir, lui, pour être près d'elle. Mais elle l'approuvait de se montrer si sage, elle l'aurait grondé, de vouloir hâter les choses. Sans doute il attendait aussi le prodige. C'était l'attente unique dont elle vivait maintenant, espérant chaque soir que ce serait pour le lendemain. Elle n'avait pas eu jusque-là de révolte. Parfois, cependant, elle levait la tête : quoi, rien encore ? Et elle piquait fortement son aiguille, dont ses petites mains saignaient. Souvent, il lui fallait la retirer avec les pinces. Quand l'aiguille cassait, d'un coup sec de verre qu'on brise, elle n'avait pas même un geste d'impatience.

Hubertine s'inquiéta de la voir si acharnée au travail, et comme l'époque de la lessive était venue, elle la força à quitter le panneau de broderie, pour vivre quatre bons jours de vie active, sous le grand soleil. La mère Gabet, que ses douleurs laissaient tranquille, put aider au savonnage et au rinçage. C'était une fête dans le Clos-Marie, cette fin d'août avait une splendeur admirable, un ciel ardent, des ombrages noirs ; tandis qu'une délicieuse fraîcheur s'exhalait de la Chevrotte, dont l'ombre des saules glaçait l'eau vive. Et Angélique passa la première journée très gaiement, tapant et plongeant les linges, jouissant de la rivière, des ormes, du moulin en ruines, des herbes, de toutes ces choses amies, si pleines de souvenirs. N'était-ce pas là qu'elle avait connu Félicien, d'abord mystérieux sous la lune, puis si adorablement gauche, le matin où il avait sauvé la camisole emportée? Après chaque pièce qu'elle rinçait, elle ne pouvait s'empêcher de jeter un coup d'œil vers la grille de l'Évêché, condamnée autrefois : elle l'avait un soir franchie à son bras, peut-être allait-il brusquement l'ouvrir, pour la venir prendre et l'emmener aux genoux de son père. Cet espoir enchantait sa grosse besogne, dans les éclaboussures de l'écume.

Mais, le lendemain, comme la mère Gabet amenait la dernière brouettée du linge qu'elle étendait avec Angélique, elle interrompit son bavardage interminable, pour dire sans malice :

— A propos, vous savez que Monseigneur marie son fils?

La jeune fille, en train d'étaler un drap, s'agenouilla dans l'herbe, le cœur défaillant sous la secousse.

— Oui, le monde en cause... Le fils de Monseigneur épousera mademoiselle de Voincourt à l'automne... Tout est réglé d'avant-hier, paraît-il.

Elle restait à genoux, un flot d'idées confuses bourdonnait dans sa tête. La nouvelle ne la surprenait point, elle la sentait vraie. Sa mère l'avait avertie, elle devait s'y attendre. Mais, en ce premier moment, ce qui lui brisait ainsi les jambes, c'était la pensée que, tremblant devant son père, Félicien pouvait épouser l'autre, sans l'aimer, un soir de lassitude. Alors, il serait perdu pour elle, qu'il adorait. Jamais elle n'avait songé à cette faiblesse possible, elle le voyait plié sous le devoir, faisant au nom de l'obéissance leur malheur à tous deux. Et, sans qu'elle bougeât encore, ses yeux s'étaient portés vers la grille, une révolte la soulevait enfin, le besoin d'en aller secouer les barreaux, de l'ouvrir de ses ongles, de courir près de lui et de le soutenir de son courage, pour qu'il ne cédât pas.

Elle fut surprise de s'entendre répondre à la mère Gabet, dans l'instinct purement machinal de cacher son trouble.

— Ah ! c'est mademoiselle Claire qu'il épouse... Elle est très belle, on la dit très bonne...

Sûrement, dès que la vieille femme serait partie, elle irait le rejoindre. Elle avait assez attendu, elle briserait son serment de ne pas le revoir, comme un obstacle importun. De quel droit les séparait-on ainsi ? Tout lui criait leur amour, la cathédrale, les eaux fraîches, les vieux ormes, parmi lesquels ils s'étaient aimés. Puisque leur tendresse avait grandi là, c'était là qu'elle voulait le reprendre, pour s'enfuir à son cou, très loin, si loin, que jamais plus on ne les retrouverait.

— Ça y est, dit enfin la mère Gabet, qui venait de pendre à un buisson les dernières serviettes. Dans deux heures, ça sera sec... Bien le bonsoir, mademoiselle, puisque vous n'avez que faire de moi.

Maintenant, debout au milieu de cette floraison de linges, éclatants sur l'herbe verte, Angélique songeait à cet autre jour, où, dans le grand vent, parmi le claquement des draps et des nappes, leurs cœurs s'étaient donnés, si ingénus. Pourquoi avait-il cessé de venir la voir? Pourquoi n'était-il pas à ce rendez-vous, dans cette gaieté saine de la lessive? Mais, tout à l'heure, quand elle le tiendrait entre ses bras, elle savait bien qu'il n'appartiendrait plus qu'à elle seule. Elle n'aurait pas même besoin de lui reprocher sa faiblesse, il lui suffirait de s'être montrée, pour qu'il retrouvât la volonté de leur bonheur. Il oserait tout, elle n'avait qu'à le rejoindre, dans un instant.

Une heure se passa, et Angélique marchait à pas ralentis, entre les linges, toute blanche elle-même de l'aveuglant reflet du soleil, et une voix confuse s'élevait dans son être, grandissait, l'empêchait d'aller là-bas, à la grille. Elle s'effrayait devant cette lutte commençante. Quoi donc? il n'y avait pas en elle que son vouloir? une autre chose, qu'on y avait mise sans doute, la contrecarrait, bouleversait la bonne simplicité de sa passion. C'était si simple, de courir à celui qu'on aime; et elle ne le pouvait déjà plus, le tourment du doute la tenait: elle avait juré, puis ce serait très mal peut-être. Le soir, lorsque la lessive fut sèche et qu'Hubertine vint l'aider à la rentrer, elle ne s'était pas décidée encore, elle se donna la nuit pour réfléchir. Les bras débordant de ces linges de neige, qui sentaient bon, elle jeta un regard d'inquiétude au Clos-Marie, déjà noyé de crépuscule, comme à un coin de nature ami refusant d'être complice.

Le lendemain, Angélique s'éveilla pleine de trouble. D'autres nuits se passèrent, sans lui apporter une résolution. Elle ne retrouvait son calme que dans sa certitude d'être aimée. Cela était resté inébranlable, elle s'y reposait divinement. Aimée, elle pouvait attendre, elle supporterait tout. Des crises de charité l'avaient reprise, elle s'attendrissait aux moindres souffrances, les yeux gonflés de larmes toujours près de jaillir. Le père Mascart se faisait donner du tabac, les Chouteau tiraient d'elle jusqu'à des confitures. Mais surtout les Lemballeuse profitaient de l'aubaine, on avait vu Tiennette danser dans les fêtes, avec une robe de la bonne demoiselle. Et voilà, un jour, comme Angélique apportait à la mère Lemballeuse des chemises promises la veille, qu'elle aperçut de loin, chez les mendiantes, madame de Voincourt et sa fille Claire, accompagnées de Félicien. Celui-ci, sans doute, les avait amenées. Elle ne se montra pas, elle s'en revint, le cœur glacé. Deux jours plus tard, elle les vit qui entraient tous les trois chez les Chouteau ; puis, un matin, le père Mascart lui conta une visite du beau jeune homme avec deux dames. Alors, elle abandonna ses pauvres, qui n'étaient plus à elle, puisque, après les lui avoir pris, Félicien les donnait à ces femmes ; elle cessa de sortir, de peur de les rencontrer encore, de recevoir au cœur la blessure dont la souffrance, chaque fois, s'enfonçait davantage ; et elle sentait que quelque chose mourait en elle, sa vie s'en allait goutte à goutte.

Ce fut un soir, après une de ces rencontres, seule dans sa chambre, étouffée d'angoisse, qu'elle laissa échapper ce cri :

— Mais il ne m'aime plus !

Elle revoyait Claire de Voincourt, grande, belle, avec sa couronne de cheveux noirs ; et elle le revoyait, lui, à côté, mince et fier. N'étaient-ils pas faits l'un pour l'autre, de la même race, si appareillés, qu'on les aurait crus mariés déjà ?

— Il ne m'aime plus, il ne m'aime plus !

Cela éclatait en elle avec un grand bruit de ruine. Sa foi ébranlée, tout croulait, sans qu'elle retrouvât le calme d'examiner, de discuter froidement les faits. Elle croyait la veille, elle ne croyait plus à cette heure : un souffle, sorti elle ne savait d'où, avait suffi ; et, d'un coup, elle était tombée à l'extrême misère, qui est de ne se croire pas aimé. Il le lui avait bien dit, autrefois : c'était l'unique douleur, l'abominable torture. Jusque-là, elle avait pu se résigner, elle attendait le miracle. Mais sa force s'en était allée avec la foi, elle roulait à une détresse d'enfant. Et la lutte douloureuse commença.

D'abord, elle fit appel à son orgueil : tant mieux, s'il ne l'aimait plus ! car elle était trop fière pour l'aimer encore. Et elle se mentait à elle-même, elle affectait d'être délivrée, de chantonner d'insouciance, pendant qu'elle brodait les armoiries des Hautecœur, auxquelles elle s'était mise. Mais son cœur se gonflait à l'étouffer, elle avait la honte de s'avouer qu'elle était assez lâche pour l'aimer toujours, l'aimer davantage. Durant une semaine, les armoiries, en naissant fil à fil sous ses doigts, l'emplirent d'un affreux chagrin. Écartelé, un et quatre, deux et trois, de Jérusalem et d'Hautecœur ; de Jérusalem, qui est d'argent à la croix potencée d'or, cantonnée de quatre croisettes de même ; d'Hautecœur, qui est d'azur à la forteresse d'or, avec un écusson de sable au cœur d'argent en abîme, le tout accompagné de trois fleurs de lys d'or, deux en chef, une en pointe. Les émaux étaient faits de cordonnet, les métaux, de fil d'or et d'argent. Quelle misère de sentir trembler sa main, de baisser la tête pour cacher ses yeux, que le flamboiement de ces armoiries aveuglait de larmes ! Elle ne songeait qu'à lui, elle l'adorait dans l'éclat de sa noblesse légendaire. Et, lorsqu'elle broda la devise : *Si Dieu veut, je veux*, en soie noire sur une banderole d'argent, elle comprit bien qu'elle était son esclave, que jamais plus elle ne se reprendrait : ses pleurs l'empêchaient de voir, tandis que, machinalement, elle continuait à piquer l'aiguille.

Alors, ce fut pitoyable, Angélique aima en désespérée, se débattit dans cet amour sans espoir, qu'elle ne pouvait tuer. Toujours, elle voulait courir à Félicien, le reconquérir en se jetant à son cou; et, toujours, la bataille recommençait. Parfois, elle croyait avoir vaincu, il se faisait un grand silence en elle, il lui semblait se voir, comme elle aurait vu une étrangère, toute petite, toute froide, agenouillée en fille obéissante, dans l'humilité du renoncement : ce n'était plus elle, c'était la fille sage qu'elle devenait, que le milieu et l'éducation avaient faite. Puis, un flot de sang montait, l'étourdissait; sa belle santé, sa jeunesse ardente galopaient en cavales échappées; et elle se retrouvait avec son orgueil et sa passion, toute à l'inconnu violent de son origine. Pourquoi donc aurait-elle obéi? Il n'y avait pas de devoir, il n'y avait que le libre désir. Déjà, elle apprêtait sa fuite, calculait l'heure favorable pour forcer la grille du jardin de l'Évêché. Mais, déjà aussi, l'angoisse revenait, un sourd malaise, le tourment du doute. Si elle cédait au mal, elle en aurait l'éternel remords. Des heures, des heures abominables se passaient, au milieu de cette incertitude du parti à prendre, sous ce vent de tempête qui, sans cesse, la rejetait de la révolte de son amour à l'horreur de la faute. Et elle sortait affaiblie de chaque victoire sur son cœur.

Un soir, au moment de quitter la maison pour aller rejoindre Félicien, elle songea brusquement à son livret d'enfant assistée, dans la détresse où elle était de ne plus trouver la force de résister à sa passion. Elle le prit au fond du bahut, le feuilleta, se souffleta à chaque page de la bassesse de sa naissance, affamée d'un ardent besoin d'humilité. Père et mère inconnus, pas de nom, rien qu'une date et un numéro, l'abandon de la plante sauvage qui pousse au bord du chemin ! Et les souvenirs se levaient en foule, les prairies grasses de la Nièvre, les bêtes qu'elle y avait gardées, la route plate de Soulanges où elle marchait pieds nus, maman Nini qui la giflait, quand elle volait des pommes. Des pages surtout réveillaient sa mémoire, celles qui constataient, tous les trois mois, les visites du sous-inspecteur et du médecin, des signatures, accompagnées parfois d'observations et de renseignements : une maladie dont elle avait failli mourir, une réclamation de sa nourrice au sujet de souliers brûlés, des mauvaises notes pour son caractère indomptable. C'était le journal de sa misère. Mais une pièce acheva de la mettre en larmes, le procès-verbal constatant la rupture du collier qu'elle avait gardé jusqu'à l'âge de six ans. Elle se souvenait de l'avoir exécré d'instinct, ce collier fait d'olives en os, enfilées sur une ganse de soie, et que fermait une médaille d'argent, portant la date de son entrée et son numéro. Elle le devinait un collier d'esclave, elle l'aurait rompu de ses petites mains, sans la terreur des conséquences. Puis, l'âge venant, elle s'était plainte qu'il l'étranglait. Pendant un an encore, on le lui avait laissé. Aussi quelle joie, lorsque le sous-inspecteur avait coupé la ganse, en présence du maire de la commune, remplaçant ce signe d'individualité par un signalement en forme, où étaient déjà ses yeux couleur de violette, ses fins cheveux d'or! Et, pourtant, elle le sentait toujours à son cou, ce collier de bête domestique, qu'on marque pour la reconnaître : il lui restait dans la chair, elle étouffait. Ce jour-là, à cette page, l'humilité revint, affreuse, la fit remonter dans sa chambre, sanglotante, indigne d'être aimée. Deux autres fois, le livret la sauva. Ensuite, lui-même fut sans force contre ses révoltes.

Maintenant, c'était la nuit que les crises de tentation la tourmentaient. Avant de se coucher, pour purifier son sommeil, elle s'imposait de relire la

Légende. Mais, le front entre les mains, malgré son effort, elle ne comprenait plus : les miracles la stupéfiaient, elle ne percevait qu'une fuite décolorée de fantômes. Puis, dans son grand lit, après un anéantissement de plomb, une angoisse brusque l'éveillait en sursaut, au milieu des ténèbres. Elle se dressait, éperdue, s'agenouillait parmi les draps rejetés, la sueur aux tempes, toute secouée d'un frisson; et elle joignait les mains, et elle bégayait: « Mon Dieu, pourquoi m'avez-vous abandonnée? » Car sa détresse était de se sentir seule, à ces moments, dans l'ombre. Elle avait rêvé de Félicien, elle tremblait de s'habiller, d'aller le rejoindre, sans que personne fût là pour l'en empêcher. C'était la grâce qui se retirait d'elle, Dieu cessait d'être à son entour, le milieu l'abandonnait. Désespérément, elle appelait l'inconnu, elle prêtait l'oreille à l'invisible. Et l'air était vide, plus de voix chuchotantes, plus de frôlements mystérieux. Tout semblait mort : le Clos-Marie, avec la Chevrotte, les saules, les herbes, les ormes de l'Évêché, et la cathédrale elle-même. Rien ne restait des rêves qu'elle avait mis là, le vol blanc des vierges, en s'évanouissant, ne laissait des choses que le sépulcre. Elle en agonisait d'impuissance, désarmée, en chrétienne de la primitive Église que le péché héréditaire terrasse, dès que cesse le secours du surnaturel. Dans le morne silence de ce coin protecteur, elle l'écoutait renaître et hurler, cette hérédité du mal, triomphante de l'éducation reçue. Si, deux minutes encore, aucune aide ne lui arrivait des forces ignorées, si les choses ne se réveillaient et ne la soutenaient, elle succomberait certainement, elle irait à sa perte. « Mon Dieu, mon Dieu, pourquoi m'avez-vous abandonnée? » Et, à genoux au milieu de son grand lit, toute petite, délicate, elle se sentait mourir.

Puis, chaque fois, jusqu'à présent, à la minute de son extrême détresse, une fraîcheur la soulageait. C'était la grâce qui avait pitié, qui entrait en elle lui rendre son illusion. Elle sautait pieds nus sur le carreau de la chambre, elle courait à la fenêtre, dans un grand élan; et là, elle entendait de nouveau les voix, des ailes invisibles effleuraient ses cheveux, le peuple de la Légende sortait des arbres et des pierres, l'entourait en foule. Sa pureté, sa bonté, tout ce qu'il y avait d'elle dans les choses, lui revenait et la sauvait. Dès lors, elle n'avait plus peur, elle se savait gardée : Agnès était de retour, en compagnie des vierges, errantes et douces dans l'air frissonnant. C'était un encouragement lointain, un long murmure de victoire qui lui parvenait, mêlé au vent de la nuit. Pendant une heure, elle respirait cette douceur calmante, mortellement triste, affermie en sa volonté d'en mourir, plutôt que de manquer à son serment. Enfin, brisée, elle se recouchait, elle se rendormait avec la crainte de la crise du lendemain, tourmentée toujours de cette idée qu'elle finirait par succomber, si elle s'affaiblissait ainsi, à chaque fois.

Une langueur, en effet, épuisait Angélique, depuis qu'elle ne se croyait plus aimée de Félicien. Elle avait la blessure au flanc, elle en mourait un peu à chaque heure, discrète, sans une plainte. D'abord, cela s'était traduit par des lassitudes : un essoufflement la prenait, elle devait lâcher son fil, restait une minute les yeux pâlis, perdus dans le vide. Puis, elle avait cessé de manger, à peine quelques gorgées de lait; et elle cachait son pain, le jetait aux poules des voisines, pour ne pas inquiéter ses parents. Un médecin appelé, n'ayant rien découvert, accusait la vie trop cloîtrée, se contentait de recommander l'exercice. C'était un évanouissement de tout son être, une disparition lente. Son corps flottait comme au balancement de deux grandes ailes, de la lumière semblait sortir de sa face amincie, où l'âme brûlait. Et elle en était venue à ne plus descendre de sa chambre qu'en s'appuyant des deux mains aux murs de l'escalier, chancelante. Mais elle s'entêtait, faisait la brave, dès qu'elle se sentait regardée, voulait quand même terminer le panneau de dure broderie, pour le siège de Monseigneur. Ses petites mains longues n'avaient plus la force, et quand elle cassait une aiguille, elle ne pouvait l'arracher avec les pinces.

Or, un matin qu'Hubert et Hubertine, forcés de sortir, l'avaient laissée seule, au travail, le brodeur, en rentrant le premier, la trouva sur le carreau, glissée de sa chaise, évanouie, abattue devant le métier. Elle succombait à la tâche, un des grands anges d'or restait inachevé. Bouleversé, Hubert la prit dans ses bras, s'efforça de la remettre debout. Mais elle retombait, elle ne s'éveillait pas de ce néant.

— Ma chérie, ma chérie... Réponds-moi, de grâce...

Enfin, elle ouvrit les yeux, elle le regarda avec désolation. Pourquoi la voulait-il vivante? Elle était si heureuse, morte!

— Qu'as-tu, ma chérie? Tu nous as donc trompés, tu l'aimes donc toujours?

Elle ne répondait pas, elle le regardait de son air d'immense tristesse. Alors, d'une étreinte désespérée, il la souleva, il la monta dans sa chambre; et, quand il l'eut posée sur le lit, si blanche, si faible, il pleura de la cruelle besogne qu'il avait faite, sans le vouloir, en écartant d'elle celui qu'elle aimait.

— Je te l'aurais donné, moi! Pourquoi ne m'as-tu rien dit?

Mais elle ne parla pas, ses paupières se refermèrent, et elle parut se rendormir. Il était resté debout, les yeux sur son mince visage de lis, le cœur saignant de pitié. Puis, comme elle respirait avec douceur, il descendit, en entendant sa femme rentrer.

En bas, dans l'atelier, l'explication eut lieu. Hubertine venait d'ôter son chapeau, et tout de suite il lui dit qu'il avait ramassé l'enfant là, qu'elle sommeillait sur son lit, frappée à mort.

— Nous nous sommes trompés. Elle songe toujours à ce garçon, et elle en meurt... Ah! si tu savais le coup que j'ai reçu, le remords qui me déchire, depuis que j'ai compris et que je l'ai portée là-haut, si pitoyable! C'est notre faute, nous les avons séparés par des mensonges... Quoi? tu la laisserais souffrir, tu ne dirais rien pour la sauver!

Hubertine, comme Angélique, se taisait, le regardait de son grand air raisonnable, toute pâle de chagrin. Et lui, le passionné que cette passion souffrante jetait hors de son habituelle soumission, ne se calmait pas, agitait ses mains fiévreuses.

— Eh bien! je parlerai, moi, je lui dirai que Félicien l'aime, que c'est nous autres qui avons eu la cruauté de l'empêcher de revenir, en le trompant lui aussi... Chacune de ses larmes, maintenant, va me brûler le cœur. Ce serait un meurtre dont je me sentirais complice... Je veux qu'elle soit heureuse, oui! heureuse, quand même, par tous les moyens...

Il s'était rapproché de sa femme, il osait crier sa tendresse révoltée, s'irritant davantage du silence triste qu'elle gardait.

— Puisqu'ils s'aiment, ils sont les maîtres... Il n'y a rien au delà, quand on aime et qu'on est aimé... Oui! par tous les moyens, le bonheur est légitime.

Enfin, Hubertine parla, de sa voix lente, debout, immobile.

— Qu'il nous la prenne, n'est-ce pas? qu'il l'épouse, malgré nous, malgré son père... C'est ce que tu leur conseilles, tu crois qu'ils seront heureux ensuite, que l'amour suffira...

Et, sans transition, de la même voix navrée, elle poursuivit :

— En revenant, j'ai passé devant le cimetière, un espoir m'y a fait entrer encore... Je me suis agenouillée une fois de plus, à cette place usée par nos genoux, et j'y ai prié longtemps.

Hubert avait pâli, un grand froid emportait sa fièvre. Certes, il la connaissait, la tombe de la mère obstinée, où ils étaient allés si souvent pleurer et se soumettre, en s'accusant de leur désobéissance, pour que la morte leur fît grâce, du fond de la terre. Et ils restaient là des heures, certains de sentir en eux fleurir cette grâce, si jamais elle leur était accordée. Ce qu'ils demandaient, ce qu'ils attendaient, c'était un enfant encore, l'enfant du pardon, l'unique signe auquel ils se sauraient pardonnés enfin. Mais rien n'était venu, la mère froide et sourde les laissait sous l'inexorable punition, la mort de leur premier enfant, qu'elle avait pris et emporté, qu'elle refusait de leur rendre.

— J'ai prié longtemps, répéta Hubertine, j'écoutais si rien ne tressaillait...

Anxieux, Hubert l'interrogeait du regard.

— Et rien, non! rien n'est monté de la terre, rien n'a tressailli en moi. Ah! c'est fini, il est trop tard, nous avons voulu notre malheur.

Alors, il trembla, il demanda :

— Tu m'accuses?

— Oui, tu es le coupable, j'ai commis la faute aussi en te suivant... Nous avons désobéi, toute notre vie en a été gâtée.

— Et tu n'es pas heureuse?

— Non, je ne suis pas heureuse... Une femme qui n'a point d'enfant, n'est pas heureuse... Aimer n'est rien, il faut que l'amour soit béni.

Il était tombé sur une chaise, épuisé, les yeux gros de larmes. Jamais elle ne lui avait reproché ainsi la plaie vite de leur existence; et elle, qui revenait si vite et le consolait, lorsqu'elle l'avait blessé d'une allusion involontaire, cette fois le regardait souffrir, toujours debout, sans un geste, sans un pas vers lui. Il pleura, il cria au milieu de ses pleurs :

— Ah! la chère enfant, là-haut, c'est elle que tu condamnes... Tu ne veux pas qu'il l'épouse, comme je t'ai épousée, et qu'elle souffre ce que tu as souffert.

Elle répondit d'un signe de tête, simplement, dans toute la force et la simplicité de son cœur.

— Mais tu le disais toi-même, la pauvre chère fillette en mourra... Veux-tu donc sa mort?

— Oui, sa mort, plutôt qu'une vie mauvaise.

Il s'était redressé, frémissant, et il se réfugia entre ses bras, et tous deux sanglotèrent. Longtemps, ils s'étreignirent. Lui, se soumettait ; elle, maintenant, devait s'appuyer à son épaule, pour retrouver assez de courage. Ils en sortirent désespérés et résolus, enfermés dans un grand et poignant silence, au bout duquel, si Dieu le voulait, était la mort consentie de l'enfant.

A partir de ce jour, Angélique dut rester dans sa chambre. Sa faiblesse devenait telle, qu'elle ne pouvait descendre à l'atelier : tout de suite, sa tête tournait, ses jambes se dérobaient. D'abord, elle marcha, voyagea jusqu'au balcon, en s'aidant des meubles. Puis, il lui fallut se contenter d'aller de son lit à son fauteuil. La course était longue, elle ne la risquait que le matin et le soir, épuisée. Pourtant, elle travaillait toujours, abandonnant la broderie en bas-relief, trop rude, brodant des fleurs en soies nuancées ; et elle les brodait d'après nature, un bouquet de fleurs sans parfum, qui la laissaient calme, des hortensias et des roses-trémières. Le bouquet fleurissait dans un vase, souvent elle se reposait longuement à le regarder, car la soie, si légère, pesait lourd à ses doigts. En deux journées, elle n'avait fait qu'une rose, toute fraîche, éclatante sur le satin ; mais c'était sa vie, elle tiendrait l'aiguille jusqu'au dernier souffle. Fondue de souffrance, amincie encore, elle n'était plus qu'une flamme pure et très belle.

A quoi bon lutter davantage, puisque Félicien ne l'aimait pas ? Maintenant, elle mourait de cette conviction : il ne l'aimait pas, peut-être ne l'avait-il jamais aimée. Tant qu'elle avait eu des forces, elle s'était battue contre son cœur, sa santé, sa jeunesse, qui la poussaient à courir le rejoindre. Depuis qu'elle se trouvait clouée là, elle devait se résigner, c'était fini.

Un matin, comme Hubert l'installait dans son fauteuil, en posant sur un coussin ses petits pieds inertes, elle dit avec un sourire :

— Ah ! je suis bien sûre d'être sage, à présent, et de ne pas me sauver.

Hubert se hâta de descendre, suffoqué, craignant d'éclater en larmes.

XII

Cette nuit-là, Angélique ne put dormir. Une insomnie la tenait les paupières ardentes, dans l'extrême faiblesse où elle était; et, comme les Hubert s'étaient couchés et que minuit allait sonner bientôt, elle préféra se relever, malgré l'effort immense, prise de la peur de mourir, si elle restait au lit davantage.

Elle étouffait, elle passa un peignoir, se traîna jusqu'à la fenêtre, qu'elle ouvrit toute grande. L'hiver était pluvieux, d'une douceur humide. Puis, elle s'abandonna dans son fauteuil, après avoir, devant elle, sur la petite table, relevé la mèche de la lampe, qu'on laissait allumée la nuit entière. Là, près du volume de la *Légende dorée*, était le bouquet de roses-trémières et d'hortensias, qu'elle copiait. Et, pour se reprendre à la vie, elle eut une fantaisie de travail, attira son métier, fit quelques points, de ses mains égarées. La soie rouge d'une rose saignait entre ses doigts blancs, il semblait que ce fût le sang de ses veines qui achevait de couler, goutte à goutte.

Mais elle, qui, depuis deux heures, se retournait en vain dans ses draps brûlants, céda presque tout de suite au sommeil, dès qu'elle fut assise. Sa tète se renversa, soutenue par le dossier, s'inclina un peu sur l'épaule droite; et, la soie étant demeurée entre ses mains immobiles, on aurait dit qu'elle travaillait encore. Très blanche, très calme, elle dormait sous la lampe, dans la chambre d'une paix et d'une blancheur de tombe. La lumière pâlissait le grand lit royal, drapé de sa perse rose déteinte. Seuls, le coffre, l'armoire, les sièges de vieux chêne tranchaient, tachaient les murs de deuil. Des minutes s'écoulèrent, elle dormait très calme et très blanche.

Enfin, il y eut un bruit. Et, sur le balcon, Félicien parut, tremblant, amaigri comme elle. Sa face était bouleversée, il s'élançait dans la chambre, lorsqu'il l'aperçut, affaissée ainsi au fond du fauteuil, pitoyable et si belle. Une douleur infinie lui serra le cœur, il s'agenouilla, s'abîma dans une contemplation navrée. Elle n'était donc plus, le mal l'avait donc détruite, qu'elle lui semblait ne plus peser, s'être allongée là, ainsi qu'une plume que le vent allait reprendre? Dans son clair sommeil, sa souffrance se voyait, et sa résignation. Il ne la reconnaissait qu'à sa grâce de lis, l'élancement de son col délicat sur ses épaules tombantes, sa face longue et transfigurée de vierge volant au ciel. Les cheveux n'étaient plus que de la lumière, l'âme de neige éclatait sous la soie transparente de la peau. Elle avait la beauté des saintes délivrées de leur corps, il en était ébloui et désespéré, dans un saisissement qui l'immobilisait, les mains jointes. Elle ne se réveillait pas, il la regardait toujours.

Un petit souffle des lèvres de Félicien dut passer sur le visage d'Angélique. Tout d'un coup, elle ouvrit des yeux très grands. Elle ne bougeait pas, elle le regardait à son tour, avec un sourire, comme dans un rêve. C'était lui, elle le reconnaissait, bien qu'il fût changé. Mais elle croyait sommeiller encore, car il lui arrivait de le voir ainsi en dormant, ce qui, au réveil, aggravait sa peine.

Il avait tendu les mains, il parla.

— Chère âme, je vous aime... On m'a dit ce que vous souffriez, et je suis accouru... Me voici, je vous aime.

Elle frémissait, elle passait les doigts sur ses paupières, d'un geste machinal.

— Ne doutez plus... Je suis à vos pieds, et je vous aime, je vous aime toujours.

Alors, elle eut un cri.

— Ah! c'est vous... Je ne vous attendais plus, et c'est vous...

De ses mains tâtonnantes, elle lui avait pris les

siennes, elle s'assurait qu'il n'était pas une vision errante du sommeil.

— Vous m'aimez toujours, et je vous aime, ah! plus que je ne croyais pouvoir aimer!

C'était un étourdissement de bonheur, une première minute d'allégresse absolue, où ils oubliaient tout, pour n'être qu'à cette certitude de s'aimer encore, et de se le dire. Les souffrances de la veille, les obstacles du lendemain, avaient disparu; ils ne savaient comment ils étaient là; mais ils y étaient, ils mêlaient leurs douces larmes, ils se serraient d'une étreinte chaste, lui éperdu de pitié, elle si émaciée par le chagrin, qu'il n'avait d'elle, entre les bras, qu'un souffle. Dans l'enchantement de sa surprise, elle restait comme paralysée, chancelante et bienheureuse au fond du fauteuil, ne retrouvant pas ses membres, ne se soulevant à demi que pour retomber, sous l'ivresse de sa joie.

— Ah! cher seigneur, mon désir unique est accompli : je vous aurai revu, avant de mourir.

Il releva la tête, il eut un geste d'angoisse.

— Mourir!... Mais je ne veux pas! Je suis là, je vous aime.

Elle souriait divinement.

— Oh! je puis mourir, puisque vous m'aimez. Cela ne m'effraye plus, je m'endormirai ainsi, sur votre épaule... Dites-moi encore que vous m'aimez.

— Je vous aime, comme je vous aimais hier,

comme je vous aimerai demain... N'en doutez jamais, cela est pour l'éternité.

— Oui, pour l'éternité, nous nous aimons.

Angélique, extasiée, regardait devant elle, dans la blancheur de la chambre. Mais, peu à peu, un réveil la rendit grave. Elle réfléchissait enfin, au milieu de cette grande félicité qui l'avait étourdie. Et les faits l'étonnaient.

— Si vous m'aimez, pourquoi n'êtes-vous pas venu?

— Vos parents m'ont dit que vous n'aviez plus d'amour pour moi. J'ai manqué aussi d'en mourir... Et c'est lorsque je vous ai sue malade, que je me suis décidé, quitte à être chassé de cette maison, dont on me fermait la porte.

— Ma mère me disait également que vous ne m'aimiez plus, et j'ai cru ma mère... Je vous avais rencontré avec cette demoiselle, je pensais que vous obéissiez à Monseigneur.

— Non, j'attendais. Mais j'ai été lâche, j'ai tremblé devant lui.

Il y eut un silence. Angélique s'était redressée. Sa face devenait dure, le front coupé d'un pli de colère.

— Alors, on nous a trompés l'un et l'autre, on nous a menti pour nous séparer... Nous nous aimions, et on nous a torturés, on a failli nous tuer tous les deux... Eh bien ! c'est abominable, cela nous délie de nos serments. Nous sommes libres.

Un furieux mépris l'avait mise debout. Elle ne sentait plus son mal, ses forces revenaient, dans ce réveil de sa passion et de son orgueil. Avoir cru son rêve mort, et tout d'un coup le retrouver vivant et rayonnant! se dire qu'ils n'avaient pas démérité de leur amour, que les coupables étaient les autres! Ce grandissement d'elle-même, ce triomphe enfin certain, l'exaltaient, la jetaient à une révolte suprême.

— Allons, partons! dit-elle simplement.

Et elle marchait par la chambre, vaillante, dans toute son énergie et sa volonté. Déjà, elle choisissait un manteau pour s'en couvrir les épaules. Une dentelle, sur sa tête, suffirait.

Félicien avait eu un cri de bonheur, car elle devançait son désir, il ne songeait qu'à cette fuite, sans trouver l'audace de la lui proposer. Oh! partir ensemble, disparaître, couper court à tous les ennuis, à tous les obstacles! Et cela à l'instant, en s'évitant même le combat de la réflexion!

— Oui, tout de suite, partons, ma chère âme. Je venais vous prendre, je sais où nous aurons une voiture. Avant le jour, nous serons loin, si loin, que jamais personne ne pourra nous rejoindre.

Elle ouvrait des tiroirs, les refermait violemment, sans rien y prendre, dans une exaltation croissante. Comment! elle se torturait depuis des semaines, elle avait travaillé à le chasser de sa mémoire, même elle croyait y avoir réussi! et il n'y avait rien de fait, et cet affreux travail était à refaire! Non, jamais elle n'aurait cette force. Puisqu'ils s'aimaient, c'était bien simple : ils s'épousaient, aucune puissance ne les détacherait l'un de l'autre.

— Voyons, que dois-je emporter?... Ah! j'étais sotte, avec mes scrupules d'enfant. Quand je songe qu'ils sont descendus jusqu'à mentir! Oui, je serais morte, qu'ils ne vous auraient pas appelé... Faut-il prendre du linge, des vêtements, dites? Voici une robe plus chaude... Et ils m'avaient mis un tas d'idées, un tas de peurs dans la tête. Il y a le bien, il y a le mal, ce qu'on peut faire, ce qu'on ne peut pas faire, des choses compliquées, à vous rendre imbécile. Ils mentent toujours, ce n'est pas vrai : il n'y a que le bonheur de vivre, d'aimer celui qui vous aime... Vous êtes la fortune, la beauté, la jeunesse, mon cher seigneur, et je me donne à vous, à jamais, entièrement, et mon unique plaisir est en vous, et faites de moi ce qu'il vous plaira.

Elle triomphait, dans une flambée de tous les feux héréditaires que l'on croyait morts. Des musiques l'enivraient; elle voyait leur royal départ, ce fils de princes l'enlevant, la faisant reine d'un royaume lointain; et elle le suivait, pendue à son cou, couchée sur sa poitrine, dans un tel frisson de passion ignorante, que tout son corps en défaillait de joie. N'être plus que tous les deux, s'abandonner au galop des chevaux, fuir et disparaître dans une étreinte!

— Je n'emporte rien, n'est-ce pas?... A quoi bon?

Il brûlait de sa fièvre, déjà devant la porte.

— Non, rien... Partons vite.

— Oui, partons, c'est cela.

Et elle l'avait rejoint. Mais elle se retourna, elle voulut donner un dernier regard à la chambre. La lampe brûlait avec la même douceur pâle, le bouquet d'hortensias et de roses-trémières fleurissait toujours, une rose inachevée, vivante pourtant, au milieu du métier, semblait l'attendre. Surtout, jamais la chambre ne lui avait paru si blanche, les murs blancs, le lit blanc, l'air blanc, comme empli d'une haleine blanche.

Quelque chose en elle vacilla, et il lui fallut s'appuyer au dossier d'une chaise.

— Qu'avez-vous? demanda Félicien inquiet.

Elle ne répondait pas, elle respirait difficilement. Reprise d'un frisson, les jambes déjà brisées, elle dut s'asseoir.

— Ne vous inquiétez pas, ce n'est rien... Une minute de repos seulement, et nous partons.

Ils se turent. Elle regardait dans la chambre, comme si elle y eût oublié un objet précieux, qu'elle n'aurait pu dire. C'était un regret, d'abord léger, puis qui grandissait et lui étouffait peu à peu la poitrine. Elle ne se rappelait plus. Était-ce tout ce blanc qui la retenait ainsi? Toujours elle avait aimé le blanc, jusqu'à voler les bouts de soie blanche, pour s'en donner le plaisir en cachette.

— Une minute, une minute encore, et nous partons, mon cher seigneur.

Mais elle ne faisait même plus un effort pour se lever. Anxieux, il s'était remis à genoux devant elle.

— Est-ce que vous souffrez, ne puis-je rien pour votre soulagement? Si vous avez froid, je prendrai vos petits pieds dans mes mains, et je les réchaufferai, jusqu'à ce qu'ils soient assez vaillants pour courir.

Elle hocha la tête.

— Non, non, je n'ai pas froid, je pourrai marcher... Attendez une minute, une seule minute.

Il voyait bien que d'invisibles chaînes la liaient aux membres, la rattachaient là, si fortement, que, dans un instant peut-être, il lui serait impossible de l'en arracher. Et, s'il ne l'emmenait pas tout de suite, il songeait à la lutte inévitable avec son père, le lendemain, à ce déchirement, devant lequel il reculait depuis des semaines. Alors, il se fit pressant, d'une supplication ardente.

— Venez, les routes sont noires à cette heure, la voiture nous emportera dans les ténèbres; et nous irons toujours, toujours, bercés, endormis aux bras l'un de l'autre, comme enfouis sous un duvet, sans craindre les fraîcheurs de la nuit ; et, quand le jour se lèvera, nous continuerons dans le soleil, encore, encore plus loin, jusqu'à ce que nous soyons arrivés au pays où l'on est heureux... Personne ne nous connaîtra, nous vivrons, cachés au fond de quelque grand jardin, n'ayant d'autre soin que de nous aimer davantage, à chaque journée nouvelle. Il y aura là des fleurs grandes comme des arbres, des fruits plus doux que le miel. Et nous vivrons de rien, au milieu de cet éternel printemps, nous vivrons de nos baisers, ma chère âme.

Elle frissonna sous ce brûlant amour, dont il lui chauffait la face. Tout son être défaillait, à l'effleurement des joies promises.

— Oh! dans un moment, tout à l'heure!

— Puis, si les voyages nous fatiguent, nous reviendrons ici, nous relèverons les murs du château d'Hautecœur, et nous y achèverons nos jours. C'est mon rêve... Toute notre fortune, s'il le faut, y sera jetée, à main ouverte. De nouveau, le donjon commandera aux deux vallées. Nous habiterons le logis d'honneur, entre la tour de David et la tour de Charlemagne. Le colosse en entier sera rétabli, comme aux jours de sa puissance, les courtines, les bâtiments, la chapelle, dans le luxe barbare d'autrefois... Et je veux que nous y menions l'existence des temps anciens, vous princesse, et moi prince, au milieu d'une suite d'hommes d'armes et de pages. Nos murailles de quinze pieds d'épaisseur nous isoleront, nous serons dans la légende... Le soleil baisse derrière les coteaux, nous revenons d'une chasse, sur de grands chevaux blancs, parmi le respect des villages agenouillés. Le cor sonne, le pont-levis s'abaisse. Des rois, le soir, sont à notre table. La nuit, notre couche est sur une estrade, surmontée d'un dais, comme un trône. Des musiques jouent, lointaines, très douces, tandis que nous nous endormons aux bras l'un de l'autre, dans la pourpre et l'or.

Frémissante, elle souriait maintenant d'un orgueilleux plaisir, combattue d'une souffrance, qui revenait, l'envahissait, effaçant le sourire de sa bouche douloureuse. Et, comme de son geste machinal elle écartait les visions tentatrices, il redoubla de flamme, tâcha de la saisir, de la faire sienne, entre ses bras éperdus.

— Oh ! venez, oh ! soyez à moi... Fuyons, oublions tout dans notre bonheur.

Elle se dégagea brusquement, d'une révolte instinctive ; et, debout, ces mots jaillirent de ses lèvres :

— Non, non, je ne peux pas, je ne peux plus !

Pourtant, elle se lamentait, encore ravagée par la lutte, hésitante, bégayante.

— Je vous en prie, soyez bon, ne me pressez pas, attendez... Je voudrais tant vous obéir pour vous prouver que je vous aime, m'en aller à votre bras

23

dans les beaux pays lointains, habiter royalement ensemble le château de vos rêves. Cela me semblait si facile, j'avais si souvent refait le plan de notre fuite... Et, que vous dirai-je? maintenant, cela me paraît impossible. C'est comme si, tout d'un coup, la porte se soit murée et que je ne puisse sortir.

Il voulut l'étourdir de nouveau, elle le fit taire du geste.

— Non, ne parlez plus... Est-ce singulier! à mesure que vous me dites des choses si douces, si tendres, qui devraient me convaincre, la peur me prend, un froid me glace... Mon Dieu! qu'ai-je donc? Ce sont vos paroles qui m'écartent de vous. Si vous continuez, je vais ne plus pouvoir vous entendre, il faudra que vous partiez... Attendez, attendez un peu.

Et elle marchait lentement par la chambre, cherchant à se reprendre, tandis que, lui, immobile, se désespérait.

— J'avais cru ne plus vous aimer, mais ce n'était que du dépit assurément, puisque, là, tout à l'heure, lorsque je vous ai retrouvé à mes pieds, mon cœur a bondi, mon premier élan a été de vous suivre, en esclave... Alors, si je vous aime, pourquoi m'épouvantez-vous? et qui m'empêche de quitter cette chambre, comme si des mains invisibles me tenaient par tout le corps, par chacun des cheveux de ma tête?

Elle s'était arrêtée près du lit, elle revint vers

l'armoire, alla ainsi devant les autres meubles. Certainement, des liens secrets les unissaient à sa personne. Les murs blancs surtout, la grande blancheur du plafond mansardé, l'enveloppaient d'une robe de candeur, dont elle ne se serait dévêtue qu'avec des larmes. Désormais, tout cela faisait partie de son être, le milieu était entré en elle. Et elle le comprit davantage, lorsqu'elle se trouva en face du métier, resté sous la lampe, à côté de la table. Son cœur fondait, à voir la rose commencée, qu'elle ne finirait jamais, si elle partait de la sorte, en criminelle. Les années de travail s'évoquaient dans sa mémoire, ces années si sages, si heureuses, une si longue habitude de paix et d'honnêteté, que révoltait la pensée d'une faute. Chaque jour, la petite maison fraîche des brodeurs, la vie active et pure qu'elle y menait, à l'écart du monde, avaient refait un peu du sang de ses veines.

Mais lui, la voyant ainsi reconquise par les choses, sentit le besoin de hâter le départ.

— Venez, l'heure s'écoule, bientôt il ne sera plus temps.

Alors, la lumière se fit complète, elle cria :

— Il est déjà trop tard... Vous voyez bien que je ne peux pas vous suivre. Il y avait en moi, jadis, une passionnée et une orgueilleuse qui aurait jeté ses deux bras à votre cou, pour que vous l'emportiez. Mais on m'a changée, je ne me retrouve plus... Vous n'entendez donc pas que tout, dans cette chambre, me crie de rester? Et ma joie est devenue d'obéir.

Sans parler, sans discuter avec elle, il tâchait de l'emmener comme une enfant indocile. Elle l'évita, s'échappa vers la fenêtre.

—Non, de grâce! Tout à l'heure, je vous aurais suivi. Mais c'était la révolte dernière. Peu à peu, à mon insu, l'humilité et le renoncement qu'on mettait en moi, devait s'y amasser. Aussi, à chaque retour de mon péché d'origine, la lutte était-elle moins rude, je triomphais de moi-même avec plus de facilité. Désormais, c'est fini, je me suis vaincue... Ah! cher seigneur, je vous aime tant! Ne faisons rien contre notre bonheur. Il faut se soumettre pour être heureux.

Et, comme il s'avançait d'un pas encore, elle se trouva devant la fenêtre grande ouverte, sur le balcon.

—Vous ne voulez pas me forcer à me jeter par là... Écoutez donc, comprenez que j'ai avec moi ce qui m'entoure. Les choses me parlent depuis longtemps, j'entends des voix, et jamais je ne les ai entendues me parler si haut... Tenez! c'est tout le Clos-Marie qui m'encourage à ne pas gâter mon existence et la vôtre, en me donnant à vous, contre la volonté de votre père. Cette voix chantante, c'est la Chevrotte, si claire, si fraîche, qu'elle semble avoir mis en moi sa pureté de cristal. Cette voix de foule, tendre et profonde, c'est le terrain entier, les herbes, les arbres, toute la vie paisible de ce coin sacré, travaillant à la paix de ma propre vie. Et les voix viennent de plus loin encore, des ormes de l'Évêché, de cet horizon de branches, dont la moindre s'intéresse à ma victoire... Puis, tenez! cette grande voix souveraine, c'est ma vieille amie la cathédrale, qui m'a instruite, éternellement éveillée dans la nuit. Chacune de ses pierres, les colonnettes de ses fenêtres, les clochetons de ses contreforts, les arcs-boutants de son abside, ont un murmure que je distingue, une langue que je comprends. Écoutez ce qu'ils disent, que même dans la mort l'espérance reste. Lorsqu'on s'est humilié, l'amour demeure et triomphe... Et enfin, tenez! l'air lui-même est plein d'un chuchotement d'âmes, voici mes compagnes les vierges qui arrivent, invisibles. Écoutez, écoutez!

Souriante, elle avait levé la main, d'un geste d'attention profonde. Tout son être était ravi dans les souffles épars. C'étaient les vierges de la Légende, que son imagination évoquait comme en son enfance, et dont le vol mystique sortait du vieux livre, aux images naïves, posé sur la table. Agnès, d'abord, vêtue de ses cheveux, ayant au doigt l'anneau de fiançailles du prêtre Paulin. Puis, toutes les autres, Barbe avec sa tour, Geneviève avec ses agneaux, Cécile avec sa viole, Agathe aux mamelles arrachées, Élisabeth mendiant par les routes, Catherine triomphant des docteurs. Un miracle rend Luce si pesante, que mille hommes et cinq paires de bœufs ne peuvent la traîner à un mauvais lieu. Le gouverneur qui veut embrasser Anastasie, devient aveugle. Et toutes, dans la nuit claire, volent, très blanches, la gorge encore ouverte par le fer des supplices, laissant couler, au lieu de sang, des fleuves de lait. L'air en est candide, les ténèbres s'éclairent comme d'un ruissellement d'étoiles. Ah! mourir d'amour comme elles, mourir vierge, éclatante de blancheur, au premier baiser de l'époux!

Félicien s'était rapproché.

— Je suis celui qui existe, Angélique, et vous me refusez pour des rêves...

— Des rêves, murmura-t-elle.

— Car, si elles vous entourent, ces visions, c'est que vous-même les avez créées... Venez, ne mettez plus rien de vous dans les choses, elles se tairont.

Elle eut un mouvement d'exaltation.

— Oh! non, qu'elles parlent, qu'elles parlent plus haut! Elles sont ma force, elles me donnent le courage de vous résister... C'est la grâce, et jamais elle ne m'a inondée d'une pareille énergie. Si elle n'est qu'un rêve, le rêve que j'ai mis à mon entour et qui me revient, qu'importe! Il me sauve, il m'emporte sans tache, au milieu des apparences... Oh! renoncez, obéissez comme moi. Je ne veux pas vous suivre.

Dans sa faiblesse, elle s'était redressée, résolue, invincible.

— Mais on vous a trompée, reprit-il, on est descendu jusqu'au mensonge pour nous désunir !

— La faute d'autrui n'excuserait pas la nôtre.

— Ah ! votre cœur s'est retiré de moi, vous ne m'aimez plus.

— Je vous aime, je ne lutte contre vous que pour notre amour et notre bonheur... Obtenez le consentement de votre père, et je vous suivrai.

— Mon père, vous ne le connaissez pas. Dieu seul pourrait le fléchir... Alors, dites, c'est fini ? Si mon père m'ordonne d'épouser Claire de Voincourt, faut-il donc que je lui obéisse ?

A ce dernier coup, Angélique chancela. Elle ne put retenir cette plainte :

— C'est trop... Je vous en supplie, allez-vous-en, ne soyez pas cruel... Pourquoi êtes-vous venu ? J'étais résignée, je me faisais à ce malheur de ne pas être aimée de vous. Et voilà que vous m'aimez et que tout mon martyre recommence !... Comment voulez-vous que je vive, maintenant ?

Félicien crut à une faiblesse, il répéta :

— Si mon père veut que je l'épouse...

Elle se raidissait contre sa souffrance ; et elle parvint encore à se tenir debout, dans le déchirement de son cœur ; puis, se traînant vers la table, comme pour lui livrer passage :

— Épousez-la, il faut obéir.

Il se trouvait à son tour devant la fenêtre, prêt à partir, puisqu'elle le renvoyait.

— Mais vous en mourrez ! cria-t-il.

Elle s'était calmée, elle murmura, avec un sourire :

— Oh ! c'est à moitié fait.

Un instant encore, il la regarda, si blanche, si réduite, d'une légèreté de plume qu'un souffle emporte ; et il eut un geste de résolution furieuse, il disparut dans la nuit.

Elle, appuyée au dossier du fauteuil, quand il ne fut plus là, tendit désespérément les mains vers les ténèbres. De gros sanglots agitaient son corps, une sueur d'agonie couvrait sa face. Mon Dieu ! c'était la fin, elle ne le verrait plus. Tout son mal l'avait reprise, ses jambes brisées se dérobaient sous elle. Ce fut à grand'peine qu'elle put regagner son lit, où elle tomba victorieuse et sans souffle. Le lendemain matin, on l'y trouva mourante. La lampe venait de s'éteindre d'elle-même, à l'aube, dans la blancheur triomphale de la chambre.

XIII

Angélique allait mourir. Il était dix heures, une claire matinée de la fin de l'hiver, un temps vif, avec un ciel blanc, tout égayé de soleil. Dans le grand lit royal, drapé d'une ancienne perse rose, elle ne bougeait plus, sans connaissance depuis la veille. Allongée sur le dos, ses mains d'ivoire abandonnées sur le drap, elle n'avait plus ouvert les yeux ; et son fin profil s'était aminci, sous le nimbe d'or de ses cheveux ; et on l'aurait crue morte déjà, sans le tout petit souffle de ses lèvres.

La veille, Angélique s'était confessée et avait communié, se sentant très mal. Le bon abbé Cornille, vers trois heures, lui avait apporté le saint viatique. Puis, dans la soirée, comme la mort la glaçait peu à peu, un grand désir lui était venu de l'extrême-onction, la médecine céleste, instituée pour la guérison de l'âme et du corps. Avant de perdre connaissance, sa dernière parole, un murmure à peine, recueilli par Hubertine, avait bégayé ce désir des saintes huiles, oh! tout de suite, pour qu'il fût temps encore. Mais la nuit s'avançait, on avait attendu le jour, et l'abbé, averti, allait enfin arriver.

Tout se trouvait prêt, les Hubert achevaient d'arranger la chambre. Sous le gai soleil, qui, à cette heure matinale, frappait les vitres, elle était d'une blancheur d'aurore, avec la nudité de ses grands murs blancs. Ils avaient couvert la table d'une nappe blanche. A droite et à gauche d'un crucifix, deux cierges y brûlaient, dans les flambeaux d'argent, montés du salon. Et il y avait encore là de l'eau bénite et un aspersoir, une aiguière d'eau avec son bassin et une serviette, deux assiettes de porcelaine blanche, l'une pleine de flocons d'ouate, l'autre de cornets de papier blanc. On avait couru les serres de la ville basse, sans trouver d'autres fleurs que des roses, de grosses roses blanches dont les énormes touffes garnissaient la table comme d'un frisson de blanches dentelles. Et, dans cette blancheur accrue, Angélique mourante respirait toujours de son petit souffle, les paupières closes.

A sa visite du matin, le docteur venait de dire qu'elle ne vivrait pas la journée. D'un moment à l'autre, peut-être passerait-elle, sans même reprendre connaissance. Et les Hubert attendaient. Il fallait que la chose fût, malgré leurs larmes. S'ils avaient voulu cette mort, préférant l'enfant morte à l'enfant révoltée, c'était que Dieu la voulait avec eux. Maintenant, cela échappait à leur puissance, ils ne pouvaient que se soumettre. Ils ne regrettaient rien, mais leur être succombait de douleur. Depuis qu'elle était là, agonisante, ils l'avaient soignée, en refusant tout secours étranger. Ils se trouvaient seuls encore, à cette heure dernière, et ils attendaient.

Hubert, machinal, alla ouvrir la porte du poêle de faïence, dont le ronflement ressemblait à une plainte. Le silence se fit, une douce chaleur pâlissait les roses. Depuis un instant, Hubertine écoutait les bruits de la cathédrale, derrière le mur. Un branle de cloche donnait un frisson aux vieilles pierres; sans doute l'abbé Cornille quittait l'église, avec les saintes huiles; et elle descendit pour le recevoir, au seuil de la maison. Deux minutes s'écoulèrent, un grand murmure emplit l'étroit escalier de la tourelle. Puis, dans la chambre tiède, Hubert, frappé d'étonnement, se mit à trembler, tandis qu'une crainte religieuse, un espoir aussi, le faisaient tomber à genoux.

Au lieu du vieux prêtre attendu, c'était Monseigneur qui entrait, Monseigneur en rochet de dentelle, ayant l'étole violette et portant le vaisseau d'argent, où se trouvait l'huile des infirmes, bénite par lui-même le jeudi saint. Ses yeux d'aigle restaient fixes, sa belle face pâle, sous les épaisses boucles de ses cheveux blancs, gardait une majesté. Et, derrière lui, comme un simple clerc, marchait l'abbé Cornille, un crucifix à la main et le rituel sous l'autre bras.

Debout un moment à la porte, l'évêque dit d'une voix grave :

— *Pax huic domui.*

— *Et omnibus habitantibus in ea,* répondit plus bas le prêtre.

Quand ils furent entrés, Hubertine, qui remontait à leur suite, tremblante elle aussi de saisissement, vint s'agenouiller près de son mari. L'un et l'autre, prosternés, les mains jointes, prièrent de toute leur âme.

Au lendemain de sa visite à Angélique, l'explication terrible avait eu lieu entre Félicien et son père. Dès le matin, ce jour-là, il força les portes, se fit recevoir dans l'oratoire même, où l'évêque était encore en oraison, après une de ces nuits de lutte affreuse contre le passé renaissant. Chez ce fils respectueux, courbé jusqu'alors par la crainte, la révolte débordait, longtemps étouffée ; et le choc fut rude, qui heurtait ces deux hommes, du même sang, prompt à la violence. Le vieillard, ayant quitté son prie-Dieu, écoutait, les joues tout de suite empourprées, muet, dans une obstination hautaine. Le jeune homme, la flamme également au visage, vidait son cœur, parlait d'une voix qui s'élevait peu à peu, grondante. Il disait Angélique malade, à l'agonie, il racontait dans quelle crise de tendresse épouvantée il avait fait le projet de fuir avec elle, et comment elle s'était refusée à le suivre, d'une renoncement et d'une chasteté de sainte. Ne serait-ce pas un meurtre, que de la laisser mourir, cette enfant obéissante, qui entendait ne le tenir que de la main de son père? Lorsqu'elle pouvait l'avoir enfin, lui, son titre, sa fortune, elle avait crié non, elle s'était débattue, victorieuse d'elle-même. Et il l'aimait, à en mourir, lui aussi, il se méprisait, de n'être point à son côté, pour s'éteindre ensemble, du même souffle! Aurait-on la cruauté de vouloir leur fin misérable à tous deux? Ah! l'orgueil du nom, la gloire de l'argent, l'entêtement dans la volonté, est-ce que cela pesait, lorsqu'il n'y avait plus que deux heureux à faire? Et il joignait, il tordait ses mains tremblantes, hors de lui, il exigeait un consentement, suppliant encore, menaçant déjà. Mais l'évêque ne se décida à ouvrir les lèvres que pour répondre par le mot de sa toute-puissance : Jamais!

Alors, Félicien, dans sa rébellion, avait déliré, perdant tout ménagement. Il parla de sa mère. C'était elle qui ressuscitait en lui, pour réclamer les droits de la passion. Son père ne l'avait donc pas aimée, il s'était donc réjoui de sa mort, qu'il se montrait si dur à ceux qui s'aimaient et qui voulaient vivre? Mais il avait beau s'être glacé dans les renoncements du culte, elle reviendrait le hanter et le torturer, puisqu'il torturait l'enfant qu'elle avait eu de leur mariage. Elle était toujours, elle voulait être dans les enfants de son enfant, à jamais; et il la tuait de nouveau, en refusant à cet enfant la fiancée choisie, celle qui devait continuer la race. On n'épousait pas l'Église, quand on avait épousé la femme. Et, en face de son père immobile, grandi dans un effrayant silence, il lança les mots de parjure et d'assassin. Puis, épouvanté, chancelant, il s'enfuit.

Lorsqu'il fut seul, Monseigneur, comme frappé d'un couteau en pleine poitrine, tourna sur lui-même et s'abattit, les deux genoux sur le prie-Dieu. Un râle affreux sortait de sa gorge. Ah! les misères du cœur, les invincibles faiblesses de la chair! Cette femme, cette morte toujours ressuscitée, il l'adorait ainsi qu'au premier soir, quand il avait baisé ses pieds blancs; et ce fils, il l'adorait comme une dépendance d'elle-même, un peu de sa vie qu'elle lui avait laissé; et cette jeune fille, cette petite ouvrière qu'il repoussait, il l'adorait aussi, de l'adoration que son fils avait pour elle. Maintenant, tous les trois désespéraient ses nuits. Sans qu'il se l'avouât, elle l'avait touché dans la cathédrale, la petite brodeuse, si simple, avec ses cheveux d'or, sa nuque fraîche, sentant bon la jeunesse. Il la revoyait, elle passait délicate, pure, d'une soumission irrésistible. Un remords ne serait pas entré en lui, d'une marche plus certaine, ni plus conquérante. Il pouvait la rejeter à voix haute, il savait bien désormais qu'elle lui tenait le cœur, de ses humbles mains, abîmées par l'aiguille. Pendant que Félicien le suppliait violemment, il les avait aperçues, derrière sa tête blonde, les deux femmes adorées, celle que lui pleurait, celle qui se mourait pour son enfant. Et, ravagé, sanglotant, ne sachant où retrouver le calme, il demandait au ciel de lui donner le courage de s'arracher le cœur, puisque ce cœur n'était plus à Dieu.

Monseigneur pria jusqu'au soir. Quand il reparut, il était d'une blancheur de cire, déchiré, résolu pourtant. Lui ne pouvait rien, il répéta le mot terrible : Jamais ! C'était Dieu qui seul avait le droit de le relever de sa parole ; et Dieu, imploré, se taisait. Il fallait souffrir.

Deux jours s'écoulèrent, Félicien rôdait devant la petite maison, fou de douleur, aux aguets des nouvelles. Chaque fois que sortait quelqu'un, il défaillait de crainte. Et ce fut ainsi que le matin où Hubertine courut à l'église demander les saintes huiles, il sut qu'Angélique ne passerait pas la journée. L'abbé Cornille n'était pas là, il battit la ville pour le trouver, mettant en lui une dernière espérance de secours divin. Puis, comme il ramenait le bon prêtre, son espoir s'en alla, il tomba à une crise de doute et de rage. Que faire ? de quelle façon obliger le ciel à intervenir ? Il s'échappa, força de nouveau les portes de l'Évêché ; et l'évêque, un moment, eut peur, devant l'incohérence de ses paroles. Ensuite, il comprit : Angélique agonisait, elle attendait l'extrême-onction, Dieu seul pouvait la sauver. Le jeune homme n'était venu que pour crier sa peine, rompre avec ce père abominable, lui jeter son meurtre au visage. Mais Monseigneur l'écoutait sans colère, les yeux éclairés brusquement d'un rayon, comme si une voix enfin avait parlé. Et il lui fit signe de marcher le premier, il le suivit, en disant :

— Si Dieu veut, je veux.

Félicien fut traversé d'un grand frisson. Son père consentait, déchargé de son vouloir, soumis à la bonne volonté du miracle. Eux n'étaient plus, Dieu agirait. Les larmes l'aveuglèrent, pendant que Monseigneur, à la sacristie, prenait les saintes huiles des mains de l'abbé Cornille. Il les accompagna, éperdu, il n'osa entrer dans la chambre, tombé à deux genoux sur le palier, devant la porte grande ouverte.

— *Pax huic domui.*

— *Et omnibus habitantibus in ea.*

Monseigneur venait de poser, sur la table blanche, entre les deux cierges, les saintes huiles, en traçant dans l'air le signe de la croix, avec le vase d'argent. Il prit ensuite, des mains de l'abbé, le crucifix, et s'approcha de la malade, pour le lui faire baiser. Mais Angélique était toujours sans connaissance, les paupières closes, les mains raidies, pareille aux minces et rigides figures de pierre couchées sur les tombeaux. Un instant, il la regarda, s'aperçut qu'elle n'était point morte, à son petit souffle, lui mit aux lèvres le crucifix. Il attendait, sa face gardait la majesté du ministre de la pénitence, aucune émotion humaine ne s'y montra, lorsqu'il eut constaté que pas un frémissement n'avait couru sur le fin profil ni dans les cheveux de lumière. Elle vivait pourtant, cela suffisait au rachat des fautes.

Alors, Monseigneur reçut de l'abbé le bénitier et l'aspersoir ; et, tandis que celui-ci lui présentait le rituel ouvert, il jeta de l'eau bénite sur la mourante, en lisant les paroles latines :

— *Asperges me, Domine, hyssopo, et mundabor ; lavabis me, et super nivem dealbabor.*

Des gouttes jaillissaient, tout le grand lit en était rafraîchi, comme d'une rosée. Il en plut sur les doigts, sur les joues ; mais, une à une, elles y roulaient, ainsi que sur un marbre insensible. Et l'évêque se tourna ensuite vers les assistants, il les aspergea à leur tour. Hubert et Hubertine, agenouillés côte à côte, dans leur besoin de foi ardente, se courbèrent sous l'ondée de cette bénédiction. Et l'évêque bénissait aussi la chambre, les meubles, les murs blancs, toute cette blancheur nue, lorsque, en passant près de la porte, il se trouva devant son fils, abattu sur le seuil, sanglotant dans ses mains brûlantes. D'un geste lent, il leva par trois fois l'aspersoir, il le purifia d'une pluie douce. Cette eau bénite, ainsi répandue partout, c'était pour chasser d'abord les mauvais esprits, volant par milliards, invisibles. A ce moment, un pâle rayon de soleil d'hiver glissait jusqu'au lit; et tout un vol d'atomes, des poussières agiles, semblaient y vivre, innombrables, descendus d'un angle de la fenêtre comme pour baigner de leur foule tiède les mains froides de la mourante.

Revenu devant la table, Monseigneur dit l'oraison :

— *Exaudi nos...*

Il ne se pressait point. La mort était là, parmi les rideaux de vieille perse; mais il la sentait sans hâte, elle patienterait. Et, bien que, dans l'anéantissement de son être, l'enfant ne pût l'entendre, il lui parla, il demanda :

— N'avez-vous rien sur la conscience qui vous fasse de la peine? Confessez vos tourments, soulagez-vous, ma fille.

Allongée, elle garda le silence. Lorsqu'il lui eut en vain donné le temps de répondre, il commença l'exhortation de la même voix pleine, sans paraître savoir que pas une de ses paroles ne lui arrivait.

— Recueillez-vous, demandez, au fond de vous-même, pardon à Dieu. Le sacrement va vous purifier et vous rendre des forces nouvelles. Vos yeux deviendront clairs, vos oreilles chastes, vos narines fraîches, votre bouche sainte, vos mains innocentes...

Il dit jusqu'au bout ce qu'il fallait dire, les yeux sur elle ; et elle soufflait à peine, pas un des cils de ses paupières closes ne remuait. Puis, il commanda :

— Récitez le symbole.

Après avoir attendu, il le récita lui-même.

— *Credo in unum Deum...*

— *Amen*, répondit l'abbé Cornille.

On entendait toujours, sur le palier, Félicien pleurer à gros sanglots, dans l'énervement de l'espoir. Hubert et Hubertine priaient, du même geste élancé et craintif, comme s'ils avaient senti descendre les toutes-puissances inconnues. Un arrêt s'était produit, un balbutiement de prière. Et, maintenant, les litanies du rituel se déroulaient, l'invocation aux saints et aux saintes, l'envolée des *Kyrie eleison*, appelant tout le ciel au secours de l'humanité misérable.

Puis, soudain, les voix tombèrent, il se fit un silence profond. Monseigneur se lavait les doigts, sous les quelques gouttes d'eau que l'abbé lui versait de l'aiguière. Enfin, il reprit le vaisseau des saintes huiles, en ôta le couvercle, vint se placer devant le lit. C'était la solennelle approche du sacrement, de ce dernier sacrement dont l'efficacité efface tous les péchés mortels ou véniels, non pardonnés, qui demeurent dans l'âme après les autres sacrements reçus : anciens restes de péchés oubliés, péchés commis sans le savoir, péchés de langueur n'ayant pas permis de se rétablir fermement en la grâce de Dieu. Mais où les prendre, ces péchés ? Ils venaient donc du dehors, dans ce rayon de soleil, aux poussières dansantes, qui semblaient apporter des germes de vie jusque sur ce grand lit royal, blanc et froid de la mort d'une vierge?

Monseigneur s'était recueilli, les regards de nouveau sur Angélique, s'assurant que le petit souffle n'avait pas cessé. Il se défendait encore de toute émotion humaine, à la voir si amincie, d'une beauté d'ange, immatérielle déjà. Son pouce ne trembla pas, lorsqu'il le trempa doucement dans les saintes huiles et qu'il commença les onctions sur les cinq parties du corps où résident les sens, les cinq fenêtres par lesquelles le mal entre dans l'âme.

D'abord, sur les yeux, sur les paupières fermées, la droite, la gauche; et le pouce, légèrement, traçait le signe de la croix.

— *Per istam sanctam unctionem, et suam piissimam misericordiam, indulgeat tibi Dominus quidquid per visum deliquisti.*

Et les péchés de la vue étaient réparés, les regards lascifs, les curiosités déshonnêtes, les vanités des spectacles, les mauvaises lectures, les larmes répandues pour des chagrins coupables. Et elle ne connaissait d'autre livre que la *Légende*, d'autre horizon que l'abside de la cathédrale, qui lui bouchait le reste du monde. Et elle n'avait pleuré que dans la lutte de l'obéissance contre la passion.

L'abbé Cornille prit un des flocons d'ouate, en essuya les deux paupières, puis l'enferma dans un des cornets de papier blanc.

Ensuite, Monseigneur oignit les oreilles, aux lobes d'une transparence de nacre, le droit, le gauche, à peine mouillés du signe de la croix.

— *Per istam sanctam unctionem, et suam piissimam misericordiam, indulgeat tibi Dominus quidquid per auditum deliquisti.*

Et toute l'abomination de l'ouïe se trouvait rachetée, toutes les paroles, toutes les musiques qui corrompent, les médisances, les calomnies, les blasphèmes, les propos licencieux écoutés avec complaisance, les mensonges d'amour aidant à la défaite du devoir, les chants profanes exaltant la chair, les violons des orchestres pleurant de volupté sous les lustres. Et, dans son isolement de fille cloîtrée, elle n'avait même jamais entendu le bavardage libre des voisines, le juron d'un charretier qui fouette ses chevaux. Et elle n'avait dans les oreilles d'autres musiques que les cantiques saints, le grondement des orgues, le balbutiement des prières, dont la petite maison fraîche vibrait toute, au flanc de la vieille église.

L'abbé, après avoir essuyé les oreilles avec un flocon d'ouate, le mit dans un des cornets de papier blanc.

Ensuite, Monseigneur passa aux narines, la droite, la gauche, pareilles à deux pétales de rose blanche, que son pouce purifiait du signe de la croix.

—*Per istam sanctam unctionem, et suam piissimam misericordiam, indulgeat tibi Dominus quidquid per odoratum deliquisti.*

Et l'odorat retournait à l'innocence première, lavé de toute souillure, non seulement de la honte charnelle des parfums, de la séduction des fleurs aux haleines trop douces, des senteurs éparses de l'air qui endorment l'âme, mais encore des fautes de l'odorat intérieur, les mauvais exemples donnés à autrui, la peste contagieuse du scandale. Et, droite, pure, elle avait fini par être un lis parmi les lis, un grand lis dont le parfum fortifiait les faibles, égayait les forts. Et, justement, elle était si candidement délicate, qu'elle n'avait jamais pu tolérer les œillets ardents, les lilas musqués, les jacinthes fiévreuses, seulement à l'aise parmi les floraisons calmes, les violettes et les primevères des bois.

L'abbé essuya les narines, glissa le flocon d'ouate dans un autre des cornets de papier blanc.

Ensuite, Monseigneur, descendant à la bouche close, qu'entr'ouvrait à peine le léger souffle, barra la lèvre inférieure du signe de la croix.

— *Per istam sanctam unctionem, et suam piissimam misericordiam, indulgeat tibi Dominus quidquid per gustum deliquisti.*

Et toute sa bouche n'était plus qu'un calice d'innocence, car c'était, cette fois, le pardon des basses satisfactions du goût, la gourmandise, la sensualité du vin et du miel, le pardon surtout des crimes de la langue, l'universelle coupable, la provocatrice, l'empoisonneuse, celle qui fait les querelles, les guerres, les erreurs, les paroles fausses dont le ciel lui-même est obscurci. Et la gourmandise n'avait jamais été son vice, elle en était venue, comme Élisabeth, à se nourrir, sans distinguer les aliments. Et, si elle vivait dans l'erreur, c'était son rêve qui l'y avait mise, l'espoir de l'au delà, la consolation de l'invisible, tout ce monde enchanté que créait son ignorance et qui faisait d'elle une sainte.

L'abbé, ayant essuyé la bouche, plia le flocon d'ouate dans le quatrième des cornets de papier blanc.

Enfin, Monseigneur, à droite, puis à gauche, oignant les paumes des deux petites mains d'ivoire, renversées sur le drap, effaça leurs péchés, du signe de la croix.

— *Per istam sanctam unctionem, et suam piissimam misericordiam, indulgeat tibi Dominus quidquid per tactum deliquisti.*

Et le corps entier était blanc, lavé de ses dernières macules, celles du toucher, les plus salissantes, les rapines, les batteries, les meurtres, sans compter les péchés des autres parties omises, la poitrine, les reins et les pieds, que cette onction rachetait aussi, tout ce qui brûle et rugit dans la chair, nos colères, nos désirs, nos passions déréglées, les charniers où nous courons, les joies défendues dont crient nos membres. Et, depuis qu'elle était là, mourante de sa victoire, elle avait abattu sa violence, son orgueil et sa passion, comme si elle n'eût apporté le mal originel que pour la gloire d'en triompher. Et elle ne savait même pas qu'elle avait eu des désirs, que sa chair avait gémi d'amour, que le grand frisson de ses nuits pouvait être coupable, tellement elle était cuirassée d'ignorance, l'âme blanche, toute blanche.

L'abbé essuya les mains, fit disparaître le flocon d'ouate dans le dernier cornet de papier blanc, et brûla les cinq cornets, au fond du poêle.

La cérémonie était terminée, Monseigneur se lavait les doigts, avant de dire l'oraison finale. Il n'avait plus qu'à exhorter encore la mourante, en lui mettant au poing le cierge symbolique, pour chasser les démons et montrer qu'elle venait de recouvrer l'innocence baptismale. Mais elle était restée rigide, les yeux fermés, morte. Les saintes huiles avaient purifié son corps, les signes de croix laissaient leurs traces aux cinq fenêtres de l'âme, sans faire remonter aux joues une onde de vie. Imploré, espéré, le prodige ne s'était pas produit. Hubert et Hubertine, toujours agenouillés côte à côte, ne priaient plus, regardaient de leurs yeux fixes, si ardemment, qu'on les aurait dits tous les deux immobilisés à jamais, ainsi que ces figures de donataires qui attendent la résurrection, dans un coin d'ancien vitrail. Félicien s'était traîné sur les genoux, maintenant à la porte même, ayant cessé de sangloter, la tête droite, lui aussi, pour voir, enragé de la surdité de Dieu.

Une dernière fois, Monseigneur s'approcha du lit, suivi de l'abbé Cornille, qui tenait, tout allumé, le cierge qu'on devait mettre dans la main de la malade. Et l'évêque, s'entêtant à aller jusqu'au bout du rite, afin de laisser à Dieu le temps d'agir, prononça la formule :

— *Accipe lampadem ardentem, custodi unctionem tuam, ut cum Dominus ad judicandum venerit, possis occurrere ei cum omnibus sanctis, et vivas in sæcula sæculorum.*

— *Amen*, répondit l'abbé.

Mais, quand ils essayèrent d'ouvrir la main d'Angélique et de la serrer autour du cierge, la main inerte retomba sur la poitrine.

Alors, Monseigneur fut saisi d'un grand tremblement. C'était l'émotion, longtemps combattue, qui débordait en lui, emportant les dernières rigidités du sacerdoce. Il l'avait aimée, cette enfant, du jour où elle était venue sangloter à ses genoux. A cette heure, elle était pitoyable, avec cette pâleur du tombeau, d'une beauté si douloureuse, qu'il ne tournait plus les regards vers le lit, sans que son cœur, secrètement, fût noyé de chagrin. Il cessait de se contenir, deux grosses larmes gonflèrent ses paupières, coulèrent sur ses joues. Elle ne pouvait pas mourir ainsi, il était vaincu par son charme dans la mort.

Et Monseigneur, se rappelant les miracles de sa race, ce pouvoir que le ciel leur avait donné de guérir, songea que Dieu sans doute attendait son consentement de père. Il invoqua sainte Agnès, devant laquelle tous les siens avaient fait leurs dévotions, et comme Jean V d'Hautecœur allant prier au chevet des pestiférés et les baiser, il pria, il baisa Angélique sur la bouche.

— Si Dieu veut, je veux.

Tout de suite, Angélique ouvrit les paupières. Elle le regardait sans surprise, éveillée de son long évanouissement ; et ses lèvres, tièdes du baiser, souriaient. C'étaient des choses qui devaient se réaliser, peut-être sortait-elle de les rêver une fois encore, trouvant très simple que Monseigneur fût là, pour la fiancer à son fils, puisque l'heure était arrivée enfin. D'elle-même, elle se mit sur son séant, au milieu du grand lit royal.

L'évêque, ayant dans les yeux la clarté du prodige, répéta la formule :

— *Accipe lampadem ardentem...*

— *Amen*, répondit l'abbé.

Angélique avait pris le cierge allumé, et d'une

main ferme, elle le tenait droit. La vie était revenue, la flamme brûlait très claire, chassant les esprits de la nuit.

Un grand cri traversa la chambre, Félicien était debout, comme soulevé par le vent du miracle ; tandis que les Hubert, renversés sous le même souffle, restaient à genoux, les yeux béants, la face ravie, devant ce qu'ils venaient de voir. Le lit leur avait paru enveloppé d'une vive lumière, des blancheurs montaient encore dans le rayon de soleil, pareilles à des plumes blanches ; et les murs blancs, toute la chambre blanche gardait un éclat de neige. Au milieu, ainsi qu'un lis rafraîchi et redressé sur sa tige, Angélique dégageait cette clarté. Ses cheveux d'or fin la nimbaient d'une auréole, ses yeux couleur de violette luisaient divinement, toute une splendeur de vie rayonnait de son visage pur. Et Félicien, la voyant guérie, bouleversé de cette grâce que le ciel leur faisait, s'approcha, s'agenouilla près du lit.

— Ah ! chère âme, vous nous reconnaissez, vous vivez... Je suis à vous, mon père le veut bien, puisque Dieu l'a voulu.

Elle inclina la tête, elle eut un rire gai.

— Oh ! je savais, j'attendais... Tout ce que j'ai vu doit être.

Monseigneur, qui avait retrouvé sa hauteur sereine, lui posa de nouveau sur la bouche le crucifix, qu'elle baisa cette fois, en servante soumise.

Puis, d'un grand geste, par toute la chambre, au-dessus de toutes les têtes, il donna les bénédictions dernières, pendant que les Hubert et l'abbé Cornille pleuraient.

Félicien avait pris la main d'Angélique. Et, dans l'autre petite main, le cierge d'innocence brûlait, très haut.

XIV

Le mariage fut fixé aux premiers jours de mars. Mais Angélique restait très faible, malgré la joie qui rayonnait de toute sa personne. Elle avait d'abord voulu redescendre à l'atelier, dès la première semaine de sa convalescence, s'entêtant à finir le panneau de broderie en bas-relief, pour le siège de Monseigneur : c'était sa dernière tâche d'ouvrière, disait-elle gaiement, on ne lâchait pas une commande au beau milieu. Puis, épuisée par cet effort, elle avait dû de nouveau garder la chambre. Elle y vivait souriante, sans retrouver la santé pleine d'autrefois, toujours blanche et immatérielle comme sous les saintes huiles, allant et venant d'un petit pas de vision, se reposant, songeuse, pendant des heures, d'avoir fait quelque longue course, de sa table à sa fenêtre. Et l'on recula le mariage, on décida qu'on attendrait son complet rétablissement, qui ne pouvait tarder, avec des soins.

Chaque après-midi, Félicien montait la voir.

Hubert et Hubertine étaient là, on passait ensemble d'adorables heures, on refaisait les mêmes projets, continuellement. Assise, elle se montrait d'une vivacité rieuse, la première à parler des jours si remplis de leur prochaine existence, les voyages, Hautecœur à restaurer, toutes les félicités à connaître. On l'aurait dite bien sauvée alors, reprenant des forces, dans le printemps hâtif qui entrait, chaque jour plus tiède, par la fenêtre ouverte. Et elle ne retombait aux gravités de ses songeries que lorsqu'elle était seule, ne craignant pas d'être vue. La nuit, des voix l'avaient effleurée; puis, c'était un appel de la terre, à son entour; en elle aussi, la clarté se faisait, elle comprenait que le miracle continuait uniquement pour la réalisation de son rêve. N'était-elle pas morte déjà, n'existant plus parmi les apparences que grâce à un répit des choses? Cela, aux heures de solitude, la berçait avec une douceur infinie, sans regret à l'idée d'être emportée dans sa joie, certaine toujours d'aller jusqu'au bout du bonheur. Le mal attendrait. Sa grande allégresse en devenait simplement sérieuse, elle s'abandonnait, inerte, ne sentait plus son corps, volait aux pures délices; et il fallait qu'elle entendît les Hubert rouvrir la porte, ou que Félicien entrât la voir, pour qu'elle se redressât, feignant la santé revenue, causant avec des rires de leurs années de ménage, très loin, dans l'avenir.

Vers la fin de mars, Angélique sembla s'égayer encore. Deux fois, toute seule, elle avait eu des évanouissements. Un matin, elle venait de tomber au pied du lit, comme Hubert lui montait justement une tasse de lait; et, pour le tromper, elle plaisanta par terre, raconta qu'elle cherchait une aiguille perdue. Puis, le lendemain, elle se fit très joyeuse, elle parla de brusquer le mariage, de le mettre à la mi-avril. Tous se récrièrent : elle était encore si faible, pourquoi ne pas attendre ? rien ne pressait. Mais elle s'enfiévra, elle voulait tout de suite, tout de suite. Hubertine, surprise, eut un soupçon devant cette hâte, la regarda un instant, pâlissante au petit souffle froid qui l'effleurait. Déjà, la chère malade se calmait, dans son tendre besoin de faire illusion aux autres, elle qui se savait condamnée. Hubert et Félicien, en continuelle adoration, n'avaient rien vu, rien senti. Et, se mettant debout par un effort de volonté, allant et venant de son pas souple d'autrefois, elle était charmante, elle dit que la cérémonie achèverait de la guérir, tant elle serait heureuse. D'ailleurs, Monseigneur déciderait. Quand, le soir même, l'évêque fut là, elle lui expliqua son désir, les yeux dans les siens, sans le quitter du regard, la voix si douce, que, sous les mots, il y avait l'ardente supplication de ce qu'elle ne disait pas. Monseigneur savait, et il comprit. Il fixa le mariage à la mi-avril.

Alors, on vécut dans le tumulte, de grands préparatifs furent faits. Hubert, malgré sa tutelle officieuse, avait dû demander son consentement au Directeur de l'Assistance publique, qui représentait toujours le conseil de famille, Angélique n'étant point majeure ; et M. Grandsire, le juge de paix, s'était chargé de ces détails, afin d'en éviter le côté pénible à Félicien et à la jeune fille. Mais celle-ci, ayant vu qu'on se cachait, se fit monter un jour son livret d'élève, désirant le remettre elle-même à son fiancé. Elle était désormais en état d'humilité parfaite, elle voulait qu'il sût bien la bassesse d'où il la tirait, pour la hausser dans la gloire de son nom légendaire et de sa grande fortune. C'étaient ses parchemins, à elle, cette pièce administrative, cet écrou où il n'y avait qu'une date suivie d'un numéro. Elle le feuilleta une fois encore, puis le lui donna sans confusion, joyeuse de ce qu'elle n'était rien et de ce qu'il la faisait tout. Il en fut touché profondément, il s'agenouilla, lui baisa les mains avec des larmes, comme si ce fût elle qui lui eût fait l'unique cadeau, le royal cadeau de son cœur.

Les préparatifs, pendant deux semaines, occupèrent Beaumont, bouleversèrent la ville haute et la ville basse. Vingt ouvrières, disait-on, travaillaient nuit et jour au trousseau. La robe de noce, à elle seule, en occupait trois ; et il y aurait une corbeille d'un million, un flot de dentelles, de velours, de satin et de soie, un ruissellement de pierreries, des diamants de reine. Mais surtout ce qui remuait le monde, c'étaient les aumônes considérables, la mariée ayant voulu donner aux pauvres autant qu'on lui donnait, à elle, un autre million qui venait de s'abattre sur la contrée, en une pluie d'or. Enfin, elle contentait son ancien besoin de charité, dans les prodigalités du rêve, les mains ouvertes, laissant couler sur les misérables un fleuve de richesse, un débordement de bien-être. De la petite chambre blanche et nue, du vieux fauteuil où elle était clouée, elle en riait de ravissement, lorsque l'abbé Cornille lui apportait les listes de distribution. Encore, encore! on ne distribuait jamais assez. Elle aurait désiré le père Mascart attablé devant des festins de prince, les Chouteau vivant dans le luxe d'un palais, la mère Gabet guérie, redevenue jeune, à force d'argent; et les Lamballeuse, la mère et les trois filles, elle les aurait comblées de toilettes et de bijoux. La grêle des pièces d'or redoublait sur la ville, ainsi que dans les contes de fées, au delà même des nécessités quotidiennes, pour la beauté et la joie, la gloire de l'or, tombant à la rue et luisant au grand soleil de la charité.

Enfin, la veille du beau jour, tout fut prêt. Félicien avait acquis, derrière l'Évêché, rue Magloire, un ancien hôtel, qu'on achevait d'installer somptueusement. C'étaient de grandes pièces, ornées d'admirables tentures, emplies des meubles les plus précieux, un salon en vieilles tapisseries, un boudoir bleu, d'une douceur de ciel matinal, une chambre à coucher surtout, un nid de soie blanche et de dentelle blanche, rien que du blanc, léger, envolé, le frisson même de la lumière. Mais Angélique, qu'une voiture devait venir prendre, avait constamment refusé d'aller voir ces merveilles. Elle en écoutait le récit avec un sourire enchanté, et elle ne donnait aucun ordre, elle ne voulait point s'occuper de l'arrangement. Non, non, cela se passait très loin, dans cet inconnu du monde qu'elle ignorait encore. Puisque ceux qui l'aimaient lui préparaient ce bonheur, si tendrement, elle désirait y entrer, ainsi qu'une princesse venue des pays chimériques, abordant au royaume réel, où elle régnerait. Et, de même, elle se défendait de connaître la corbeille, qui, elle aussi, était là-bas, le trousseau de linge fin, brodé à son chiffre de marquise, les toilettes de gala chargées de broderies, les bijoux anciens, tout un lourd trésor de cathédrale, et les joyaux modernes, des prodiges de monture délicate, des brillants dont la pluie ne montrait que leur eau pure. Il suffisait à la victoire de son rêve que cette fortune l'attendît chez elle, rayonnante dans la réalité prochaine de la vie. Seule, la robe de noces fut apportée, le matin du mariage.

Ce matin-là, éveillée avant les autres, dans son grand lit, Angélique, eut une minute de défaillance désespérée, en craignant de ne pouvoir se tenir debout. Elle essayait, sentait plier ses jambes; et, démentant la vaillante sérénité qu'elle montrait depuis des semaines, une angoisse affreuse, la dernière, cria de tout son être. Puis, dès qu'elle vit entrer Hubertine joyeuse, elle fut surprise de marcher, car ce n'étaient plus ses forces à elle, une aide sûrement lui venait de l'invisible, des mains amies la portaient. On l'habilla, elle ne pesait plus rien, elle était si légère, que, plaisantant, sa mère s'en étonnait, lui disait de ne pas bouger davantage, si elle ne voulait point s'envoler. Et, pendant toute la toilette, la petite maison fraîche des Hubert, vivant au flanc de la cathédrale, frissonna du souffle énorme de la géante, de ce qui déjà y bourdonnait de la cérémonie, l'activité fiévreuse du clergé, les volées des cloches surtout, un branle continu d'allégresse, dont vibraient les vieilles pierres.

Sur la ville haute, depuis une heure, les cloches sonnaient, comme aux grandes fêtes. Le soleil s'était levé radieux, une limpide matinée d'avril, une ondée de rayons printaniers, vivante des appels sonores qui avaient mis debout les habitants. Beaumont entier était en liesse pour le mariage de la petite brodeuse, que tous les cœurs épousaient. Ce beau soleil criblant les rues, c'était comme la pluie d'or, les aumônes des contes de fées, qui ruisselaient de ses mains frêles. Et, sous cette joie de la lumière, la foule se portait en masse vers la cathédrale, emplissant les bas côtés, débordant sur la place du Cloître. Là, se dressait la grande façade, ainsi qu'un bouquet de pierre, très fleuri, du gothique le plus orné, au-dessus de la sévère assise romane. Dans les tours, les cloches continuaient à sonner, et la façade semblait être la gloire même de ces noces, l'envolée de la fille pauvre au travers du miracle, tout ce qui s'élançait et flambait, avec la dentelle ajourée, la floraison liliale des colonnettes, des balustrades, des arcatures, des niches de saints surmontées de dais, des pignons évidés en trèfle, garnis de crossettes et de fleurons, des roses immenses, épanouissant le mystique rayonnement de leurs meneaux.

A dix heures, les orgues grondèrent, Angélique et Félicien entraient, marchant à petits pas vers le maître-autel, entre les rangs pressés de la foule. Un souffle d'admiration attendrie fit onduler les têtes. Lui, très ému, passait fier et grave, dans sa beauté blonde de jeune dieu, aminci encore par la sévérité de l'habit noir. Mais elle, surtout, soulevait les cœurs, si adorable, si divine, d'un charme mystérieux de vision. Sa robe était de moire blanche, simplement couverte de vieilles malines, que retenaient des perles, des cordons de perles fines dessinant les garnitures du corsage et les volants de la jupe. Un voile d'ancien point d'Angleterre, fixé sur la tête par une triple couronne de perles, l'enveloppait, descendait jusqu'aux talons. Et rien autre, pas une fleur, pas un bijou, rien que ce flot léger, ce nuage frissonnant, qui semblait mettre dans un battement d'ailes sa petite figure douce de vierge de vitrail, aux yeux de violette, aux cheveux d'or.

Deux fauteuils de velours cramoisi attendaient Félicien et Angélique devant l'autel; et, derrière eux, pendant que les orgues élargissaient leur phrase de bienvenue, Hubert et Hubertine s'agenouillèrent sur les prie-Dieu destinés à la famille. La veille, ils avaient eu une joie immense, dont ils demeuraient éperdus, ne trouvant point assez d'actions de grâces pour leur bonheur à eux, qui s'ajoutait à celui de leur fille. Hubertine, étant allée au cimetière une fois encore, dans la pensée triste de leur solitude, de la petite maison vide, lorsque cette fille aimée ne serait plus là, avait supplié sa mère longtemps; et, tout d'un coup, un choc en elle l'avait redressée, frémissante, exaucée enfin. Du fond de la terre, après trente ans, la morte obstinée pardonnait, leur envoyait l'enfant du pardon, si ardemment désiré et attendu. Était-ce la récompense de leur charité, de cette pauvre créature de misère recueillie, un jour de neige, à la porte de la cathédrale, aujourd'hui mariée à un prince, dans toute la pompe des grandes cérémonies? Ils en restaient sur les deux genoux, sans prière, sans paroles formulées, ravis de gratitude, tout leur être s'exhalant en un remerciement infini. Et, de l'autre côté de la nef, sur son siège épiscopal, Monseigneur était lui aussi de la famille, plein de la majesté du Dieu qu'il représentait : il resplendissait, dans la gloire de ses vêtements sacrés, la face d'une hauteur sereine, dégagé des passions de ce monde ; tandis que les deux anges du panneau de broderie, au-dessus de sa tête, soutenaient les armes éclatantes des Hautecœur.

Alors, la solennité commença. Tout le clergé était présent, des prêtres étaient venus des paroisses, pour honorer leur évêque. Dans ce flot blanc des surplis, dont les grilles débordaient, luisaient les chapes d'or des chantres et les robes rouges des enfants de chœur. L'éternelle nuit des bas côtés, sous l'écrasement des chapelles romanes, s'éclairait ce matin-là du limpide soleil d'avril, allumant les vitraux, où rougeoyait une braise de pierreries. Mais l'ombre de la nef, surtout, flambait d'un fourmillement de cierges, des cierges aussi nombreux que les étoiles en un ciel d'été : au milieu, le maître-autel en était incendié, l'ardent buisson symbolique brûlant du feu des âmes ; et il y en avait dans des flambeaux, dans des torchères, dans des lustres ; et, devant les époux, deux grands candélabres, à branches rondes, faisaient comme deux soleils. Des massifs de plantes vertes changeaient le chœur en un jardin vivace, que fleurissaient de grosses touffes d'azalées blanches, de camélias blancs et de lilas blancs. Jusqu'au fond de l'abside, étincelaient des échappées d'or et d'argent, des pans entrevus de velours et de soie, un éblouissement lointain de tabernacle, parmi les verdures. Et, au-dessus de ce braisillement, la nef s'élançait, les quatre énormes piliers du transept montaient soutenir la voûte, dans le souffle tremblant de ces milliers de petites flammes, qui donnaient un frisson à la pleine lumière des hautes fenêtres gothiques.

Angélique avait voulu être mariée par le bon abbé Cornille, et lorsqu'elle le vit s'avancer en surplis, avec l'étole blanche, suivi de deux clercs, elle eut un sourire. C'était enfin la réalisation de son rêve, elle épousait la fortune, la beauté, la puissance, au delà de tout espoir. L'église chantait par ses orgues, rayonnait par ses cierges, vivait par son peuple de fidèles et de prêtres. Jamais l'antique vaisseau n'avait resplendi d'une pompe plus souveraine, comme élargi, dans son luxe sacré, d'une expansion de bonheur. Et Angélique souriait, sachant qu'elle avait la mort en elle, au milieu de cette joie, célébrant sa victoire. En entrant, elle venait d'avoir un regard pour la chapelle Hautecœur, où dormaient Laurette et Balbine, les Mortes heureuses, emportées toutes jeunes en pleine félicité d'amour. A cette heure dernière, elle était parfaite, victorieuse de sa passion, corrigée, renouvelée, n'ayant même plus l'orgueil du triomphe, résignée à cette envolée de son être, dans l'hosanna de sa grande amie, la cathédrale. Lorsqu'elle s'agenouilla, ce fut en servante très humble et très soumise, entièrement lavée du péché d'origine; et elle était aussi très gaie de son renoncement.

L'abbé Cornille, après être descendu de l'autel, fit l'exhortation, d'une voix amie. Il donna en exemple le mariage que Jésus avait contracté avec l'Église, il parla de l'avenir, des jours à vivre dans la foi, des enfants qu'il faudrait élever en chrétiens; et là, de nouveau, en face de cet espoir, Angélique sourit; tandis que Félicien, près d'elle, frémissait, à l'idée de tout ce bonheur, qu'il croyait fixé maintenant. Puis, vinrent les demandes du rituel, les réponses qui lient pour l'existence entière, le « oui » décisif, qu'elle prononça, émue, du fond de son cœur, qu'il dit plus haut, avec une gravité tendre. L'irrévocable était fait, le prêtre avait mis leurs mains droites l'une dans l'autre, en murmurant la formule : *Ego conjungo vos in matrimonium, in nomine Patri, et Filii, et Spiritus sancti.* Mais il restait à bénir l'anneau, qui est le symbole de la fidélité inviolable, de l'éternité du lien; et cela dura. Dans le bassin d'argent, au-dessus de l'anneau d'or, le prêtre agitait l'aspersoir, en forme de croix. « *Benedic, Domine, annulum hunc...* » Ensuite, il le présenta à l'époux, pour lui témoigner que l'Église scellait et cachetait son cœur, où aucune autre femme ne devait plus entrer; et l'époux le mit au doigt de l'épouse, afin de lui apprendre à son tour que, seul parmi les hommes, il existait pour elle désormais. C'était l'union étroite, sans fin, le signe de dépendance porté par elle, qui lui rappellerait constamment la foi jurée; c'était aussi la promesse d'une longue suite d'années communes, comme si ce petit cercle d'or les attachait jusqu'à la tombe. Et, tandis que le prêtre, après les oraisons finales, les exhortait une fois encore, Angélique avait son clair sourire de renoncement, elle qui savait.

Les orgues, alors, clamèrent d'allégresse, derrière l'abbé Cornille, qui se retirait avec les clercs. Monseigneur, immobile en sa majesté, abaissait sur le couple ses yeux d'aigle, très doux. A genoux toujours, les Hubert levaient la tête, aveuglés de larmes heureuses. Et la phrase énorme des orgues roula, se perdit en une grêle de petites notes aiguës, pleuvant sous les voûtes, pareilles à un chant matinal d'alouette. Un long frémissement, une rumeur attendrie avait agité la foule des fidèles, entassée dans la nef et dans les bas côtés. L'église, parée de fleurs, étincelante de cierges, éclatait de la joie du sacrement.

Puis, ce furent encore deux heures de souveraine pompe, la messe chantée, avec les encensements. Le célébrant avait paru, vêtu de la chasuble blanche, accompagné du cérémoniaire, des deux thuriféraires tenant l'encensoir et la navette, des deux acolytes portant les grands chandeliers d'or allumés. Et la présence de Monseigneur compliquait le rite, les saluts, les baisers. A chaque minute, des inclinations, des génuflexions faisaient battre les ailes des surplis. Dans les vieilles stalles fleuries de sculptures, tout le chapitre se levait; et c'était, à d'autres instants, comme une haleine du ciel qui prosternait d'un coup le clergé, dont la foule emplissait l'abside. Le célébrant chantait à l'autel. Il se taisait, allait s'asseoir, pendant que le chœur, à son tour, longuement, continuait, des phrases graves de chantre, des notes fines d'enfant de chœur, légères, aériennes comme des flûtes d'archange. Une voix, très belle, très pure, s'éleva, une voix de jeune fille délicieuse à entendre, la voix, disait-on, de mademoiselle Claire de Voincourt, qui avait voulu chanter à ces noces du miracle. Les orgues qui l'accompagnaient avaient un large soupir attendri, une sérénité d'âme bonne et heureuse. Il se produisait de brusques silences, puis les orgues éclataient de nouveau en roulements formidables, pendant que le cérémoniaire ramenait les acolytes avec leurs chandeliers, conduisait les thuriféraires au célébrant, qui bénissait l'encens des navettes. Et, à tous moments, des volées d'encensoir montaient, avec le vif éclair et le bruit argentin des chaînettes. Une nuée odorante bleuissait dans l'air, on encensait l'évêque, le clergé, l'autel, l'Évangile, chaque personne et chaque chose à son tour, jusqu'aux masses profondes du peuple, de trois coups, à droite, à gauche, et en face.

Cependant, Angélique et Félicien, à genoux, écoutaient dévotement la messe, qui est la consommation mystérieuse du mariage de Jésus et de l'Église. On leur avait mis en la main, à chacun, une chandelle ardente, symbole de la virginité conservée depuis le baptême. Après l'oraison dominicale, ils étaient restés sous le voile, signe de soumission, de pudeur et de modestie, pendant que le prêtre, debout du côté de l'Épître, lisait les prières prescrites. Ils tenaient toujours les chandelles ardentes, qui sont aussi un avertissement de songer à la mort, même dans la joie des justes noces. Et c'était fini, l'offrande était faite, le célébrant s'en allait, accompagné du cérémoniaire, des thuriféraires et des acolytes, après avoir prié Dieu de bénir les époux, afin qu'ils voient croître et multiplier leurs enfants, jusqu'à la troisième et la quatrième génération.

A ce moment, la cathédrale entière exulta. Les orgues entamèrent la marche triomphale, dans un tel éclat de foudre, que le vieil édifice en tremblait. Frémissante, la foule était debout, se haussait pour voir; des femmes montaient sur les chaises, il y avait des rangs pressés de têtes, jusqu'au fond des chapelles noires des collatéraux; et tout ce peuple souriait, le cœur battant. Les milliers de cierges, en cet adieu final, semblaient brûler plus haut, allongeant leurs flammes, des langues de feu dont vacillaient les voûtes. Un dernier hosanna du clergé montait, dans les fleurs et les verdures, au milieu du luxe des ornements et des vases sacrés. Mais, tout d'un coup, la grand'porte, sous les orgues, ouverte à deux battants, troua le mur sombre d'une nappe de plein jour. C'était la claire matinée d'avril, le vivant soleil du printemps, la place du Cloître avec ses gaies maisons blanches; et là une autre foule attendait les époux, plus nombreuse encore, d'une sympathie plus impatiente, agitée déjà de gestes et d'acclamations. Les cierges avaient pâli, les orgues couvraient de leur tonnerre les bruits de la rue.

Et, d'une marche lente, entre la double haie des fidèles, Angélique et Félicien se dirigèrent vers la porte. Après le triomphe, elle sortait du rêve, elle marchait là-bas, pour entrer dans la réalité. Ce porche de lumière crue ouvrait sur le monde qu'elle ignorait; et elle ralentissait le pas, elle regardait les maisons actives, la foule tumultueuse, tout ce qui la réclamait et la saluait. Sa faiblesse était si grande, que son mari devait presque la porter. Pourtant, elle souriait toujours, elle songeait à cet hôtel princier, plein de bijoux et de toilettes de reine, où l'attendait la chambre des noces, toute de soie blanche. Une suffocation l'arrêta, puis elle eut la force de faire quelques pas encore. Son regard avait rencontré l'anneau passé à son doigt, elle souriait de ce lien éternel. Alors, au seuil de la grand'porte, en haut des marches qui descendaient sur la place, elle chancela. N'était-elle pas allée jusqu'au bout du bonheur? N'était-ce pas là que la joie d'être finissait? Elle se haussa d'un dernier effort, elle mit sa bouche sur la bouche de Félicien. Et, dans ce baiser, elle mourut.

Mais la mort était sans tristesse. Monseigneur, de son geste habituel de bénédiction pastorale, aidait cette âme à se délivrer, calmé lui-même, retourné au néant divin. Les Hubert, pardonnés, rentrant dans l'existence, avaient la sensation extasiée qu'un songe finissait. Toute la cathédrale, toute la ville étaient en fête. Les orgues grondaient plus haut, les cloches sonnaient à la volée, la foule acclamait le couple d'amour, au seuil de l'église mystique, sous la gloire du soleil printanier. Et c'était un envolement triomphal, Angélique heureuse, pure, élancée, emportée dans la réalisation de son rêve, ravie des noires chapelles romanes aux flamboyantes voûtes gothiques, parmi les restes d'or et de peinture, en plein paradis des légendes.

Félicien ne tenait plus qu'un rien très doux et très tendre, cette robe de mariée, toute de dentelles et de perles, la poignée de plumes légères, tièdes encore, d'un oiseau. Depuis longtemps, il sentait bien qu'il possédait une ombre. La vision, venue de l'invisible, retournait à l'invisible. Ce n'était qu'une apparence, qui s'effaçait, après avoir créé une illusion. Tout n'est que rêve. Et, au sommet du bonheur, Angélique avait disparu, dans le petit souffle d'un baiser.

FIN

13901. — Imprimeries réunies, A, rue Mignon, 2, Paris.

BIBLIOTHÈQUE-CHARPENTIER

11, RUE DE GRENELLE, 11, PARIS

CHOIX DE ROMANS

CONTES — NOUVELLES

Collection dite **BIBLIOTHÈQUE-CHARPENTIER**

A 3 FR. 50 LE VOLUME (FRANCO)

		vol.
ALEXIS (PAUL)	La Fin de Lucie Pellegrin	1
—	Le Besoin d'aimer	1
ALLARD (LÉON)	Maison de Famille	1
ALLEN (PIERRE)	Carmen Lohry	1
ARÈNE (PAUL)	La Gueuse parfumée	1
—	Au Bon Soleil	1
—	Paris ingénu	1
ARTIGUES (Mme P. D')	Lettres de Femmes	1
ASTRUC (ZACHARIE)	Romancero de l'Escorial	1
BANVILLE (TH. DE)	Esquisses parisiennes	1
—	Contes pour les Femmes	1
—	Contes féeriques	1
—	Contes héroïques	1
—	La Lanterne magique	1
—	Paris vécu	1
—	Lettres chimériques	1
—	Contes bourgeois	1
—	Dames et Demoiselles	1
—	Les Belles Poupées	1
BERNARDIN DE SAINT-PIERRE	Paul et Virginie	1
BEROALDE DE VERVILLE	Le Moyen de Parvenir	1
BIART (L.)	Laborde et Ce	1

		vol.
BIART (L.)	L'Eau dormante	1
—	La Terre chaude	1
—	La Capitana	1
BONNETAIN (PAUL)	L'Opium	1
—	Le Nommé Perreux	1
—	Amours Nomades	1
—	Au Tonkin	1
BRANTES (ALIX)	Jean Goyon	1
BRANTOME	Les Femmes galantes	1
BRILLAT-SAVARIN	Physiologie du Goût	1
BURTY (PH.)	Grave imprudence	1
BUSNACH ET CHABRILLAT	La Fille de M. Lecoq	1
CANIVET	Pauvres diables	1
CÉARD (HENRY)	Une belle Journée	1
CHESNEAU	La Chimère	1
CIM (A.)	Jeunesse	1
CLADEL	Bonshommes	1
—	Les Va-nu-pieds	1
—	N'a-qu'un-œil	1
CLAUDIN (GUSTAVE)	Trois Roses dans la rue Vivienne.	1
—	Les Caprices de Diomède	1
—	Fosca	1
CONTEURS FRANÇAIS	(Ch. Louandre)	3
CONSTANT (BENJAMIN)	Adolphe	1
COURMES (ALFRED)	Jours d'Amour	1
DARC (DANIEL)	Revanche posthume	1
—	La Couleuvre	1
—	Le Péché d'une Vierge	1
DAUDET (A.)	Fromont jeune et Risler aîné	1
—	Le Petit Chose	1
—	Lettres de mon Moulin	1
—	Sapho	1
—	Contes du Lundi	1
—	Le Nabab	1
—	Numa Roumestan	1
DAUDET (Mme A.)	Impressions de Nature et d'Art.	1
DAUDET (E.)	Le Roman d'une Jeune Fille	1

		vol.
DAUDET (E.).............	Fleur de Péché...............	1
DAYOT...................	L'Aventure de Briscart........	1
DEPRET (LOUIS)...........	Voyage de la Vie.............	1
DESNOIRESTERRES.........	Les Étapes d'une Passion......	1
DIDEROT.................	Jacques le Fataliste..........	1
—	La Religieuse................	1
DUBARRY (ARMAND)........	L'Allemagne chez elle et chez les autres...............	1
DUBUT DE LAFOREST.......	Les Dames de Lamète.........	1
—	Tête à l'envers..............	1
DU CAMP (MAXIME)........	Mémoires d'un suicidé........	1
DUPUIT (ALBERT)..........	Pauline Tardiveau............	1
DURANTY................	Les Six Barons de Septfontaines.	1
—	Les Malheurs d'Henriette Gérard.	1
ERNOUF (BARON)..........	Souvenirs d'un Officier polonais.	1
ENNE (FRANCIS)..........	La Vie simple...............	1
ESCOFFIER (HENRI)........	Madame Ripert...............	1
FABRE (FERDINAND)........	Le Roman d'un Peintre.......	1
—	Julien Savignac..............	1
—	Le Chevrier................	1
—	L'Abbé Tigrane...............	1
—	Les Courbezon..............	1
—	Le Marquis de Pierrerue.......	1
—	Mlle de Malavieille...........	1
—	Mon oncle Célestin............	1
—	Le Roi Ramire...............	1
—	Lucifer.....................	1
—	Barnabé....................	1
—	Monsieur Jean...............	1
—	Madame Fuster..............	1
—	Toussaint Galabru...........	1
FERRY (G.)..............	Scènes de la Vie sauvage au Mexique................	1
FÈVRE (HENRY)...........	Au port d'arme..............	1
FLAUBERT (G.)............	Madame Bovary..............	1
—	Salammbô..................	1
—	La Tentation de saint Antoine..	1

27

		vol.
FLAUBERT (G.)	Trois Contes	1
—	L'Éducation sentimentale	1
—	Par les Champs et par les Grèves.	1
—	Bouvard et Pécuchet	1
FRANCE (H.)	Les Va-nu-pieds de Londres	1
—	Les Nuits de Londres	1
—	Sous le Burnous	1
FRESCALY (MARCEL)	Le 6e Margouillats	1
—	Fleur d'Alfa	1
—	Mariage d'Afrique	1
—	Nouvelles Algériennes	1
FULBER (FLORENT)	L'Échéance	1
GAUTIER (TH.)	Mlle de Maupin	1
—	Le Capitaine Fracasse	2
—	Le Roman de la Momie	1
—	Spirite	1
—	Romans et Contes	1
—	Nouvelles	1
—	Fortunio	1
—	Les Jeunes-France	1
—	Les Grotesques	1
—	Caprices et Zigzags	1
—	Un Trio de Romans	1
GEFFROY (GUSTAVE)	Notes d'un Journaliste	1
GIRAUD (EUGÈNE)	La Fille de M. Toinet	1
GONCOURT (EDMOND DE)	La Fille Élisa	1
—	Les Frères Zemganno	1
—	La Faustin	1
—	Chérie	1
GONCOURT (E. ET J. DE)	En 18**	1
—	Germinie Lacerteux	1
—	Madame Gervaisais	1
—	Renée Mauperin	1
—	Manette Salomon	1
—	Charles Demailly	1
—	Sœur Philomène	1
—	Quelques Créatures de ce temps.	1

		vol.
GONCOURT (E. ET J. DE)....	Idées et Sensations..........	1
GUILLEMOT (GABRIEL)......	Le Roman d'une Bourgeoise...	1
HARAUCOURT (EDM.).......	Amis.........................	1
HENNIQUE (LÉON)..........	La Dévouée..................	1
—	L'Accident de M. Hébert.......	1
HEPP (ALEXANDRE).........	L'Amie de Mme Alice..........	1
HERMANT (ABEL)..........	Le Cavalier Miserey..........	1
—	Nathalie Madoré.............	1
—	Contes pour les Grandes Personnes.	1
—	Mesdames les Parisiennes.....	1
HERVILLY (E. D')...........	Histoires divertissantes.......	1
—	D'Hervilly-Caprices...........	1
—	Histoires de Mariages.........	1
HEULHARD (ARTHUR).......	Scènes de la Vie fantaisiste....	1
HOUSSAYE (ARSÈNE).........	Les grandes Dames...........	1
—	La Femme fusillée............	1
—	Madame Lucrèce.............	1
—	Rodolphe et Cynthia..........	1
HUGUES (CLOVIS)...........	Madame Phaéton.............	1
HUYSMANS	Les Sœurs Vatard...........	1
—	En Ménage..................	1
—	A Rebours..................	1
LABOULAYE (ED.)..........	Paris en Amérique...........	1
—	Le Prince Caniche............	1
—	Abdallah....................	1
—	Contes bleus................	1
—	Nouveaux Contes bleus........	1
—	Souvenirs d'un Voyageur......	1
LA FONTAINE (J.)...........	Contes et Nouvelles...........	1
LAUNAY (A. DE)............	La Maison Vidalin............	1
—	Père inconnu................	1
LEBLANC..................	Dépravée....................	1
LEMONNIER (C.)...........	Thérèse Monique.............	1
—	L'Hystérique................	1
—	Happe Chair................	1
—	Madame Lupar..............	1
LEPAGE (AUGUSTE).........	L'Odyssée d'une Comédienne...	1

		vol.
LEPELLETIER (EDMOND)	Claire Everard	1
LEROY (ALBERT)	Fabien	1
LESAGE	Histoire de Gil Blas	1
—	Le Diable boîteux	1
LÉTORIÈRE (DE)	La Marquise de Trévilly	1
L'HEUREUX (MARCEL)	La Possession	1
LION (AUGUSTIN)	Le Castélou	1
—	Suzanne Aubriès	1
LOUIS XI	Cent Nouvelles nouvelles	1
MAIRET (JEANNE)	Marca	1
MAISTRE (X. DE)	Œuvres complètes	1
MAIZEROY (RENÉ)	Le Capitaine Bric-à-Brac	1
MALOT (HECTOR)	Micheline	1
—	Le Sang Bleu	1
—	Le Lieutenant Bonnet	1
—	Le Docteur Claude	1
—	La Bohême tapageuse	2
—	Baccara	1
—	Romain Kalbris	1
—	L'Héritage d'Arthur	1
—	L'Auberge du Monde	2
—	Zyte	1
—	Les Victimes d'Amour	2
—	Vices français	1
—	Ghislaine	1
—	Pompon	1
—	La Belle Madame Donis	1
—	Conscience	1
MALOT (Mme H.)	Folie d'Amour	1
MARC (GABRIEL)	Liaudette	1
MARC-MONNIER	Contes populaires en Italie	1
—	Le Charmeur	1
MARIVAUX	La Vie de Marianne	1
MATTHEY	L'Étang des Sœurs grises	1
—	Zoé Chien-Chien	1
—	Le Mariage du Suicidé	1
—	La Bonne d'Enfants	1

		vol.
MATTHEY	Le Drame de la Croix-Rouge	1
—	La Femme de Judas	1
—	La Brésilienne	1
—	La Revanche de Clodion	1
—	Les Amants de Paris	1
—	L'Enragé	1
—	Le Point noir	1
—	Un Gendre	1
—	Marcelle Mauduit	1
—	La Belle Fille	1
—	Le Billet de mille	1
—	189. H. 981	1
MENDÈS (CATULLE)	Zo'har	1
—	Lesbia	1
—	La première Maîtresse	1
—	Grande Maguet	1
MIRBEAU (MADAME)	La Famille Carmettes	1
MONSELET (CH.)	Petits Mémoires littéraires	1
MONTEIL (EDGAR)	Antoinette Margueron	1
—	Henriette Grey	1
—	Madame de Féroni	1
—	Cornebois	1
—	Rochefière	1
—	Les petites Mariées	1
—	Le grand Village	1
MOORE (GEORGE)	La Femme du Cabotin	1
—	Terre d'Irlande	1
MOREL (HENRY)	Mademoiselle Lacour	1
MOUTON	Contes	1
—	Nouvelles	1
—	Fantaisies humoristiques	1
MUSSET (A. DE)	Confession d'un Enfant du Siècle	1
—	Nouvelles	1
—	Contes	1
—	Extraits pour la Jennesse	1
MUSSET (P. DE)	Lui et Elle	1
—	Nouvel Aladin	1

		vol.
MUSSET (P. DE)	Lauzun	1
—	Histoire de Trois Maniaques	1
NADAR	Sous l'Incendie	1
NAVARRE (REINE DE)	L'Heptaméron	1
NODIER	Souvenirs de Jeunesse	1
—	Contes de la Veillée	1
—	Contes fantastiques	1
—	Nouvelles	1
—	Romans	1
—	Ecrin d'un Conteur	1
OUDINOT (CAMILLE)	Filles du Monde	1
PEYREBRUNE (G. DE)	Une Séparation	1
—	Mademoiselle de Trémor	1
PIERRE NINOUS	L'Empoisonneuse	1
—	Cœur-de-Neige	1
PISSEMSKI	Dans le Tourbillon	1
PRÉVOST (L'ABBÉ)	Histoire de Manon Lescaut	1
QUATRELLES	A coups de fusil	1
RABELAIS (F.)	Œuvres	1
RESTIF DE LA BRETONNE	Œuvres	2
ROCHEFORT (HENRI)	L'Évadé	1
—	Le Palefrenier	1
SAINTE-BEUVE	Volupté	1
SAINT-GERMAIN (J.-T DE)	Contes et Légendes	1
—	Pour une Épingle	2
—	La Veilleuse	1
SANDEAU (J.)	Madeleine	1
—	Mademoiselle de la Seiglière	1
—	Marianna	1
—	Le docteur Herbeau	1
—	Fernand.—Vaillance.—Richard.	1
—	Valcreuse	1
—	Mme de Sommerville. — La Chasse au roman	1
—	La Chasse au roman	1
SÉBILLOT (PAUL)	Contes populaires de la Haute-Bretagne	1

		vol.
SÉBILLOT (PAUL)	Contes des Paysans et des Pêcheurs	1
—	Légendes de la Mer (2 séries)	2
—	Contes des Marins	1
SENANCOUR (DE)	Oberman	1
SILVESTRE (THÉOPHILE)	Plaisirs rustiques	1
STAEL (Mme DE)	Corinne	1
—	Delphine	1
SUE (EUGÈNE)	Les Mystères de Paris	2
SYLVIN (ÉDOUARD)	Contes bleus et noirs	1
THEURIET (A.)	Mademoiselle Guignon	1
—	Le Mariage de Gérard. — Une Ondine	1
—	La Fortune d'Angèle	1
—	Raymonde	1
—	Le Filleul d'un Marquis	1
—	Sous Bois	1
—	Le Fils Maugars	1
—	Tante Aurélie	1
—	Toute seule	1
—	Madame Heurteloup	1
—	Le Journal de Tristan	1
—	Hélène	1
—	L'Affaire Froideville	1
—	Gertrude et Véronique	1
—	Contes de la Forêt	1
TOURGUÉNEFF (I.)	Pères et Enfants	1
VALLÈS (JULES)	Les Réfractaires	1
—	Jacques Vingtras. — L'Enfant	1
—	— Le Bachelier	1
—	— L'Insurgé	1
VAN DE WIELE	Maison flamande	1
—	Lady Fauvette, suivi de Histoire de Ménage	1
VIGNEAU	Chateauroy	1
VIGNET	Léonie Chambard	1
—	L'Erreur de Claire	1

		vol.
VIGNET	Un Transfuge	1
VILBORT	Chimère d'Amour	1
ZOLA (E.)	*Les Rougon-Macquart :*	
—	La Fortune des Rougon	1
—	La Curée	1
—	Le Ventre de Paris	1
—	La Conquête de Plassans	1
—	La Faute de l'abbé Mouret	1
—	Son Excellence Eugène Rougon	1
—	L'Assommoir	1
—	Une Page d'Amour	1
—	Nana	1
—	Pot-Bouille	1
—	Au Bonheur des Dames	1
—	La Joie de vivre	1
—	Germinal	1
—	L'Œuvre	1
—	La Terre	1
—	Le Rêve	1

ZOLA (É.)	Le Capitaine Burle	1
—	Naïs Micoulin	1
—	Les Mystères de Marseille	1
—	Thérèse Raquin	1
—	Madeleine Ferat	1
—	La Confession de Claude	1
—	Contes à Ninon	1
—	Nouveaux Contes à Ninon	1
—	En collaboration avec	

G. DE MAUPASSANT, J.-K. HUYSMANS, LÉON HENNIQUE, H. CÉARD. PAUL ALEXIS : Les soirées de Médan 1

13901. — Imprimeries réunies, A, rue Mignon. 2, — Paris.

www.ingramcontent.com/pod-product-compliance
Lightning Source LLC
LaVergne TN
LVHW020617110826
845149LV00002B/504

* 9 7 8 2 0 1 2 1 5 6 7 3 9 *